easy

Visual
Basic 2005

D1732102

Visual Basic 2005

Ganz fix programmiert!

MICHAEL KOLBERG

Markt+Technik

→leicht →klar →sofort

Bibliografische Information Der Deutschen Bibliothek
Die Deutsche Bibliothek verzeichnet diese Publikation in der Deutschen Nationalbibliografie;
detaillierte bibliografische Daten sind im Internet über http://dnb.ddb.de abrufbar.

10 9 8 7 6 5 4 3 2 1

09 08 07 06

ISBN-13: 978-3-8272-4063-7
ISBN-10: 3-8272-4063-8

© 2006 by Markt+Technik Verlag,
ein Imprint der Pearson Education Deutschland GmbH,
Martin-Kollar-Straße 10–12, D-81829 München/Germany
Alle Rechte vorbehalten
Coverkonzept: independent Medien-Design, Widenmayerstraße 16, 80538 München
Coverlayout: Thomas Arlt, tarlt@adesso21.net
Titelfoto: ifa Bilderteam, München
Herstellung: Monika Weiher, mweiher@pearson.de
Lektorat: Jürgen Bergmoser, jbergmoser@pearson.de
Korrektorat: Marita Böhm
Satz: Ulrich Borstelmann (www.borstelmann.de)
Druck und Verarbeitung: Bercker Graph. Betrieb, Kevelaer
Printed in Germany

Inhaltsverzeichnis

Liebe Leserin, lieber Leser!

Sie interessieren sich also für das Programmieren mit *Visual Basic 2005*. Das ist eine gute Idee und wir wollen Ihnen dabei helfen, dieses Interesse in praktische Erfahrungen mit diesem Programm umzusetzen! Wir – das sind Michael Kolberg, der Autor dieses Buches, Jürgen Bergmoser, der Lektor, und der Rest der Mitarbeiter des Verlages Markt + Technik.

Mit der Wahl von *Visual Basic 2005* haben Sie sich für eine klassische Sprache mit eingebauter Zukunft entschieden:

- Vielleicht wissen Sie es schon – die Sprache *BASIC* wurde bereits in den 60er Jahren des letzten Jahrhunderts entwickelt. Der Name steht für *Beginner's All-purpose Symbolic Instruction Code*, was so viel bedeutet wie *symbolische Allzweck-Programmiersprache für Anfänger*. Wesentlich erneuert und erweitert wurde dieser Klassiker, als Microsoft in den 90er Jahren *Visual Basic* auf den Markt brachte.

- Im Jahr 2002 wurde *Visual Basic* durch *Visual Basic .NET* abgelöst. Auf den ersten Blick schien das damals nur ein Marketingkonzept zu sein. Es war und ist aber mehr als das: Praktisch wurde damit die Ebene der zentralen Konzepte und Verfahren der Programmierung von der Ebene der Oberfläche der Programmiersprache – wie *Visual Basic* – getrennt und als *.NET Framework* in einem separaten Rahmen angesiedelt. Man kann sich das etwa so vorstellen: Mit Hilfe der Programmiersprache – in unserem Fall *Visual Basic* – geben Sie Anweisungen, die erst vom *.NET Framework* praktisch umgesetzt werden.

Sie können also auch andere Sprachen – etwa *Visual C++* oder *Visual C#* – dazu benutzen, das *.NET Framework* anzusprechen und dahinter versteckt sich für die Sprache *Visual Basic* eine gute Neuigkeit: *Visual Basic* ist nun nicht mehr eine Programmiersprache zweiter Klasse und Sie können damit jetzt auch komplexere Funktionen des Betriebssystems ansprechen, für die der Programmierer früher beispielsweise *C++* verwenden musste.

Trotzdem ist *Visual Basic* auch in der gegenwärtigen Form etwas leichter zu erlernen als andere Sprachen. Gerade dann, wenn Sie noch wenig Erfahrung mit der Programmierung haben, sollten Sie diesen Vorteil nutzen. Nachdem Sie erst einmal die wichtigsten Bestandteile des *.NET Framework* kennen gelernt haben, können Sie später selbst entscheiden, in welcher Sprache Sie programmieren möchten. Sie müssen sich im Fall eines Wechsels dann zwar noch mit der anderen Syntax einer neuen Sprache herumplagen, können aber immer auf Ihr Wissen über *.NET Framework* zurückgreifen. Und da Microsoft große Pläne mit dem *.NET*-Konzept zu haben scheint, ist auch zu erwarten, dass Sie sich damit einen langfristig nutzbaren Erfahrungsschatz aneignen.

Der Inhalt dieses Buches

Wir wollen Ihnen in diesem Buch die Arbeit mit *Visual Basic .NET* in einfachen Worten erklären und Ihnen zeigen, dass das Programmieren in dieser Sprache einfach zu erlernen ist und Spaß macht. Wie bei Büchern der Easy-Reihe von Markt + Technik üblich, steht dabei das praktische Arbeiten im Vordergrund. Die Arbeit haben wir in zwölf Kapitel unterteilt:

- Wir beginnen mit einigen grundlegenden und einfachen Tätigkeiten: Zunächst müssen Sie – wie immer – das Programm installieren. Anschließend sollten Sie das Programm öffnen und sich mit seiner Oberfläche vertraut machen. Wir werden Ihnen die wichtigsten Bestandteile davon vorstellen und Sie auch mit einigen Fenstertechniken vertraut machen, die Ihnen vielleicht noch fremd sind.

- Danach könnten wir eigentlich gleich mit dem Programmieren loslegen. Wir wollen es aber etwas langsamer angehen und erst einmal eines der mit ausgelieferten *Starter Kits* benutzen. Das sind bereits fertige Programme und wenn man lernen will, wie man Programmcode zum Laufen bringt, sind diese dafür hervorragend geeignet.

- Anschließend werden wir aber endlich mit dem richtigen Programmieren beginnen und Ihnen zeigen, wie man den Code für eine einfache *Konsolenanwendung* erstellt. Es geht dabei um Programme, die ohne die in Zeiten von Windows fast schon unentbehrlich gewordenen Fenster auskommen und bei denen Ein- und Ausgaben über einen langweilig erscheinenden – meist schwarzen – Hintergrund abgewickelt werden.

- Wir wollen uns im folgenden Kapitel auch gleich mit einem Themenkreis beschäftigen, der eher einen etwas unangenehmen Beigeschmack besitzt – der *Fehlerbehandlung*. Dazu werden wir Ihnen zeigen, wie man Programmfehler erkennt und sie beseitigt. So werden Sie früh in die Lage versetzt, mit diesen Dingen umzugehen.

- Erst anschließend macht es Sinn, sich Programmstrukturen zuzuwenden, die etwas komplizierter sind. Auch dabei wollen wir uns weiter mit Konsolenanwendungen beschäftigen. Während aber bisher die Zeilen eines Programms alle von vorn bis hinten nacheinander abgearbeitet wurden, werden wir jetzt Situationen behandeln, in denen dieser Ablauf nicht mehr so eindeutig ist.

- Bevor Sie in den folgenden Kapiteln darangehen, die Techniken zum Erstellen von Windows-Anwendungen zu erlernen, müssen wir uns mit einigen Konzepten beschäftigen, die Sie, um die wesentlichen Grundlagen der kommenden Arbeit zu verstehen, kennen sollten. Dabei geht es um *Klassen* und *Objekte* sowie die damit zusammenhängende *objektorientierte Programmierung*, abgekürzt auch als *OOP* bezeichnet.

- Anschließend beginnen wir mit den wahrscheinlich spannendsten Themen – den Techniken zum Erstellen von Windows-Anwendungen. Wir wollen uns dabei zunächst mit dem Hintergrundelement beschäftigen, auf dem Sie die Informationen präsentieren und Eingaben vornehmen können – dem *Formular*. Im Prinzip ist ein Formular das, was Sie wahrscheinlich unter dem Begriff *Fenster* von vielen anderen Windows-Anwendungen her kennen.

- Diese Formulare erhalten erst dann einen Sinn, wenn Sie sie mit Elementen versehen, die einem Benutzer erlauben, darüber eine Interaktion mit dem Programm durchzuführen. Für diese Zwecke werden die so genannten *Steuerelemente* verwendet. Wir wollen Ihnen die jeweils wichtigsten Elemente für verschiedene Aufgaben – wie die Anzeige von Daten, die Auswahl von Optionen, kombinierte Werkzeuge oder Elemente für bestimmte Aufgaben – vorstellen.

- Ein wichtiger Aspekt besteht darin, die in einem Formular angezeigten Daten so aufzubewahren, das sie später noch verfügbar sind. Eine einfache Möglichkeit dazu besteht in der Verwendung einer Datenbank. Die Inhalte der Felder im Formular können dann in diesem Behälter aufbewahrt und bei Bedarf wieder angezeigt werden.

- Ein weiterer wichtiger Aspekt der Arbeit mit Windows-Anwendungen besteht im Einsatz von Dialogfeldern und diesem Bereich wollen wir uns anschließend zuwenden. Dafür gibt es mehrere Techniken. Wir wollen Ihnen diese vorstellen und Ihnen Beispiele für die Anwendung liefern.

- Anschließend werden wir Ihnen zeigen, wie man Dialogfelder und andere Elemente einer Windows-Anwendung zu einer vollständigen Programm-oberfläche zusammenstellt. Dazu gehört beispielsweise das Arbeiten mit Menüs und Symbolleisten.

- Ein kleines Glossar mit Definitionen wichtiger Begriffe in *Visual Basic* und im *.NET Framework* schließt dieses Buch ab.

Die Beispiele

Die Kapitel diese Buches sind mit vielen Beispielen durchsetzt, in denen wir Ihnen den Aufbau der gewünschten Lösung in Form von einzelnen Schritten beibringen. Diese Beispiele haben wir so gehalten, dass sie sich immer nur auf die wesentlichsten Aspekte des gerade angesprochenen Themenkreises konzentrieren. Wenn Sie *Visual Basic .NET* lernen wollen, möchten wir Ihnen nahe legen, den Code zu diesen Beispielen selbst einzugeben. Das mag zwar manchmal etwas nervig sein und auch oft zu Eingabefehlern führen, aber gerade dadurch lernen Sie das Programmieren. Da wir aber Ihre Finger nicht übermäßig strapazieren wollen, haben wir Ihnen die längeren Bespiele auch auf der diesem Buch beiliegenden CD zur Verfügung gestellt. Wie Sie diese installieren, beschreiben wir Ihnen in *Kapitel 2*.

Was wird vorausgesetzt?

Sie müssen kein Programmierer sein, um dieses Buch verstehen zu können. Genauer gesagt, wir gehen davon aus, dass Sie in diesem Bereich keine oder nur wenig Erfahrung haben. Sie sollten sich aber hinreichend auf der Oberfläche von Microsoft Windows auskennen.

Natürlich benötigen Sie zum Arbeiten mit diesem Buch auch die entsprechende Software. Da wir nicht alle Aspekte von *Visual Basic .NET* in diesem Buch behandeln werden können, haben wir uns dazu entschlossen, als Grundlage für die Arbeit die *Express Edition* des Programms zu verwenden. Diese etwas abgespeckte Version zielt auf Hobbyprogrammierer und Anfänger, die die Fähigkeiten dieser Programmiersprache und des .NET Framework kennen lernen möchten. Das Arbeiten mit *Visual Basic .NET Expresss Edition* bringt Ihnen auch Kostenvorteile: Sie ist mit einem Preis von 49 Dollar recht preisgünstig. Bis zum 6. November 2006 können Sie sie sogar kostenlos aus dem Internet herunterladen. Da keine Lizenzrestriktionen bei der Verwendung der *Express Edition* bestehen, können Sie mit diesem Werkzeug auch halbwegs kommerzielle Anwendungen erstellen. Der Unterschied zur professionellen Version besteht im Wesentlichen in einem nicht ganz so hohen Komfort des Editors.

Das lernen Sie in diesem Kapitel neu:

Kapitel 1

Installieren und kennen lernen

Beginnen wir mit einigen grundlegenden und einfachen Tätigkeiten: Zunächst müssen Sie – wie immer – das Programm installieren. Sie können dazu die Express Version *des Programms kostenlos aus dem Internet herunterladen. Anschließend sollten Sie das Programm öffnen und sich mit seiner Oberfläche vertraut machen. Wir werden Ihnen in diesem Kapitel seine wichtigsten Bestandteile vorstellen und Sie auch mit einigen Fenstertechniken vertraut machen, die Ihnen vielleicht noch fremd sind.*

Das Programm installieren

Als dieses Buch geschrieben wurde – am Anfang des Jahres 2006 – bestand die Möglichkeit, eine Vorabversion von Visual Basic 2005 Express über das Internet herunterzuladen und für ein Jahr kostenlos zu benutzen. Vielleicht hat sich das in der Zeit, in der Sie dieses Buch in Händen halten, geändert. In diesem Fall müssen Sie das Programm käuflich erwerben. Die Vorgehensweise der Installation sollte sich in diesem Fall aber nicht grundsätzlich von der anschließend beschriebenen unterscheiden. Und auch in diesem Fall sollten Sie die nachträglich angegebene Internetadresse besuchen, um sich über eventuell angebotene Updates oder Erweiterungen zu informieren.

Bevor Sie mit der Installation beginnen, sollten Sie auf jeden Fall sicherstellen, dass Ihr Rechnersystem die gestellten Bedingungen erfüllt:

- Ein Prozessor mit 600 MHz oder schneller wird empfohlen. Etwas langsamere Prozessoren wären zwar möglich, aber das Ganze funktioniert etwas schwerfällig.

- Als Betriebssystem benötigen Sie *Microsoft Windows 2000* mit *Service Pack 4* oder *Microsoft Windows XP* mit *Service Pack 2* oder *Microsoft Windows Server 2003* mit *Service Pack 1* oder *Windows x64*-Editionen oder *Microsoft Windows Vista*.

- Der Arbeitsspeicher muss mindestens über 192 Mbyte RAM oder mehr verfügen. Empfohlen werden 256 Mbyte bzw. 512 Mbyte oder mehr, wenn Sie auch *SQL Express* verwenden.

- Die Festplatte benötigt mindestens 500 Mbyte an freier Kapazität. Der Umfang der Komplettinstallation beträgt übrigens 1.3 Gbyte. Diese beinhaltet aber auch *.NET Framework 2.0*, die *MSDN Express Library 2005* und *Microsoft SQL Server 2005 Express Edition*.

Herunterladen aus dem Internet

Um die kostenlose Vorabversion von *Microsoft Visual Basic 2005 Express* kostenlos aus dem Internet herunterzuladen, benötigen Sie nur einen funktionsfähigen Internetzugang. Gehen Sie dann wie anschließend beschrieben vor:

1 Öffnen Sie den Internet Explorer, geben Sie in das Feld *Adresse* den Ausdruck `http://www.microsoft.com/germany/msdn/vstudio/express/` `download` ein und drücken Sie ⏎ oder klicken Sie auf die Schaltfläche *Wechseln zu*. Sie werden mit der Seite zum Herunterladen verbunden.

Achtung

Die Organisation der Seiten im Internet ändert sich von Zeit zu Zeit. Wenn Sie auf der genannten Seite keinen Link zum Download finden sollten, wählen Sie unter `http://www.microsoft.com/germany/` die deutsche Hauptseite von Microsoft an. Geben Sie dann in das Feld *Suchen* den Ausdruck *Visual Basic 2005 Express* ein und drücken Sie ⏎ . Sie sollten dann mit einer geeigneten Seite verbunden werden oder zumindest weitere Informationen dazu erhalten.

2 Wählen Sie dort den Link für die gewünschte Programmiersprache – in unserem Fall *Visual Basic 2005 Express Edition*. Nach Wahl des Links zum Download wird die Installationsdatei *vbsetup* auf Ihren Rechner übertragen. Sie können diese Datei direkt öffnen, indem Sie auf *Ausführen* klicken – speichern brauchen Sie sie nicht. Je nachdem, welche Sicherheitseinstellungen Sie installiert haben, müssen Sie das Ausführen dann noch einmal bestätigen.

3 Die heruntergeladene Datei sorgt dann für die Durchführung der Installation. Während dieses Vorgangs müssen Sie die Verbindung zum Netz aufrechterhalten. Auf der Eingangsseite werden Sie begrüßt und können entscheiden, ob Sie Informationen über Ihre Erfahrungen an Microsoft übermitteln wollen. Es spricht nichts dagegen, aber auch nichts dafür. Klicken Sie einfach auf *Weiter*.

4 Schalten Sie auf der anschließend angezeigten Seite das Kontrollkästchen und akzeptieren Sie die Lizenzbedingungen. Klicken Sie auf *Weiter*.

5 Auf der folgenden Seite können Sie festlegen, welche zusätzlichen Produkte mit installiert werden sollen. Die Bedeutung dieser Komponenten wird im Dialogfeld beschrieben. Für einige Beispiele in diesem Buch sinnvoll – aber nicht unbedingt notwendig – ist hier die Option *SQL Server 2005 Express Edition*. Der Umfang des Downloads für dieses Element beträgt zusätzliche 55 Mbyte. Wenn Sie diese Werkzeuge nicht benötigen, brauchen Sie hier keine Auswahl zu treffen und bestätigen direkt über *Weiter*. Sie können es aber auch später herunterladen.

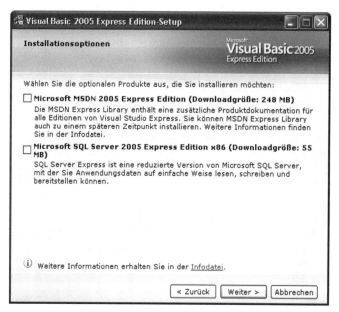

6 Legen Sie dann den Ordner für die Installation fest. Die Voreinstellung dafür lautet im Allgemeinen *C:\Programme\Microsoft Visual Studio 8*. Notfalls können Sie ein anderes Verzeichnis fordern. Die ausgewählten Produkte werden unten im Dialog angezeigt. Standardmäßig werden *Microsoft .NET Framework* – zusammen mit einem *Language Pack* – und *Visual Basic 2005 Express Edition* heruntergeladen.

7 Sie starten die Installation durch einen Klick auf *Installieren*. Der Dateiumfang beträgt 61 Mbyte für *Visual Basic .NET*. Etwa 25 Mbyte werden für *Microsoft .NET Framework* und das *Language Pack* benötigt, der Rest für *Visual Basic 2005 Express Edition*. Der Umfang für andere Sprachen liegt zwischen 35 und 70 Mbyte. Nachdem Sie das *.NET Framework* erst einmal für eine Sprache installiert haben, können Sie es später auch für andere Sprachen nutzen, die Sie natürlich erst installieren müssen.

8 Das Beenden des Downloads wird angezeigt. Sie können dann die Verbindung trennen. Der Rest der Installation der heruntergeladenen Komponenten erfolgt automatisch.

9 Abschließend werden Sie darauf hingewiesen, dass Sie die neuesten Service Packs und Security Updates zum Betriebssystem herunterladen sollten. Die Express Edition muss innerhalb von 30 Tagen registriert werden. Über die Vorteile einer solchen Registrierung können Sie sich auf der Webseite zum Download informieren. Sie können die Registrierung gleich an dieser Stelle durch einen Klick auf den entsprechenden Link einleiten oder später über den Befehl *Produkt registrieren* im Menü *Hilfe* erledigen.

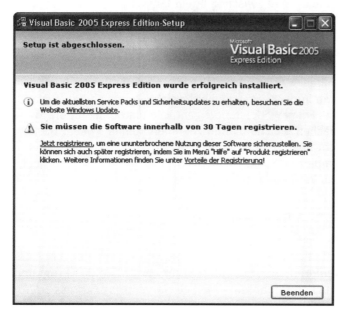

10 Schließen Sie die Installation durch einen Klick auf *Beenden* ab.

11 Es empfiehlt sich auf jeden Fall, den Rechner nach einer erfolgreichen Installation neu zu starten.

Hinweis

Da wir gerade das *.NET Framework* heruntergeladen haben, sollten Sie sich gleich klar machen, was es damit auf sich hat: Dieser Rahmen bietet zwei wichtige Dinge: die Basis-Laufzeitumgebung und eine große Menge von Basisklassen: Die *Laufzeitumgebung* ähnelt dem Betriebssystem insofern, als sie eine Schicht zwischen Ihrem Programm und dem komplexen Rest des Systems bildet, Dienste für Ihre Anwendung ausführt und den Zugriff auf die unteren Schichten vereinfacht. Die *Basisklassen* bieten viel Funktionalität, indem sie Internetprotokolle, Dateisystemzugriff und andere Technologien einhüllen und abstrahieren. Einen wichtigen Punkt dazu sollten Sie sich auch gleich klar machen: Es ist nun nicht mehr so wichtig wie in der Vergangenheit, welche Programmiersprache Sie verwenden. Das Framework ist die eigentliche Plattform, auf die Sie mit mehreren Sprachen gleichermaßen zugreifen können. Visual Basic ist damit auch nicht mehr eine Programmiersprache zweiter Klasse, bei der bestimmte komplexere Funktionsmerkmale des Betriebssystems nur Programmierern zur Verfügung stehen, die *C++* verwenden.

Das Programm warten

Da wir gerade die Installation durchgeführt haben, können wir gleich noch einige Worte darüber verlieren, was Sie tun müssen, wenn Sie das Programm später durch zusätzliche Komponenten – wie *SQL Server 2005 Express Edition* – erweitern oder die installierten Programme von Ihrem System entfernen wollen: Verwenden Sie den Bereich *Software* in der *Systemsteuerung*. Markieren Sie im Register *Software ändern oder entfernen* den Eintrag *Visual Basic 2005 Express Edition*, klicken Sie auf *Ändern/Entfernen* und warten Sie, bis die Installationskomponenten geladen werden. Der Dialog *Wartungsmodusoptionen* wird angezeigt. Sie können hierüber weitere Produkte – beispielsweise *SQL Server 2005 Express Edition* – hinzufügen, die Software in den Ausgangszustand zurückversetzen oder auch vollständig vom System entfernen.

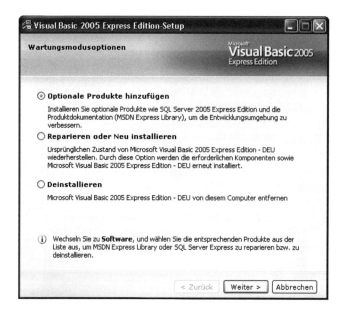

> **Achtung**
>
> Beachten Sie bei einem eventuellen vollständigen Entfernen der instal-
> lierten Software, dass mehrere Komponenten installiert wurden und
> diese separat entfernt werden müssen: Bei einer Standardinstallation
> finden Sie im Register *Software ändern oder entfernen* die Eintragungen
> *Visual Basic 2005 Express Edition* und *Microsoft .NET Framework 2.0*.

Das Programm starten

Auf klassische Weise starten Sie *Visual Basic 2005 Express* – wie auch alle anderen Anwendungsprogramme – über das Startmenü von Windows:

1 Klicken Sie zuerst auf die Schaltfläche *Start* in der Taskleiste, um das Startmenü zu
öffnen. Diese Schaltfläche finden Sie in der linken unteren Ecke des Bildschirms.

2 Das Startmenü von Windows wird angezeigt. Klicken Sie dort auf *Alle Programme*,
um die Liste der auf dem System installierten Programme anzuzeigen. *Alle Programme*
finden Sie unten links im Menü.

3 Führen Sie dann den Mauszeiger in dieser Liste auf den Eintrag *Microsoft Visual
Basic 2005 Express Edition* und klicken Sie ihn mit der linken Maustaste an.

> **Tipp**
>
> Wenn Sie das Programm häufiger benutzen, lohnt es sich, dafür eine Verknüpfung auf den Desktop anzulegen. Sie können dann das Programm durch einen Doppelklick auf dieses Symbol starten. Zum Erstellen einer Verknüpfung auf dem Desktop gibt es mehrere Methoden. Die schnellste besteht darin, über das Startmenü zum Eintrag für das Programm zu navigieren und diesen Eintrag mit gedrückt gehaltener rechter Maustaste aus dem Menü heraus auf den Desktop zu ziehen. Im Kontextmenü, das nach dem Loslassen der Maustaste gezeigt wird, wählen Sie dann *Hierher kopieren*.

Die Oberfläche kennen lernen

Nach dieser Auswahl über das Startmenü öffnet sich das Programm *Visual Studio 2005* für *Visual Basic .NET*. Ein Programmfenster mit mehreren Unterfenstern wird eingeblendet.

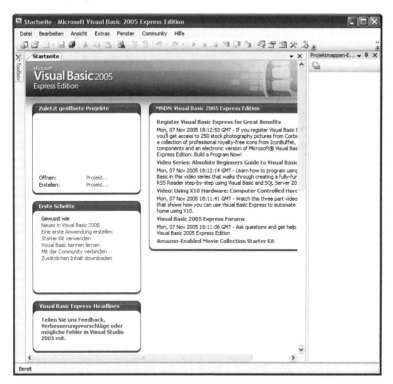

Schauen Sie sich diese Bereiche einmal etwas genauer an:

- Das größte dieser Fenster ist mit *Startseite* betitelt und liefert einerseits den Zugang zu diversen Möglichkeiten, mit der Arbeit zu beginnen. Später – nachdem Sie bereits Projekte erstellt haben – werden in diesem Fenster beispielsweise im Bereich *Zuletzt geöffnete Projekte* Links zum erneuten Öffnen dieser Projekte eingeblendet.

- Interessant sind vielleicht auch die Inhalte des Teilfensters *Erste Schritte*: Ein Klick auf eines der hier aufgelisteten Themen blendet zusätzliche Informationen zum Programm ein. Wenn Sie sich für eines der Themen interessieren, klicken Sie darauf. Die Hinweise dazu werden im Hilfesystem zum Programm angezeigt. Darauf werden wir am Ende dieses Kapitels noch eingehen.

- Im rechten Bereich der Startseite finden Sie einen anfangs mit *Visual Basic: Neuigkeiten für Entwickler* überschriebenen Teil. Bei einer bestehenden Internetverbindung wechselt die Überschrift zu *MSDN: Visual Basic 2005 Express Edition* und zeigt entsprechende Informationen zu Neuigkeiten an.

Bevor Sie tiefer einsteigen, sollten Sie sich vergegenwärtigen, was für eine Art Programm Sie hier eigentlich vor sich haben. Das Verständnis erleichtert ein kurzer Blick in die Vergangenheit:

- In früheren Zeiten bestand die eigentliche Software einer Programmiersprache nur aus einem Compiler. Man schrieb seinen eigenen Quellcode mit einem Texteditor – vergleichbar mit einem Programm wie beispielsweise *Notepad* –, speicherte ihn in einer Datei und ließ diese danach durch den Compiler laufen. Der Compiler erzeugte dann ein ausführbares Programm, sofern man bei der Erstellung des Quellcodes keine Fehler gemacht hatte. Anschließend konnte der Programmierer das kompilierte Ergebnis ausführen und es auf Fehler testen. Wenn Korrekturen notwendig waren, kehrte er zum Texteditor zurück, gab dort die neuen Elemente ein und kompilierte erneut. Dieser kreisförmige Entwicklungsprozess war nicht sprachspezifisch, man verwendete ihn für fast alle Sprachen und er war für alle Entwickler normal.

- Mit der Weiterentwicklung der Programmiersprachen wurde dieser Entwicklungszyklus verbessert. Dies führte zur Entstehung von fortgeschrittenen Compilern und dem Konzept der integrierten Entwicklungsumgebung – auch als *IDE* (für *Integrated Development Environment*) bezeichnet. Der Zweck einer IDE ist es, die Arbeitsschritte der Quellcodeerstellung, der Fehlerbehebung und des Kompilierens in der Softwareentwicklung in einer einzigen Schnittstelle zusammenzufassen. Das betrifft aber eigentlich nur das Erscheinungsbild auf dem Bildschirm: Die einzelnen notwendigen Schritte, einen Code zu erstellen und zu kompilieren, müssen nicht mehr über separate Programme mit individuellen Oberflächen abgewickelt werden. Ungeachtet dieser Optik ist die eigentliche Technologie des Entwicklungsprozesses aber immer noch sehr ähnlich: Der Code wird immer noch kompiliert und der Programmierer schreibt nach wie vor eigentlich nur Textdateien. Allerdings ist die Arbeitsoberfläche viel benutzerfreundlicher und auch bunter geworden.

So gesehen ist eine IDE also technisch gesehen für die Entwicklung eines ausführbaren Programms eigentlich nicht erforderlich. Trotzdem gibt es nur wenige Programmierer, die in einer Sprache arbeiten würden, die nicht über irgendeine Form von IDE verfügt. Wie Sie in den folgenden Abschnitten sehen werden, werden damit sogar so simple Aufgaben wie das Bearbeiten und Kompilieren einfacher Codezeilen erleichtert. Auch der Einsatz von *visuellen* Sprachen – wie Visual Basic – ist ohne eine IDE eigentlich nicht mehr denkbar. Diese Sprachen werden *visuell* genannt, weil sie die Erstellung eines Programms über eine grafische Oberfläche ermöglichen. Die geläufigste Funktion einer solchen Sprache ist die Fähigkeit, Schaltflächen, Text und andere Elemente auf einem Bildschirm zu platzieren, um eine Benutzeroberfläche zu erzeugen. Wiederum wird unter der Oberfläche oft ein richtiger Code erzeugt, aber der Programmierer kann die grafischen Teile seiner Anwendung wesentlich leichter erstellen.

Die Fenstertechniken beherrschen

Solange nur die Startseite im Hauptbereich angezeigt wird, gibt sich aber gleich die Möglichkeit, sich mit den vielleicht noch allgemein bekannten Techniken zu Fenstergestaltung zu beschäftigen.

Das Hauptfenster ist nicht das Einzige, das nach dem Öffnen des Programms wiedergegeben wird. Rechts vom Hauptfenster wird beispielsweise ein mit *Projektmappen Explorer* betiteltes – vorerst noch leeres – Fenster angezeigt. Wie Sie später sehen werden, kann dieser Bereich auf der rechten Seite des Bildschirms noch weitere Fenster anzeigen. Auf deren konkrete Inhalte werden wir später eingehen. Wichtig ist, dass Sie wissen, wie man diese Fenster auf dem Bildschirm anordnen kann und welche automatischen Verhaltensweisen sich zeigen können. Sie sollten die nachfolgend aufgeführten Schritte durcharbeiten, um später nicht von einem unverständlichen Verhalten des Programms überrascht zu werden.

1 Öffnen Sie das Menü *Ansicht*. Über die Befehle dieses Menüs können Sie alle diese Fenster manuell ein- und ausblenden. Hier werden auch die Tastenkürzel zum Ein- und Ausblenden dieser Fenster angezeigt.

2 Wählen Sie beispielsweise in diesem Menü den Befehl *Eigenschaftenfenster*. Als Erfolg wird dieses Fenster standardmäßig unterhalb des Fensters *Projektmappen-Explorer* angezeigt.

3 Die Höhe von zwei so übereinander angeordneten Fenstern können Sie ändern, indem Sie den Mauszeiger auf die Trennlinie dazwischen setzen, die Maustaste gedrückt halten und die Maus verschieben. Auf dieselbe Weise können Sie auch die Breite dieser Fenster einstellen und so den im Hauptfenster verfügbaren Platz regeln.

4 Um ein Fenster wie *Eigenschaften* wieder auszublenden, klicken Sie auf die *Schlie-ßen*-Schaltfläche in seiner Titelleiste. Sie können es später über den dazugehörenden Befehl im Menü *Ansicht* wieder anzeigen lassen.

5 Die Mehrzahl der Fenster verfügt rechts in der Titelleiste über drei kleine Schaltflä-chen, über die Sie das Fenster und sein Verhalten steuern können. Klicken Sie auf die Schaltfläche mit der nach unten weisenden Pfeilspitze. Das öffnet ein Menü, über des-sen Befehle Sie die Position des Fensters steuern können. Dieselben Befehle finden Sie übrigens auch im Menü *Fenster*. Sie sollten die Wirkung dieser Techniken gleich selbst einmal austesten, um später nicht von bestimmten Reaktionen der Oberfläche überrascht zu werden.

6 Standardmäßig ist für das Fenster *Projektmappen-Explorer* die Option *Andockbar* eingestellt. Das bedeutet, dass es entweder an einem Bildschirmrand angedockt oder frei bewegbar sein kann. Um das standardmäßig angedockte Fenster aus seiner Ver-ankerung zu lösen, ziehen Sie es mit gedrückt gehaltener Maustaste über die Titel-leiste an eine beliebige Position.

7 Während Sie ziehen, tauchen auf dem Bildschirm mehrere kleine Schaltflächen auf. Bewegen Sie die Maus auf eine dieser Schaltflächen, um das Fenster an dem gewünschten Bildschirmrand anzudocken. Wenn Sie die Maustaste an einer freien Stelle des Bildschirms loslassen, wird das Fenster als frei bewegbares Element an dieser Stelle abgelegt.

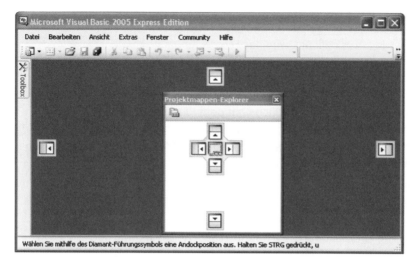

8 Ein Doppelklick auf die Titelleiste des jetzt unverankerten Fensters dockt es wieder am vorher verwendeten Bildschirm-rand an.

9 Der Befehl *Unverankert* bewirkt, dass das Fenster generell aus seiner Position am rechten Bildschirmrand gelöst wird und anschließend frei auf dem Bildschirm verschoben werden kann. Ein Doppelklick auf die Titelleiste zeigt in dieser Einstellung keine Wirkung. Um das Fenster wieder anzudocken, müssen Sie erst wieder die Option *Andockbar* einstellen.

10 Auch *Automatisch im Hintergrund* ist interessant, wenn Sie die für das Haupt-fenster zur Verfügung stehende Fläche möglichst groß halten wollen. Diese Option bewirkt, dass ein Fenster wie der *Projektmappen-Explorer* bis auf eine kleine Register-lasche ausgeblendet wird.

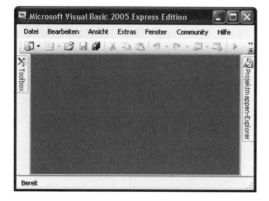

11 Sie können dann das Fenster in dieser Einstellung kurzzeitig anzeigen lassen, indem Sie den Mauszeiger auf die Lasche bewegen. Sobald sich aber der Mauszeiger außerhalb des Fensters befindet, wird das Fenster automatisch wieder ausgeblendet.

> **Tipp**
>
> Auch über die kleine Schaltfläche mit dem *Pin*-Symbol in der Titel- leiste des Fensters können Sie diesen Modus ein- und ausschalten: Bei einem waagerecht angezeigten Pin ist *Automatisch im Hinter-* *grund* eingeschaltet, bei einem senkrechten ausgeschaltet. Klicken Sie auf den *Pin*, um den Modus umzuschalten.

12 Wenn Sie am Layout etwas ändern, geht das durch die Grundeinstellung gewählte Erscheinungsbild verloren. Das so geänderte Layout wird auch für andere Projekte – neu erstellte und wieder geöffnete – übernommen. Welche Fenster nach dem Starten des Programms wie und wo angezeigt werden, hängt also auch davon ab, welche Einstellungen an den Fenstern Sie bisher geändert haben. Über den Befehl *Fensterlayout zurücksetzen* im Menü *Fenster* können Sie aber nach einer Änderung des Layouts oder der Verhaltensweise der Fenster zur Grundeinstellung zurückkehren.

Der Zugang zu den Programmhilfen

An dieser Stelle ist noch Platz dafür, auf die wichtigsten Aspekte des programmeigenen Hilfesystems einzugehen. Den Zugang dazu liefern beispielsweise die Befehle des Menüs *Hilfe*. Darin finden Sie auch die entsprechenden Tastenkürzel zum Aufrufen der einzelnen Modi.

1 Klicken Sie auf den Befehl *Gewusst wie*, um eine Liste von Kategorien zu mehreren Bereichen anzuzeigen – wie beispielsweise *Kennenlernen der Programmiersprache Visual Basic*. Ein Klick auf einen dieser Links liefert weitere Links mit Unterpunkten dazu. Benutzen Sie diesen Einstieg, um einen Überblick zu gewinnen.

2 Im Hilfebildschirm finden Sie die weiteren Befehle des Menüs *Hilfe* auch als Schaltflächen in der Symbolleiste. Beispielsweise erlaubt Ihnen *Suchen*, nach bestimmten Begriffen zu suchen. Geben Sie den Suchbegriff im Textfeld oben in der Mitte des Hauptfensters ein. Die Optionen darunter erlauben ein Eingrenzen der Suche hinsichtlich *Sprache*, *Technologie* und *Inhaltstyp*. Nach einem Klick auf *Suchen* werden die Suchergebnisse eingeblendet. Beachten Sie auch die Optionen unten rechts im Hauptfenster: Beispielsweise haben Sie über *MDSN Online* Zugang zur Hilfe über das Internet.

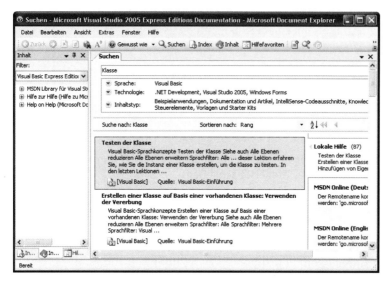

3 Wenn Sie den Fachbegriff für ein Element kennen, zu dem Sie Hilfe wünschen, führt die Suche in dem alphabetisch geordneten Hilfesystem über den *Index* oft schneller zum Ziel. Geben Sie im Feld *Suchen nach* im linken Bildschirmbereich einen oder mehrere Begriff(e) ein. Wenn Sie mehrere Wörter eingeben, trennen Sie diese durch ein Semikolon.

4 *Inhalt* zeigt im Fenster links zunächst die oberste Ebene des Inhaltsverzeichnisses an. Durch Öffnen der entsprechenden Knoten gelangen Sie jeweils zur nächsttieferen Ebene in dieser Struktur. Ein Klick auf einen Eintrag auf der untersten Ebene zeigt das entsprechende Hilfethema im Hauptfenster an.

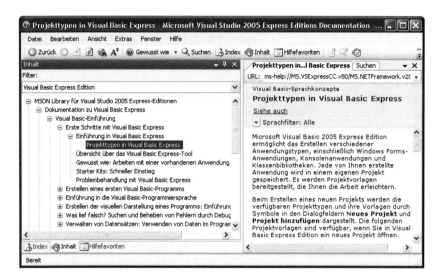

5 Sie können die Hilfe wieder verlassen, indem Sie das Fenster durch einen Klick auf die Schaltfläche in der Titelleiste schließen.

Achtung

Bei der Suche in der Hilfe werden Sie feststellen, dass viele Informationen in der Standardeinstellung nicht gefunden wurden. Das kann verschiedene Ursachen haben. Stellen Sie auf jeden Fall sicher, dass Sie über eine aktive Internetverbindung verfügen. Wenn Sie die Internetverbindung über einen Proxyserver herstellen, stellen Sie sicher, dass dieser Server ordnungsgemäß funktioniert. Außerdem kann das Hilfesystem so eingestellt sein, dass in der Standardeinstellung nur die lokale Hilfe für die Suche über die Option *Suchen* und über $\boxed{\text{F1}}$ verwendet wird.

● Um auch die Online-Hilfe mit einzubeziehen, wechseln Sie zur Hilfe und wählen dort *Optionen* im Menü *Extras*. Im dann angezeigten Dialogfeld können Sie die Form des Zugangs zur Online-Hilfe regeln. Wählen Sie hier die Seite *Allgemein* unter *Hilfe*.

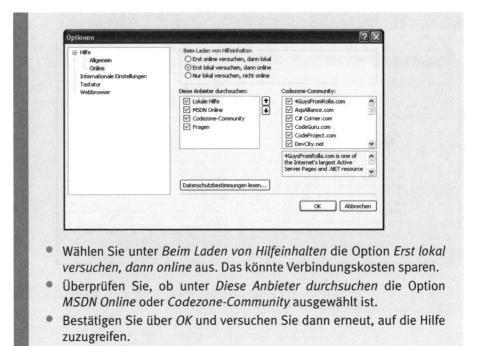

- Wählen Sie unter *Beim Laden von Hilfeinhalten* die Option *Erst lokal versuchen, dann online* aus. Das könnte Verbindungskosten sparen.
- Überprüfen Sie, ob unter *Diese Anbieter durchsuchen* die Option *MSDN Online* oder *Codezone-Community* ausgewählt ist.
- Bestätigen Sie über *OK* und versuchen Sie dann erneut, auf die Hilfe zuzugreifen.

Das Programm beenden

Sie beenden Visual Basic Express Edition genau wie jedes andere unter Windows laufende Programm. Wählen Sie *Beenden* im Menü *Datei* oder klicken Sie einfach auf die *Schließen*-Schaltfläche in der Titelleiste. Wenn Sie noch keine weiteren Tätigkeiten im Programm durchgeführt haben, wird das Programm geschlossen. Haben Sie bereits Aktionen im Programm durchgeführt – beispielsweise ein Projekt erstellt oder den Code darin geändert, wird nach dem Befehl zum Beenden ein Dialogfeld eingeblendet, in dem Sie angeben müssen, ob Sie Ihre Änderungen speichern oder verwerfen möchten. Mehr dazu erfahren Sie im folgenden Kapitel.

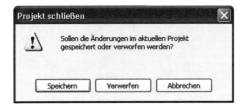

Eine kleine Erfolgskontrolle

Im letzten Abschnitt eines jeden Kapitels finden Sie einen mit *Erfolgskontrolle* überschriebenen Abschnitt oder ein Beispiel, in dem die wichtigsten Aspekte des Kapitels zusammengefasst werden. Wenn Sie die hier genannten Fragen beantworten und kurze Aufgaben ohne Schwierigkeiten durchführen können, wissen Sie, dass Sie die wesentlichen Inhalte des Kapitels beherrschen. Falls jedoch dabei noch Probleme auftauchen, sollten Sie das Kapitel – zumindest die entsprechenden Teile davon – nochmals durcharbeiten:

- Wie starten Sie *Visual Basic 2005 Express Edition*?
- Wie nennt sich der Bereich, der standardmäßig nach dem Starten des Programms im Hauptfenster angezeigt wird?
- Was versteht man unter dem Begriff *IDE*?
- Über welches Menü können Sie die auf der Oberfläche angezeigten Fenster anzeigen und ausblenden lassen?
- Wie sorgen Sie dafür, dass ein Hilfsfenster automatisch ausgeblendet wird, wenn Sie es nicht benutzen?
- Wie setzen Sie das Fensterlayout zurück auf die Standardeinstellung des Programms?
- Was müssen Sie tun, wenn Sie das Programm später durch zusätzliche Komponenten – wie *SQL Server 2005 Express Edition* – erweitern wollen?

Das lernen Sie in diesem Kapitel neu:

Kapitel 2

Das erste Projekt

Eigentlich könnten wir jetzt gleich mit dem Programmieren loslegen. Wir wollen es aber etwas langsamer angehen und erst einmal eines der mit ausgelieferten Starter Kits benutzen. Dabei handelt es sich um bereits fertige Programme, die dazu gedacht sind, die Leistungsvielfalt von Visual Basic .NET zu demonstrieren. Durch die Beschäftigung damit können Sie erfahren, wie man Projekte erstellt, welche Bedeutung die restlichen Fenster der IDE besitzen und wie man Programme zum Laufen bringt.

Wenn Sie es nicht schon getan haben, dann öffnen Sie jetzt die *Express Edition* von *Microsoft Visual Basic 2005*.

Ein Projekt erstellen

Der Begriff *Projekt* ein Oberbegriff für Dateien und Dateigruppen, die Sie in Visual Basic .NET bearbeiten können. Innerhalb eines solchen Projekts finden Sie im Allgemeinen mehrere Dateien, in denen der für die Ausführung der Anwendung verantwortliche Code abgelegt ist. Fast immer, wenn Sie mit der Entwicklung einer neuen Anwendung beginnen, besteht der erste Schritt darin, ein Projekt dafür zu erzeugen. Dazu verwenden Sie die folgenden Schritte:

1 Zum Erstellen eines neuen Projekts wählen Sie im Menü *Datei* den Befehl *Neues Projekt.* Sie können auch auf die Schaltfläche *Neues Projekt* ganz links in der Symbolleiste klicken. Das Dialogfeld *Neues Projekt* wird angezeigt. Dieses Dialogfeld liefert den Zugang zu allen in der Express-Version von Visual Basic .NET verfügbaren Typen von Projekten.

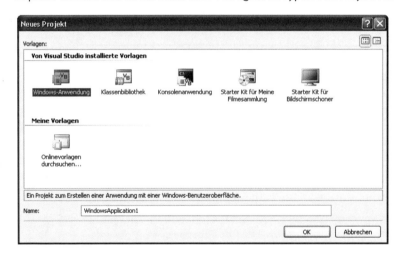

2 Um nicht gleich in die etwas anspruchsvolleren Aspekte der Programmierung einzusteigen, wollen wir uns zunächst einmal mit einer der vorgefertigten Anwendungen beschäftigen. Wählen Sie dafür im Dialogfeld *Neues Projekt* die Option *Screen Starter Kit für Bildschirmschoner.*

3 Ein Namensvorschlag für das Projekt wird im Feld *Name* automatisch vergeben, dieser kann aber nach Wunsch editiert werden. Für den Anfang können Sie es beim Vorschlag – *ScreenSaver1* – belassen. Bestätigen Sie Ihre Einstellungen durch einen Klick auf *OK*. Das Projekt wird daraufhin geöffnet.

Nach der Bestätigung über die Schaltfläche *OK* im Dialogfeld *Neu-*
es Projekt zeigen sich einige Erweiterungen auf dem Bildschirm.

- Der Hauptbereich des Bildschirms zeigt ein neues Register an, das in unserem Fall mit *Starter Kit für Bildschirmschoner* betitelt ist. Darin werden bei den Starter Kits nur allgemeine Hinweise zur Arbeit mit dem Projekt angezeigt. Sie können diese durcharbeiten, müssen es aber nicht; auf die wichtigsten davon werden wir gleich zu sprechen kommen.

- Das Fenster *Projektmappen-Explorer* im oberen rechten Bildschirmbereich zeigt jetzt einige Inhalte. Darauf werden wir gleich zu sprechen kommen. Außerdem wird darunter das Fenster *Eigenschaften* angezeigt.

Wenn Sie die *Startseite* wieder anzeigen lassen wollen, klicken Sie
auf die zu diesem Fenster gehörende Registerkarte. Auf dieselbe
Weise können Sie auch zurück zur Anzeige von *Starter Kit für Bild-*
schirmschoner wechseln.

Hinweise

Die Optionen im Dialogfeld *Neues Projekt* liefern auch gleich einen Überblick über das, was Sie mit der Express-Version alles tun können.

- Das *Starter Kit für Bildschirmschoner* ist eine Bespielanwendung für
  einen Bildschirmschoner. Mit dieser wollen wir uns in diesem Kapitel
  beschäftigen.

- Das *Starter Kit für Meine Filmesammlung* ist eine Beispielanwendung, mit deren Hilfe Sie Ihre Filmsammlung organisieren und zusätzliche Informationen dazu online abfragen können. Dies soll als
  zusätzliches Beispiel in diesem Kapitel dienen.

- Eine *Konsolenanwendung* erstellt ein Projekt zum Erzeugen einer
  Anwendung, die über die Konsole – also die Eingabeaufforderung –
  läuft. Mit diesem Themenbereich werden wir uns in den Kapiteln 3 bis
  5 beschäftigen.

- Über die Option *Klassenbibliothek* erstellen Sie ein Projekt zur Erzeu-
  gung von Klassen, die in anderen Anwendungen benutzt werden können. Diese werden wir benutzen, um uns in die Aspekte der
  objektorientierten Programmierung in Kapitel 6 etwas zu vertiefen.

- Mit der Option *Windows-Anwendungen* erstellen Sie eine Anwendung, die eine Windows-Benutzeroberfläche mit Dialogfeldern und
  anderen Windows-Steuerelementen verwendet. Darauf werden wir
  uns in Kapitel 7 und den restlichen Kapiteln dieses Buches konzentrieren.

Der Projektmappen-Explorer

Jetzt haben wir auch die Möglichkeit, etwas mehr über die Aufgaben des Fensters *Projektmappen-Explorer* zu erfahren, das standardmäßig in der oberen
rechten Ecke des Bildschirms dargestellt wird.

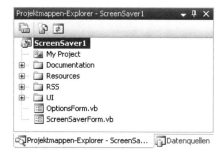

Tipp

Falls dieses Fenster einmal nicht angezeigt werden sollte, können Sie es über das Menü *Ansicht* oder durch einen Klick auf die Schaltfläche *Projektmappen-Explorer* in der Symbolleiste *Standard* wieder sichtbar machen.

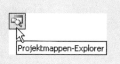

Darin werden alle zur aktuellen Projektmappe gehörenden Elemente in einer Hierarchie dargestellt. Allgemein gesehen setzen sich Projektmappen aus einem oder mehreren Projekten zusammen, Projekte wiederum setzen sich aus Dateien zusammen. Unser Beispiel besteht nur aus einem Projekt und dementsprechend gibt es nur eine zweistufige Gliederung: *ScreenSaver1* ist die oberste Ebene und diese beinhaltet mehrere Elemente, deren Namen darunter angezeigt werden.

Sie können die Arbeit mit den Elementen dieses Fensters hier einmal ausprobieren, ohne Angst haben zu müssen, etwas am Projekt zu zerstören.

Tipp

Wenn Sie es doch schaffen sollten, das Projekt kaputtzumachen, ist das kein Problem. Wählen Sie *Projekt schließen* im Menü *Datei* und beantworten Sie die Frage nach dem Speichern der Änderungen mit einem Klick auf *Verwerfen*. Beginnen Sie dann erneut mit dem Erstellen des Projekts.

4 Microsoft hat die Bestandteile des Projekts *ScreenSaver1* in weitere Untergruppen gegliedert. Sie können weitere Einzelheiten anzeigen lassen, indem Sie auf einen der Knoten mit dem Pluszeichen klicken. Durch einen Klick auf eine Schaltfläche mit einem Minuszeichen schließen Sie den Knoten wieder.

5 Durch einen Doppelklick auf ein Element der untersten Ebene bewirken Sie, dass der Inhalt dieses Elements im Hauptfenster angezeigt wird. Beispielsweise beinhaltet das Projekt ein Element, über das Sie später ein Dialogfeld zur Steuerung der *Bildschirmschonereinstellungen* anzeigen lassen können. Um dieses einmal anzuzeigen, doppelklicken Sie auf den Eintrag *OptionsForm.vb* im Fenster *Projektmappen-Explorer*. Der Inhalt dieses Elements wird auf einer zusätzlichen Seite im Hauptfenster der IDE angezeigt.

6 Durch einen Klick auf die *Schließen*-Schaltfläche in der Titelleiste zum Fenster entfernen Sie die Anzeige wieder. Sie entfernen aber das Element damit nicht aus dem Projekt.

7 Nach einem Doppelklick auf den Eintrag *My Project* wird im Hauptbereich des Bildschirms ein Dialog angezeigt, über den Sie in mehreren Registerkarten diverse Eigenschaften für das Projekt als Ganzes einstellen können. Auf einige davon werden wir in diesem Abschnitt noch zu sprechen kommen.

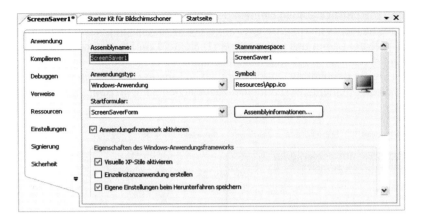

8 Ein Klick auf *Schließen* in der Titelleiste blendet auch diese Seite wieder aus.

Debuggen

Da der Code für den *ScreenSaver1* – dank Microsoft – bereits vollständig vorhanden ist, können wir gleich mit einem Schritt fortfahren, den Sie beim Erstellen von eigenen Anwendungen meist erst ziemlich zum Schluss der Entwicklung vornehmen werden – dem *Debugging*. Darunter versteht man das Testen auf Vorhandensein von Fehlern im Projekt und das Beseitigen derselben.

> **Hinweis**
>
> Der Name *Debugging* kommt übrigens wohl daher, dass einer der ersten Großrechner dadurch lahm gelegt wurde, dass sich irgendein Getier – ein *bug* – zwischen den damals verwendeten Relais verfing.

Während des Debuggings versucht das Programm, den in den Dateien des Projekts vorhandenen Code auszuführen. Dazu wird dieser Code in die Maschinensprache übersetzt, was man auch als *Kompilieren* bezeichnet. Während dieses Prozesses durchläuft das Programm verschiedene Modi, auf die wir später noch eingehen werden, wenn wir auf die Fehlerbehandlung zu sprechen kommen. Wichtig ist hier zunächst nur, dass das Projekt über die IDE ausgeführt und sein Ergebnis – hier ein Bildschirmschoner – angezeigt wird.

Das Projekt für den Bildschirmschoner ist ja bereits fix und fertig und kann auf diese Weise testweise zur Anzeige gebracht werden, ohne dass mit dem Auftauchen von Fehlermeldungen zu rechnen ist. Dazu führen Sie die folgenden Schritte durch:

1 Wenn Sie die Funktionsweise des Bildschirmschoners gleich vollständig einsehen wollen, sollten Sie zuerst – wenn noch notwendig – eine Verbindung zum Internet herstellen.

2 Dann müssen Sie nur noch die Taste $\boxed{\text{F5}}$ drücken oder im Menü *Debuggen* den Befehl *Debuggen starten* ausführen. Auch die gleichnamige Schaltfläche in der Symbolleiste kann zum Starten dieses Prozesses benutzt werden.

3 Lassen Sie anschließend die Maus kurzfristig ruhen, da ein Bewegen der Maus den Bildschirmschoner ausblendet – das ist ja eine der typischen Eigenheiten bei solchen Programmen. Nach dem Starten werden oben neuere Artikel zu Visual Basic angezeigt. Der Bereich rechts liefert einige zusätzliche aktuelle Hinweise.

4 Bewegen Sie die Maus etwas oder drücken Sie eine Taste, um die Anzeige auszublenden. Der Programmlauf wird damit auch automatisch beendet.

Wenn Sie mit einem etwas langsameren System arbeiten, werden Sie bemerken, dass während dieses Prozesses unterhalb des Hauptfensters das *Direktfenster* eingeblendet wird, in dem zusätzliche Hinweise zum Ablauf des

Debuggings angezeigt werden. Hier werden auch gefundene Fehler aufgeführt: Bestand beispielsweise beim Starten des Debuggings keine Internetverbindung, wird das hier angezeigt. Auf dieses Fenster kommen wir bei der
Fehlerbehandlung noch intensiv zu sprechen.

Das Projekt speichern

Durch das Debuggen haben Sie jetzt festgestellt, dass das Projekt
ScreenSaver1 für den Bildschirmschoner fehlerfrei funktioniert. Falls Sie dieses Projekt in irgendeiner Weise später wieder verwenden wollen, müssen Sie
es speichern, bevor Sie das Programm verlassen. Das müssen Sie beispielsweise dann tun, wenn Sie den Bildschirmschoner auf Ihrem System als solchen
einsetzen wollen. Auch hier sollten Sie das einmal testweise durchführen, um
die Vorgehensweise kennen zu lernen. Gehen Sie anhand der folgenden Schritte vor:

1 Wählen Sie im Menü *Datei* den Befehl *Alle speichern* oder klicken
Sie auf die gleichnamige Schaltfläche in der Symbolleiste. Das Dialogfeld *Projekt speichern* wird angezeigt.

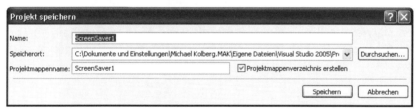

2 Im Textfeld *Name* finden Sie den anfangs beim Erstellen des Projekts vergebenen
Namen. Sie können diesen zum Speichern weiter verwenden oder hier ändern. Belassen Sie es für diesen Test bei der Voreinstellung *ScreenSaver1*.

3 Behalten Sie auch die anderen Standardeinstellungen in diesem Dialogfeld bei.
Auf ihre Bedeutung kommen wir gleich noch zu sprechen.

4 Klicken Sie auf *Speichern*, um die Speicherung durchzuführen.

> **Achtung**
>
> Mit dem Befehl *Speichern* im Menü *Datei* speichern Sie nur die Datei, die
> im *Projektmappen-Explorer* ausgewählt ist – das ist meist auch die Datei,
> die im Hauptfenster angezeigt wird.

Von anderen Programmen her kennen Sie schon vielleicht dieses Verhalten: Standardmäßig werden Ihre Projekte innerhalb des Ordners *Eigene Dateien* abgelegt. Hier geschieht das im Unterordner *Visual Studio 2005* und darin unter *Projects*. Wenn Sie andere Ordner verwenden wollen, benutzen Sie am besten die Schaltfläche *Durchsuchen* und stellen den gewünschten Ort ein.

Beachten Sie aber hier einige Besonderheiten der Automatik in der Ordnerorganisation:

- Wenn im Dialog *Projekt speichern* die Option *Projektmappenverzeichnis erstellen* aktiviert ist, wird beim Speichern im gewählten Ordner automatisch ein als *Projektmappe* bezeichneter Unterordner angelegt. Den Namen dieser Projektmappe legen Sie über das Feld *Projektmappenname* fest. In der Standardeinstellung wird in diesem Feld derselbe Name angezeigt, der im Feld *Name* benutzt wurde. Wenn Sie beispielsweise den Bildschirmordner mit den standardmäßigen Einstellungen speichern, wird ein Unterordner mit dem Namen *ScreenSaver1* erstellt.

- In diesem Unterordner finden Sie einerseits die Microsoft *Visual Studio Solution*-Datei mit dem Namen des Projekts. Wenn Sie später am Projekt weiterarbeiten wollen, müssen Sie diese Datei öffnen. Zusätzlich wird in der *Projektmappe* ein Ordner gleichen Namens erstellt, in den alle zum Projekt gehörenden Daten gespeichert werden. Innerhalb dieses Ordners finden Sie weitere Unterordner: Beispielsweise werden innerhalb von *bin* die ausführbaren Binärdateien abgelegt. Darauf kommen wir gleich noch zu sprechen.

> **Tipp**
>
> Es ist vielleicht überflüssig, das zu bemerken: Erst nach der Bestätigung über *Speichern* werden die oben beschriebenen Ordner zusammen mit einigen Dateien darin angelegt. Sie können also viele Dinge austesten, ohne den Ordner *Eigene Dateien/Visual Studio-Projekte* mit – im Prinzip – leeren Projektordnern voll zu pflastern. Diese können Sie aber über den Windows-Explorer wieder entfernen. Wenn Sie das nicht tun, stehen Ihnen deren Namen – wie beispielsweise *ScreenSaver1* – nicht mehr als Speicherort zur Verfügung. Die IDE ist übrigens auch intelligent genug, den Namen einer gelöschten Projektmappe automatisch wieder zu verwenden.

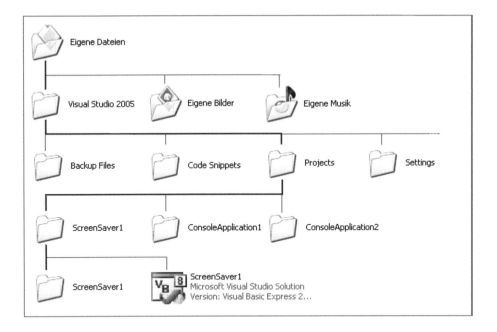

Die Beispieldateien installieren

Mit diesem Wissen über die im Programm benutzte Struktur der Speicherordner können Sie darangehen, die auf der Begleit-CD vorhandenen Projektbeispiele an einem Ort anzulegen, der einen schnellen Zugriff darauf ermöglicht. Der beste Weg dazu wäre, den gesamten Ordner *Projektbeispiele* von der CD in den Ordner *Projects* zu kopieren.

Ein Projekt öffnen

Durch das Speichern haben Sie dafür gesorgt, dass Sie das Projekt zu einem späteren Zeitpunkt wieder öffnen und daran weiterarbeiten können. Wenn Sie nach einem Unterbrechen der Arbeit in der IDE an einem vorher gespeicherten Projekt weiterarbeiten wollen, bieten sich drei Möglichkeiten an, dieses wieder zu öffnen. Die schnellste Form des Zugriffs haben Sie auf die letzten von Ihnen bearbeiteten Projekte:

* Diese werden einerseits im Bereich *Zuletzt geöffnete Projekte* der *Startseite* in Form von Links angezeigt. Klicken Sie auf einen dieser Links, um das Projekt wieder zu öffnen.

- Diese Projekte werden auch im Untermenü zum Befehl *Zuletzt geöffnete Projekte* im Menü *Datei* aufgelistet. Sie können auch dort das Projekt auswählen, das Sie öffnen wollen.

Wenn das gewünschte Projekt in den beiden eben beschriebenen Listen nicht angezeigt wird, benutzen Sie die bei Windows-Programmen übliche Methode:

1 Wählen Sie den Befehl *Projekt öffnen* im Menü *Datei* oder klicken Sie auf die Schaltfläche *Datei öffnen* in der Symbolleiste *Standard*. Das Dialogfeld *Projekt öffnen* wird angezeigt. Eingestellt ist hierin der Ordner *Projects*.

2 Sie finden darin Unterordner für alle mit den standardmäßigen Einstellungen gespeicherten Projekte. Doppelklicken Sie auf den gewünschten Projektordner, um seine Inhalte anzuzeigen.

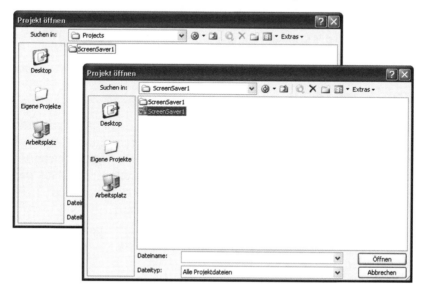

3 Innerhalb des Projektordners werden ein weiterer Unterordner und eine Datei angezeigt. Doppelklicken Sie auf das Symbol für die Datei, um diese wieder in der IDE zu öffnen.

4 Durch das Öffnen eines neuen Projekts wird das gegebenenfalls vorher geöffnete Projekt geschlossen. Hatten Sie noch nicht gespeichert, werden Sie darauf hingewiesen.

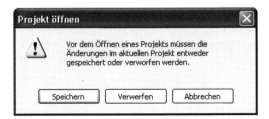

Tipp

Im Dialogfeld *Projekt öffnen* können Sie wie gewohnt navigieren. Zusätzlich steht Ihnen hier zur Navigation in der Umgebungsleiste die Schaltfläche *Eigene Projekte* zur Verfügung, über die Sie immer schnell zum Ordner *Projects* zurückwechseln können.

Eine ausführbare Datei erstellen

Wenn die Entwicklung eines Projekts vollständig abgeschlossen wurde und auch das Debuggen in ausreichendem Maße erfolgt ist, können Sie aus seinen Komponenten eine ausführbare Datei erstellen, die auch auf Systemen läuft, auf denen Visual Basic Express Edition oder eine andere Version dieses Programms nicht installiert ist. Man spricht dabei von dem Erstellen eines so genannten *Releasebuild*.

> **Tipp**
>
> Eine solche Trennung zwischen *Debugbuild* und *Releasebuild* hat den Vorteil, dass Sie nach dem Fertigstellen eines Projekts im *Debugbuild* noch Verfeinerungen daran vornehmen und austesten können, ohne dabei die bereits lauffähige Version im *Releasebuild* verändern oder zerstören zu müssen. Außerdem werden standardmäßig bei einem *Releasebuild* auch meist verschiedene Optimierungen verwendet: So optimierte Builds sind kleiner im Umfang und können schneller ausgeführt werden als nicht optimierte Builds.

Das können Sie auch hier tun, falls Sie das Ergebnis von *ScreenSaver* als Bildschirmschoner unter Windows nutzen wollen:

1 Öffnen Sie – wenn notwendig – die vorher erstellte *Visual Basic*-Datei *ScreenSaver1* in der IDE.

2 Wählen Sie im Menü *Erstellen* den Befehl *ScreenSaver1 erstellen*. Damit erzeugen Sie die erwähnte ausführbare und optimierte Datei.

Der Typ der hier erstellten Datei hängt natürlich von der Art der Anwendung ab. In unserem Fall wird ein Bildschirmschoner erzeugt. Abgelegt wird die Datei im eben schon angesprochenen Ordner *bin* innerhalb des Ordners für die Projektdaten. Sie finden darin zwei Unterordner – *Debug* und *Release*. *Debug* enthält die Version, die über den Debugger erzeugt wurde, *Release* enthält das Ergebnis des Befehls *Erstellen*.

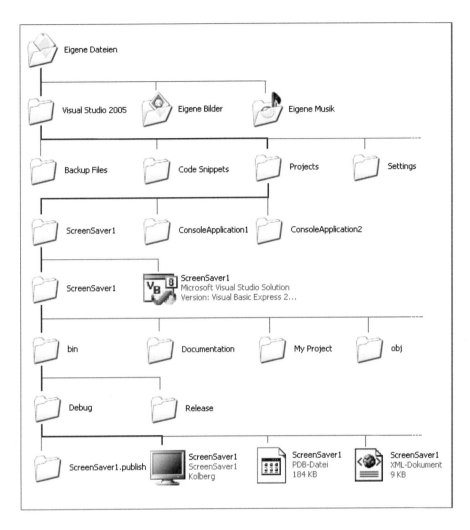

Wenn Sie den eben erstellten Bildschirmschoner unter Windows nutzen wollen, arbeiten Sie – wie üblich – mit der Systemsteuerung des Betriebssystems:

3 Navigieren Sie über den Explorer zu dem Verzeichnis, in dem Sie die Dateien für den Bildschirmschoner abgelegt haben – beispielsweise zu *Eigene Dateien\Visual Studio 2005\Projects\ScreenSaver1*.

4 Navigieren Sie weiter über *\ScreenSaver1\bin\Release*. Sie finden im Unterverzeichnis *Release* zumindest die Datei *ScreenSaver1*.

5 Kopieren Sie diese in Ihr Windows-Verzeichnis: Bei Windows XP benutzen Sie \Windows\System32 im Systemlaufwerk, bei Windows 2000 das Verzeichnis \WinNT\System32.

6 Öffnen Sie die Systemsteuerung und darin den Dialog Anzeige. Aktivieren Sie das Register Bildschirmschoner. Im Listenfeld wählen Sie den Bildschirmschoner News. Nach einem Klick auf Vorschau können Sie die Wirkung kontrollieren. Ein Druck auf eine beliebige Taste stoppt die Vorschau wieder. Über Einstellungen können Sie zusätzliche Optionen festlegen.

7 Über OK können Sie diesen Bildschirmschoner zum aktuellen machen.

Ein zusätzliches Beispiel

Es dürfte jetzt klar geworden sein, wie man Projekte erstellt, diese kompiliert, speichert, wieder öffnet und daraus eine selbständig ausführbare Anwendung erstellt. Wir können dieses Wissen jetzt an einem zusammenfassenden Beispiel einsetzen. Sie finden im Dialogfeld Neues Projekt noch ein weiteres Starter Kit, das mit Starter Kit für Meine Filmesammlung betitelt und als Beispiel hervorragend geeignet ist. Dabei handelt es sich um eine – wiederum fertig erstellte – Beispielanwendung, mit deren Hilfe Sie Ihre Filmsammlung organisieren und zusätzliche Informationen dazu online abfragen können. Um diese Filmsammlung erstellen zu können, muss allerdings Microsoft SQL Server 2005 Express Edition auf Ihrem Rechner installiert sein.

1 Wenn Sie es nicht schon getan haben, öffnen Sie die Express Edition von Microsoft Visual Basic 2005 wieder.

2 Zum Erstellen des Projekts wählen Sie im Menü Datei den Befehl Neues Projekt oder klicken auf die Schaltfläche Neues Projekt ganz links in der Symbolleiste. Das Dialogfeld Neues Projekt wird angezeigt.

3 Wählen Sie in diesem Dialogfeld die Option Starter Kit für Meine Filmesammlung und bestätigen Sie. Auch hier wird nach dem Erstellen des Projekts eine Übersichtsseite angezeigt, die weitere Informationen zur Arbeit damit enthält. Wir wollen hier nicht weiter darauf eingehen. Weitere Hinweise zum Arbeiten mit dieser Anwendung sowie Tipps zur Verfeinerung finden Sie nach dem Erstellen des Projekts im Hauptfenster der IDE.

4 Da auch dieses Projekt bereits fertig gestellt ist, können Sie gleich
zum Debugging schreiten: Drücken Sie die Taste ⎡F5⎤ oder wählen
Sie im Menü *Debuggen* den Befehl *Debuggen starten*. Auch die
gleichnamige Schaltfläche in der Symbolleiste kann zum Starten dieses Prozesses benutzt werden. Als Ergebnis wird die Anwendung in der IDE angezeigt.

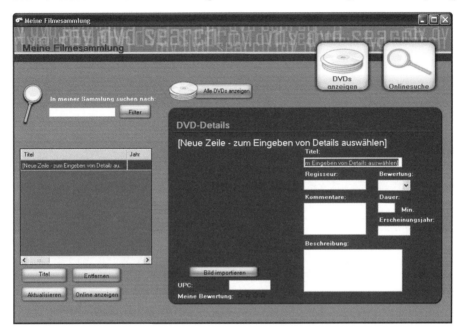

5 Klicken Sie auf die Schaltfläche *Schließen* in der Titelleiste, um das Debuggen zu
beenden.

6 Wählen Sie im Menü *Datei* den Befehl *Alle speichern* oder klicken
Sie auf die gleichnamige Schaltfläche in der Symbolleiste. Das Dialogfeld *Projekt speichern* wird angezeigt. Bestätigen Sie hier die Voreinstellungen.

7 Wählen Sie im Menü *Erstellen* den Befehl *MovieCollection1 erstellen*. Damit erzeugen Sie die erwähnte ausführbare und optimierte Datei.

Einige Programmeinstellungen kennen lernen

Visual Basic 2005 Express verfügt über eine Vielzahl von Optionen, über die Sie das Verhalten des Programms steuern können. Einige davon sind recht wichtig und Sie sollten wissen, was man damit regeln kann. Der Aufruf dieser Optionen geschieht wie bei Windows-Programmen üblich:

1 Wählen Sie den Befehl *Optionen* im Menü *Extras*. Das gleichnamige Dialogfeld wird angezeigt.

2 Das Dialogfeld verfügt über mehrere Seiten. Die Knoten *Umgebung*, *Projekte und Projektmappen*, *Text-Editor Basic* und *Windows Forms-Designer* fassen diese in Bereiche zusammen. Öffnen Sie zunächst den jeweiligen Bereich, indem Sie auf den Knoten mit dem kleinen Pluszeichen klicken. Doppelklicken Sie auf den Namen der gewünschten Seite, um ihre Inhalte anzuzeigen.

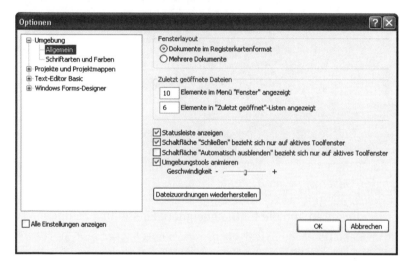

Achtung

Beachten Sie, dass im Dialogfeld standardmäßig nur die wichtigsten Gruppen von Optionen angezeigt werden. Eine vollständige Anzeige erreichen Sie, indem Sie das Kontrollkästchen *Alle Einstellungen anzeigen* unten links im Dialogfeld aktivieren.

Auf die wichtigsten Optionen darin werden wir gegen Ende einiger Kapitel besonders eingehen.

Allgemeine Optionen zur Umgebung

Zwei Seiten sind an dieser Stelle vielleicht schon interessant: Über *Allgemein* im Bereich *Umgebung* können Sie einige wichtige Einstellungen zum Verhalten der IDE vornehmen.

- Wenn Sie unterhalb von *Fensterlayout* die Option *Dokumente im Register-kartenformat* aktivieren, werden geöffnete Bestandteile eines Projekts im Hauptfenster in Form von Registerkarten angezeigt. Wenn Sie stattdessen *Mehrere Dokumente* wählen, werden diese in separaten Fenstern ange-zeigt. Dies hat gegenüber Dokumenten im Registerformat eigentlich nur den Vorteil, dass auf dem Bildschirm kein Platz für die Registerlaschen erforderlich ist. Sie können mit `Strg`+`⇆` zwischen Fenstern wechseln oder die Unterteilungsoptionen im Menü *Fenster* aktivieren.

- Die Option *Zuletzt geöffnete Dateien* passt die Anzahl der zuletzt geöffne-ten Projekte und Dateien an, die im Menü *Datei*, im Menü *Fenster* und auch auf der Startseite angezeigt werden.

- Die Liste im unteren Bereich der Seite fasst weitere Einstellungen zusam-men: Sie können hierüber die Statusleiste anzeigen oder ausblenden sowie festlegen, ob die Schaltflächen zum *Schließen* und für *Automatisch ausblenden* nur für das gerade aktive Fenster oder für alle Fenster gelten sollen. Über *Umgebungstools animieren* können Sie Übergangseffekte aktivieren. Wenn Sie diese Option deaktivieren, geschieht der Zugriff auf automatisch ausgeblendete Fenster nicht mit fließenden Übergängen, sondern das Fenster wird unmittelbar auf dem Bildschirm angezeigt. Der Schieberegler *Geschwindigkeit* steuert die Geschwindigkeit, mit der Ani-mationseffekte ausgeführt werden. Experimentieren Sie mit den Animati-onsgeschwindigkeiten, um die für Sie geeignete Einstellung zu finden.

Allgemeine Optionen zu Projekten

Über *Allgemein* im Bereich *Projekte und Projektmappen* können Sie die Stan-dardeinstellungen für die Speicherorte einstellen.

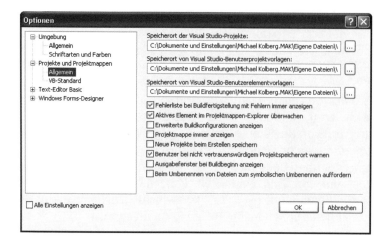

Wenn Sie fürchten, ein Teil Ihrer Arbeit könnte verloren gehen, werden Sie zwei der zusätzlich vorhandenen Optionen besonders interessieren:

- Nachdem Sie die Option *Alle Einstellungen anzeigen* aktiviert haben, finden Sie unter *Projekte und Projektmappen* auch eine Seite, die mit *Erstellen und Ausführen* betitelt ist. Die Optionen auf dieser Seite steuern, ob die IDE jede veränderte Datei speichert, bevor sie mit der Ausführung eines Projekts beginnt. Dies ist eine wichtige Einstellung, da die IDE, wenn sie überhaupt jemals abstürzt, es wahrscheinlich dann tun wird, wenn Sie Ihren Code ausführen. Diese Option bietet eine einfache Methode, um sicherzustellen, dass alle Veränderungen jedes Mal gespeichert werden, bevor Sie Ihren Code ausführen.

- Nachdem Sie die Option *Alle Einstellungen anzeigen* aktiviert haben, finden Sie unter *Umgebung* auch die Seite *AutoWiederherstellen*, über die Sie festlegen können, wie häufig Informationen gespeichert werden und wie lange sie aufgehoben werden sollen.

Eine kleine Erfolgskontrolle

Unsere Erfolgskontrolle kann hier kurz gehalten werden. Beantworten Sie die folgenden Fragen:

- Wie erstellen Sie innerhalb von Visual Basic .NET ein neues Projekt?
- Was versteht man unter den mit dem Programm ausgelieferten *Starter Kits*?
- Was versteht man unter *Debugging* und über welche Methoden können Sie das *Debugging* starten?
- Wie speichern Sie ein Projekt und wie öffnen Sie es wieder?
- In welchem Ordner werden standardmäßig die Projektdateien abgelegt?
- Wie erstellen Sie eine selbständig ausführbare Datei?

Das lernen Sie in diesem Kapitel neu:

Kapitel 3

Eine Konsolen-
anwendung

Jetzt werden wir aber endlich mit dem richtigen Programmieren beginnen und Ihnen zeigen, wie man den Code für eine einfache Konsolenanwendung erstellt. Es geht dabei um Programme, die ohne die fast schon unentbehrlich gewordenen Fenster mit Text-feldern, Optionskästchen und Schaltflächen auskommen und bei denen Ein- und Ausgaben über einen langweilig erscheinenden – meist schwarzen – Hintergrund abgewickelt werden.

Wenn Sie es nicht schon getan haben, dann öffnen Sie jetzt die *Express Edition* von *Microsoft Visual Basic 2005*.

Ein Projekt für eine Konsolenanwendung erstellen

Um eine Konsolenanwendung zu entwickeln, müssen Sie zunächst wieder ein Projekt erstellen. Das Prinzip dieses Vorgangs kennen Sie schon aus dem vorherigen Kapitel.

1 Wählen Sie den Befehl *Neues Projekt* im Menü *Datei* oder klicken Sie auf die gleichnamige Schaltfläche in der Symbolleiste.

2 Im Dialog *Neues Projekt* wählen Sie diesmal die Option *Konsolenanwendung*. Welchen Namen Sie für das Projekt angeben, spielt wieder einmal keine Rolle. Sie können es bei der Voreinstellung *ConsoleApplication1* belassen.

3 Nach der Bestätigung durch einen Klick auf *OK* wird der Rahmen für die neue Anwendung in einem mit *Modul1.vb* bezeichneten Fenster erstellt und im Hauptbereich der IDE angezeigt.

> **Tipp**
>
> Wenn Sie später so weit sind, eigene Anwendungen zu erstellen, sollten Sie jedem neuen Projekt aber einen eindeutigen, sinnvollen Namen, der auf den Verwendungszweck des Programms hinweist, geben.

In der Datei *Module1.vb* wollen wir anschließend die Eingabe von Code demonstrieren. Beginnen wir mit einem sehr einfachen Beispiel: Die Anwendung soll den Anwender nach zwei Werten fragen. Nachdem er diese eingegeben hat, sollen diese beiden Zahlenwerte addiert und das Ergebnis ausgegeben werden. Diese einfache Aufgabe erledigen Sie über mehrere Schritte. Sie müssen für die benötigten Zahlenwerte *Variablen* vereinbaren, in denen die abgefragten Werte während der Laufzeit des Programms abgelegt werden können. Dann müssen Sie das Programm anweisen, von Ihnen die Eingabe der Werte zu verlangen. Die Werte müssen anschließend addiert und das Ergebnis muss ausgegeben werden. Für den Fall, dass Sie sich die Arbeit der Eingabe ersparen wollen: Sie finden dieses Beispiel auch unter *ConsoleApplication1* auf der Begleit-CD.

Variablen und Konstanten

Variablen und *Konstanten* bilden den Kern jeder Programmiersprache. Sie sind ein Ort, an dem Sie die Daten während der Laufzeit eines Programms so lange ablegen, bis Sie sie benötigen. Der Inhalt einer Variablen kann sich verändern, während das Programm läuft – beispielsweise als Folge einer Berechnung. Deswegen heißen sie Variablen. Auch Konstanten speichern einen Wert, dieser bleibt aber während der Laufzeit eines Programms unverändert.

Typen von Variablen und Konstanten

Es ist wichtig zu wissen, dass es in Visual Basic .NET verschiedene Typen von Variablen und Konstanten gibt. Diese Typen unterscheiden sich dadurch voneinander, dass man in ihnen unterschiedliche Arten von Daten speichern kann. Eine Variable, die Zeichenketten enthält, ist etwas anderes als eine Variable, die Zahlen speichern soll. Visual Basic .NET benutzt drei wichtige Typen:

Die erste Gruppe umfasst solche, die einfache Werte wie Zahlen oder Zeichenketten enthalten. Sie finden in dieser Gruppe mehrere Untertypen, deren Mitglieder Werte unterschiedlicher Art und von verschiedener Größe speichern können:

- Die so genannten *Ganzzahlen*-Variablen dienen zum Speichern von Zahlen ohne Dezimalstellen. Ein großer Teil der Datenverarbeitung im Allgemeinen erfolgt mit solchen Typen von Zahlenwerten. Visual Basic .NET benutzt vier unterschiedliche Typen von Ganzzahlen-Variablen, die unterschiedlich große Zahlen speichern können und damit unterschiedlich viel Speicher belegen. Beispielsweise ist `Integer` die Standard-Ganzzahlen-Variable und meist der schnellste Typ, da er dem Computer am wenigsten Arbeit macht. Byte unterstützt im Gegensatz zu den anderen Ganzzahlen-Datentypen keine negativen Zahlen. Dieser Typ ist also nützlich, wenn man kleine Zahlen verfolgt, die nur positiv sein können.

- Andere Berechnungen – beispielsweise im wissenschaftlichen oder technischen Bereich – machen es aber erforderlich, dass auch Zahlenwerte hinter dem Komma gespeichert werden können. Der Fachausdruck hierfür ist *Gleitkommazahlen*. Visual Basic .NET stellt zum Speichern solcher Werte mit Single und Double zwei Typen zur Verfügung, die sich zwar nicht hinsichtlich der Größe der Werte, wohl aber im Grad der Genauigkeit unterscheiden, mit der die Daten gespeichert werden. Double verfügt im Vergleich mit Single über die doppelte Genauigkeit und kann 15 Dezimalstellen enthalten.

- In vielen Fällen müssen Sie in Ihren Programmen nicht nur Zahlen, sondern auch Wörter oder andere Zeichenketten speichern. Das Speichern eines Namens für die spätere Ausgabe wäre ein Beispiel dafür. Für diese alphanumerischen Größen existieren zwei gesonderte Datentypen – Char und String. Die Variable Char dient eher zum Speichern eines einzelnen Zeichens, während String lange Zeichenketten speichern kann.

- Es gibt außerdem zwei Typen unter den einfachen Variablen, die nicht in die bereits beschriebenen Kategorien passen. Das sind die beiden Typen Boolean und Date: Boolean dient zum Speichern von Wahrheitswerten – also Daten, die nur die beiden Werte True (wahr) oder False (falsch) annehmen können. Diese Variable erfordert zwei Byte, da in Visual Basic traditionell die Zahlen 0 für False und -1 für True verwendet werden, denn wie bei der Integervariablen Short sind zwei Byte zum Speichern eines negativen Werts notwendig. Date ist in der Lage, die meisten Datumsangaben zu speichern, mit denen Sie es in der Praxis zu tun haben werden. Diese Variable kennt außerdem alle Regeln für das Arbeiten mit Datumsangaben – wie beispielsweise das Hinzufügen eines Tages in Schaltjahren.

Die zweite Kategorie sind die komplexen Variablen, zu denen einige Kombinationen von einfachen Variablen sowie auch Arrays und benutzerdefinierte Typen gehören. *Arrays* sind Variablen, die eine Reihe von anderen Variablen enthalten. Die dritte Kategorie der Variablen sind die so genannten *Objektvariablen*, auf die wir später noch zu sprechen kommen werden.

Deklaration

Wichtig ist zunächst, dass Variablen deklariert werden müssen, bevor sie verwendet werden können. Im einfachsten Fall geben Sie dazu die Deklarationsanweisung `Dim` ein. Wo genau im Code eine Variable deklariert werden soll, ist zwar auch wichtig, aber damit werden wir uns später beschäftigen. Hier reicht es erst einmal aus, die Variable für das gesamte Modul zu deklarieren. Dazu setzen Sie die Deklaration nach der Zeile `Module Module1`.

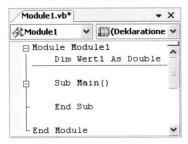

1 Klicken Sie an den Anfang der Zeile nach der ersten Zeile `Module Module1` und geben Sie die Deklarationsanweisung ein. Wenn Sie beispielsweise eine Variable mit dem Namen `Eingabe1` als `Double` deklarieren wollen, benutzen Sie die Anweisung `Dim Eingabe1 As Double`.

2 Wenn Sie mit der Eingabe beginnen, werden Sie merken, dass die IDE versucht, Sie auf unterschiedliche Weise zu unterstützen: Beispielsweise werden Ihnen Popup-Fenster angezeigt, in denen Erweiterungen der Codezeile, an der Sie gerade arbeiten, vorgeschlagen werden. Wenn Sie nach der Eingabe von `Dim Eingabe1 As` ein Leerzeichen gesetzt haben, wird eine Liste mit Alternativen zur Vervollständigung der Deklaration angezeigt. Sie können in dieser Liste eine Option markieren und ⏎ drücken, um die Option zu übernehmen.

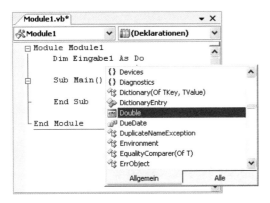

3 Fahren Sie fort, indem Sie auf dieselbe Weise noch zwei weitere Variable mit den Namen `Eingabe2` und `Summe` deklarieren.

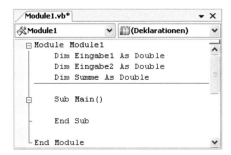

Ein Sternchen hinter dem Namen einer Datei in der Register- lasche zeigt an, dass Sie in der Datei Änderungen durchgeführt, diese aber noch nicht gespeichert haben.

> **Tipp**
>
> Das Programm liefert noch andere Formen der Unterstützung: Beispielsweise werden unterschiedliche Farben für programmspezifische Schlüsselwörter und die vom Benutzer verwendeten Namen eingesetzt. An einigen Stellen werden automatisch Einzüge gesetzt, um die Programmstrukturen optisch zu verdeutlichen. Zwischen einzelnen Abschnitten im Code werden Trennlinien gesetzt. Wenn das bei Ihnen nicht geschehen sollte, sind wahrscheinlich die entsprechenden Einstellungen im Dialogfeld zum Befehl *Optionen* im Menü *Extras* anders eingestellt. Auf diese Aspekte werden wir im folgenden Kapitel noch eingehen.

Werte zuweisen

Nachdem Sie die Variable durch die Deklaration in ein Programm eingeführt haben, können Sie ihr im weiteren Verlauf einen Wert zuweisen. Das erreichen Sie durch eine Anweisung in der Form `Variable = Wert`. Zur Laufzeit wird der Wert auf der rechten Seite einer solchen Zuweisung von der Variablen ausgewertet. Dieser Wert muss natürlich dem deklarierten Typ entsprechen. Beispielsweise können Sie einer `Integer`-Variablen nur einen Zahlenwert ohne Dezimalstellen zuweisen, einer Variablen vom Typ `Double` wohl aber einen Wert, der entweder über Dezimalstellen oder über keine Dezimalstellen verfügt. Oft ist eine solche anfängliche Wertzuweisung zwar nicht notwendig, sie kann aber in keinem Fall schaden.

Einlesen und Ausgeben

Da Programme in den seltensten Fällen dafür geschrieben werden, Berechnungen mit einem festen vorgegebenen Satz von Werten durchzuführen, wird man zumindest bei einigen Variablen einen Inhalt während der Laufzeit der Anwendung eingeben und eventuelle Berechnungsergebnisse ausgeben wollen:

- Zur Eingabe bei einer Konsolenanwendung verwenden Sie `System.Console.Read()` oder `System.Console.ReadLine()`. Die Methode `System.Console.Read()` wartet ab, bis Sie eine Taste drücken, übernimmt dann das damit eingegebene Zeichen und fährt mit dem Programm fort. `System.Console.ReadLine()` wartet, bis Sie eine Zeichenkette eingegeben haben. Erst nachdem Sie abschließend die Taste ⏎ drücken, werden die eingegebenen Daten übernommen und das Programm fährt mit der Ausführung fort.

- Zur Ausgabe benutzen Sie die Methoden `System.Console.Write()` oder `System.Console.WriteLine()`. Die Methode `Write()` gibt eine Information ohne abschließenden Zeilenwechsel aus, `WriteLine()` gibt eine Information als ganze Zeile aus und wechselt zur nächsten Zeile. Was ausgegeben werden soll, geben Sie jeweils innerhalb der Klammer ein. Dabei kann es sich beispielsweise um den aktuellen Wert einer Variablen, einer Konstanten oder einen Text handeln.

- In vielen Fällen wird man den Anwender darüber informieren wollen, welche Eingabe gerade vom Programm erwartet wird. Dazu können Sie vor der Anweisung zum Einlesen über eine der Methoden `System.Console.Write()` oder `System.Console.WriteLine()` einen Text ausgeben, mit dem Sie den Wert, den Sie eingeben wollen, beschreiben. `System.Console.Write()` hat dabei den Vorteil, dass das Programm nach der Ausgabe des Textes stehen bleibt und auf die Eingabe wartet, ohne die Zeile zu wechseln. Ein auszugebender Text muss in Anführungszeichen eingeschlossen werden.

Mit diesem Wissen können Sie nun einige Codezeilen für die Ein- und Ausgabe der Werte für die vorher deklarierte Variable schreiben:

1 Geben Sie einen Code ein, der dafür sorgt, dass das Programm auf die Eingabe eines Zahlenwerts für die Variable `Eingabe1` wartet. Die von der Konsole her eingegebenen Daten können Sie dabei direkt einer Variablen zuweisen, indem Sie die Variable mit einem nachfolgenden Gleichheitszeichen vor den Befehl zum Einlesen setzen. Das hat den Effekt, dass die Anwendung an der entsprechenden Stelle auf eine Eingabe wartet. Der eingegebene Wert wird dann der Variablen zugewiesen und die Anwendung fährt mit den folgenden Zeilen fort. Setzen Sie diese Codezeile direkt unterhalb von `Sub Main()`.

2 Geben Sie direkt anschließend eine entsprechende Codezeile zur Eingabe eines Werts für Eingabe2 ein.

3 Um den Wert von Summe mit einem anschließenden Zeilenwechsel auszugeben, benutzen Sie beispielsweise System.Console.WriteLine(Summe). Setzen Sie diese Anweisung gleich in die anschließende Zeile.

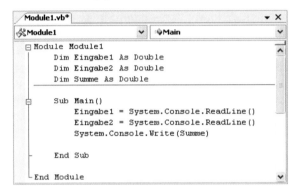

```
Module1.vb*                                          ▼ ✕
⚒ Module1                    ∨  ◈ Main                ∨
  ⊟ Module Module1                                    ∧
        Dim Eingabe1 As Double
        Dim Eingabe2 As Double
        Dim Summe As Double


        Sub Main()
            Eingabe1 = System.Console.ReadLine()
            Eingabe2 = System.Console.ReadLine()
            System.Console.Write(Summe)

        End Sub

  └ End Module                                        ∨
```

4 Um den Anwender über die Art der Ein- und Ausgaben zu informieren, sollten Sie noch geeignete Textzeilen einfügen. Zum Einfügen setzen Sie die Schreibmarke beispielsweise an das Ende der Zeile davor und drücken ⏎ . Damit erzeugen Sie eine leere Zeile.

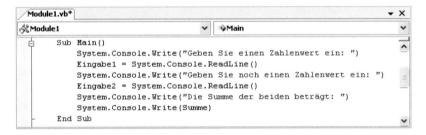

```
Module1.vb*                                          ▼ ✕
⚒ Module1                    ∨  ◈ Main                ∨
        Sub Main()                                    ∧
            System.Console.Write("Geben Sie einen Zahlenwert ein: ")
            Eingabe1 = System.Console.ReadLine()
            System.Console.Write("Geben Sie noch einen Zahlenwert ein: ")
            Eingabe2 = System.Console.ReadLine()
            System.Console.Write("Die Summe der beiden beträgt: ")
            System.Console.Write(Summe)
        End Sub                                        ∨
```

Damit haben Sie praktisch alle Anweisungen für die Ein- und Ausgabe fertig gestellt.

Einfache Berechnungen

Nach der Eingabe und vor der Ausgabe von Werten sollte mit den Werten irgendetwas passieren, auch wenn das noch so wenig ist. Darum wollen wir jetzt dafür sorgen, dass die beiden Eingabewerte Eingabe1 und Eingabe2 zum Wert Summe addiert werden. Für solche einfachen Berechnungen benutzen Sie Operatoren wie +, -, *, / usw.

1 Fügen Sie nach der Eingabezeile und vor der Ausgabezeile eine Zeile ein, in der die beiden Eingabewerte zum Ausgabewert addiert werden.

2 Außerdem besitzt das Programm noch einen kleinen Schönheitsfehler: Bei der Ausführung wird es beendet, nachdem die Summe angezeigt wird. Der Anwender hätte keine Zeit, das Ergebnis zu lesen. Wenn Sie erreichen wollen, dass das Programm wartet, bis der Anwender ⏎ drückt, fügen Sie an das Ende noch einmal die Anweisung System.Console.ReadLine() hinzu.

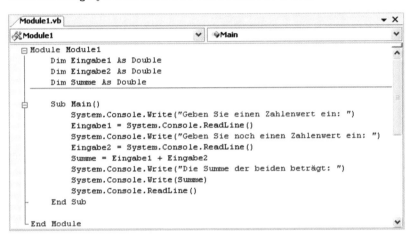

```vb
Module Module1
    Dim Eingabe1 As Double
    Dim Eingabe2 As Double
    Dim Summe As Double

    Sub Main()
        System.Console.Write("Geben Sie einen Zahlenwert ein: ")
        Eingabe1 = System.Console.ReadLine()
        System.Console.Write("Geben Sie noch einen Zahlenwert ein: ")
        Eingabe2 = System.Console.ReadLine()
        Summe = Eingabe1 + Eingabe2
        System.Console.Write("Die Summe der beiden beträgt: ")
        System.Console.Write(Summe)
        System.Console.ReadLine()
    End Sub
End Module
```

Tipp

Wenn Sie komplizierte Berechnungen durchführen wollen, müssen Sie auf den korrekten Einsatz von Klammern achten. Generell gilt zunächst die alte Regel *Punktrechnung vor Strichrechnung* – was bedeutet, dass in einer Berechnungskette zuerst die Verknüpfungen mit den Operatoren * (für Multiplikation) und / (für Division) durchgeführt werden müssen und dann die Verknüpfungen über + (für Addition) und – (für Subtraktion). Eine Berechnungskette wie 5+4*3-2/1 ergibt also 15, denn 4*3=12, 2/1=2 und 5+12-2=15. Wenn aber beispielsweise zwei Werte miteinander addiert und das Ergebnis mit einem dritten Wert multipliziert werden soll, müssen Sie die zuerst zu addierenden Werte in Klammern setzen, bevor Sie die Multiplikation durchführen.

Wenn Sie mehr Berechnungen durchführen wollen, können Sie dazu die in Visual Basic .NET eingebauten Funktionen benutzen. Diese Funktionen bieten viele Fähigkeiten, darunter auch die Umwandlung von einem Datentyp in einen anderen, mathematische Berechnungen, Zeichenkettenbearbeitung usw. Beispielsweise gibt die Funktion Now das aktuelle Datum und die Uhrzeit zurück. Abs gibt den absoluten Wert einer Zahl zurück: Beispielsweise liefert Abs(-1) den Wert 1. Die Funktion UCase wandelt ein Textargument in Großbuchstaben um: UCase("Eva") erzeugt EVA.

Den Code ausführen

Der Code ist jetzt so weit vervollständigt, dass es Sinn macht, ihn einmal zu kompilieren. Wie man dabei vorgeht, wissen Sie schon aus dem vorherigen Kapitel dieses Buches.

1 Drücken Sie F5 oder wählen Sie *Debuggen Starten* im Menü *Debuggen*. Sie können auch die entsprechende Schaltfläche benutzen.

2 Mehrere Fenster werden eingeblendet. Wichtig ist das in der Standardeinstellung schwarz hinterlegte Konsolenfenster, über das die Arbeit der Ein- und Ausgabe der Daten abgewickelt wird. Darin werden Sie zweimal nacheinander aufgefordert, einen Zahlenwert einzugeben und die Eingabe zu bestätigen.

3 Anschließend wird die Summe der eingegebenen Werte angezeigt. Nach einer weiteren Bestätigung verschwindet das Fenster wieder vom Bildschirm.

Achtung

Falls in Ihrem Programm ein Fehler auftaucht oder das Programm aus anderen Gründen angehalten wird, müssen Sie in der IDE zunächst den Befehl *Debuggen beenden* im Menü *Debuggen* wählen, ehe Sie den Code korrigieren können. Sie können auch die gleichbedeutende Schaltfläche benutzen. Auf die wichtigsten Aspekte der Fehlerbehandlung werden wir im nächsten Kapitel eingehen.

Auskommentieren

In unseren Beispielen haben wir es nicht getan, aber Sie sollten sich angewöhnen, den Sinn und Zweck eines Codeblocks – manchmal sogar von einzelnen Codezeilen – mit Kommentaren zu versehen. Bei dem gegenwärtigen trivialen Beispiel mag das überflüssig sein, später – bei komplizierten Programmen – ist es von nicht zu unterschätzendem Nutzen. Es erleichtert einerseits anderen Benutzern das Verstehen Ihres Codes. Aber auch Sie selbst können davon profitieren, denn jeder Programmierer ändert seinen Stil aufgrund zusätzlicher Erfahrung im Laufe der Zeit. Wenn Sie den Code kommentieren, können Sie auch nach längerer Zeit ein Verständnis sicherstellen. Übertreiben brauchen Sie hierbei natürlich nicht.

Fügen Sie an der gewünschten Stelle eine Leerzeile ein und geben Sie anschließend den Kommentar ein. Damit der Kommentar auch als solcher verstanden wird, beginnen Sie den Text mit einem einfachen Anführungszeichen ('). Stattdessen können Sie die Zeile auch mit Rem beginnen. Sie können einen Kommentar auch als Teil einer regulären Codezeile eingeben. Setzen Sie an die Stelle, an der die eigentliche Anweisung enden und der Kommentar beginnen soll, ein einfaches Anführungszeichen.

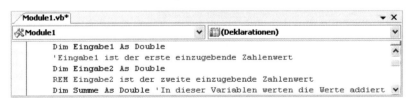

Tipp

Durch Voransetzen eines Anführungszeichens können Sie auch reguläre Zeilen vorübergehend aus dem Code ausschließen. Besonders in diesem Fall empfiehlt sich die Verwendung von zwei Schaltflächen:

- Klicken Sie auf *Kommentiert die ausgewählten Textzeilen aus* in der Symbolleiste. Das Anführungszeichen wird damit automatisch hinzugefügt und die Codezeile in grüner Farbe dargestellt.

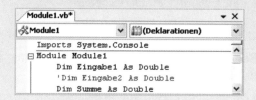

- Um die Zeile wieder ausführbar zu machen, klicken Sie auf *Hebt* *die Auskommentierung der ausgewählten Textzeilen auf.* Das Anführungszeichen wird entfernt.

Ausführungsanweisungen

Sicher haben Sie es auch als etwas nervig empfunden, vor jedem `Read()` oder `Write()` den Vorspann `System.Console.` setzen zu müssen. Um zu verstehen, warum das notwendig war und welche Bedeutung ein solcher Vorspann hat, müssen wir uns etwas mit der *objektorientierten Programmierung* beschäftigen. Das werden wir in *Kapitel 6* tun. Vorerst sollten Sie aber wissen, dass Anweisungen wie `Read()` oder `Write()` in der Grundeinstellung des Programms nicht automatisch verfügbar sind. Um sie nutzen zu können, müssen Sie erst den *Namensraum*, unter dem die Anweisungen im .NET-Framework abgelegt sind, für das Projekt verfügbar machen.

Sie können sich aber die andauernde Eingabe von `System.Console.` ersparen, indem Sie fordern, dass die Anwendung allgemein auf diesen Namensraum zugreifen können soll. Das erreichen Sie, indem Sie die `Imports`-Anweisung verwenden. Mit einer solchen `Imports`-Anweisung können Sie Klassen oder ganze Namensräume – das sind Gruppen von Klassen – aus dem .NET-Framework in Ihre Quelldatei importieren und deren Elemente darin nutzen. Für unsere Zwecke empfiehlt sich hier beispielsweise die Anweisung `Imports System.Console`.

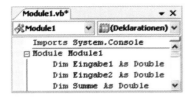

1 Lassen Sie das Beispiel wieder anzeigen und setzen Sie den Befehl `Imports System.Console` vor alle Anweisungen, also noch vor `Module Module1`.

2 Sie können anschließend in allen folgenden Zeilen die Worte `System.Console.` löschen, ohne dass Fehlermeldungen auftauchen.

Das so abgewandelte Beispiel finden Sie auch unter dem Namen *ConsoleApplication2* auf der Begleit-CD.

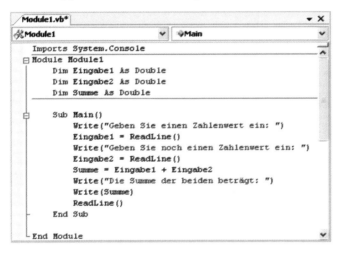

Tipp

Zum Auffinden und Austauschen von Zeichenfolgen hält das Programm ein Werkzeug bereit, das Sie vielleicht schon von der Textverarbeitung her kennen – das Suchen und Ersetzen. Um beispielsweise `System.Console.` aus dem gesamten Modul zu entfernen, führen Sie die folgenden Schritte durch:

1 Setzen Sie die Schreibmarke an den Anfang des Moduls und wählen Sie *Schnellersetzung* im Menü *Bearbeiten*. Sie können auch auf die Schaltfläche *Suchen* klicken und im anschließend angezeigten Dialogfeld das Register *Schnellersetzung* anzeigen lassen.

2 Geben Sie im Dialogfeld im Feld *Suchen nach* den Begriff ein, der ersetzt werden soll – hier beispielsweise `System.Console.`. Vegessen Sie hier nicht den abschließenden Punkt. Im Feld *Ersetzen durch* geben Sie den Begriff ein, durch welchen ersetzt werden soll – in unserem Beispiel lassen Sie das Feld leer.

3 Auf welche Weise ersetzt wird, hängt von der Form Ihrer Bestätigung ab. Hierfür stehen die üblichen Optionen zur Verfügung. In unserem Fall sollten Sie zunächst über *Weitersuchen* mit der Suche beginnen und dann entscheiden, ob das Auftreten durch einen Klick auf *Ersetzen* entfernt werden soll.

Das Ersetzen beginnt dann an der aktuellen Position der Schreibmarke. Wenn Sie nur in einem Teil eines Textes nach einem Begriff suchen oder diesen ersetzen lassen wollen, müssen Sie diesen Teil zuerst markieren.

Standardmäßig werden aber von der IDE immer schon einige dieser Namensräume automatisch importiert, müssen also nicht über eine `Imports`-Anweisung manuell eingerichtet werden. Welche das sind, können Sie wie anschließend beschrieben feststellen:

3 Doppelklicken Sie im *Projektmappen-Explorer* auf den schon im vorherigen Kapitel angesprochenen Eintrag *My Project*. Im Hauptfenster wird daraufhin eine Liste der Einstellungen zum aktuellen Projekt angezeigt. Wählen Sie darin das Register *Verweise*. Im unteren Bereich des Dialogs werden in der Liste unter *Importierte Namespaces* die aktuell importierten Namensräume angezeigt.

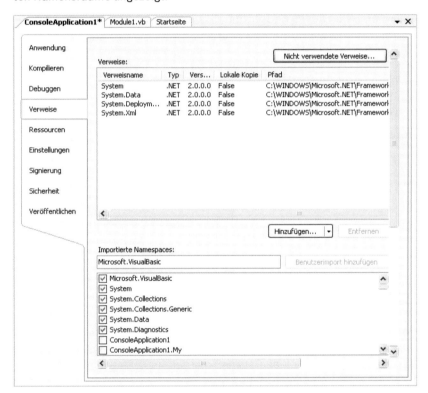

4 Wenn Sie einen weiteren Namensraum für das aktuelle Projekt benutzen wollen – beispielsweise *System.Console* –, geben Sie in das Textfeld *Importierte Namespaces* den Namen dieses Elements ein und bestätigen Sie durch einen Klick auf *Benutzerimport hinzufügen*. Der Namensraum wird dann automatisch importiert.

Codestrukturen verstehen

Nachdem Sie jetzt Ihre erste Konsolenanwendung in der Praxis erstellt und ausprobiert haben, wollen wir noch einmal die wichtigsten Strukturmerkmale einer solchen Anwendung theoretisch zusammenfassen.

Die Grundstruktur

Visual Basic .NET-Code wird in Projektmodulen gespeichert – hier beispielsweise im Modul *Modul1.vb*. Wenn Sie ein neues Projekt erstellen, wird bereits ein Teil des Codes für das Modul erzeugt. Beispielsweise wird bei einer Konsolenanwendung ein leeres Modul zusammen mit einer darin enthaltenen Routine Sub Main erstellt. Dieses Codefragment bewirkt eigentlich noch gar nichts und dient nur als Rahmen für Ihren weiteren Code.

```
Module Module1
...
    Sub Main()
    ...
    End Sub
...
End Module
```

Direktiven auf der obersten Ebene

Am Anfang der Codes – also noch vor der in unserem Fall automatisch eingefügten Anweisung Module Module1 – können einige Direktiven der höchsten Ebene stehen. Sie kennen davon bereits die Imports-Anweisung.

```
Option ...
Imports ...
Module Module1
...
```

Auf weitere und spezielle Einstellungen zu diesen Direktiven werden wir später zu sprechen kommen.

Die Modulebene

Im Anschluss daran wird der Hauptteil des Codes bei einfachen Anwendungen mit Hilfe von Modulen in einzelne logische Einheiten unterteilt. Später werden Sie sehen, dass hier neben diesen Modulen auch andere Elemente – wie Klassen oder Strukturen – verwendet werden können. Bei allen diesen logischen Einheiten handelt es sich um Zusammenfassungen von Visual Basic-Anweisungen, die von einer Deklarationsanweisung – wie beispielsweise `Module Module1` – und einer dazugehörenden `End`-Anweisung – beispielsweise `End Module` – umschlossen sind. Der Grund für eine solche Kapselung in separate Einheiten besteht darin, dass diese wesentlich einfacher zu debuggen sind als ein einzelnes Programm ohne eine derartige Aufteilung. Zusätzlich haben Sie darüber die Möglichkeit, isolierte Aktionsräume für die darin enthaltenen Elemente – wie Variablen und anderes – zu schaffen, innerhalb derer die Elemente gelten sollen. Außerdem können Sie damit die für ein bestimmtes Programm entwickelten Bausteine auch in anderen Programmen einsetzen. Dazu sind häufig nur geringfügige oder manchmal überhaupt keine Änderungen erforderlich.

```
...
Module Module1
    ...
End Module
...
Module Module2
    ...
End Module
...
```

Arbeiten mit mehreren Modulen

Wenn Sie mit mehreren Modulen in einem Projekt arbeiten, ist es aber meist sinnvoll, diese in separaten Moduldateien anzusiedeln.

1 Dazu benutzen Sie den Befehl *Modul hinzufügen* im Menü *Projekt*. Das Dialogfeld *Neues Element hinzufügen* wird angezeigt.

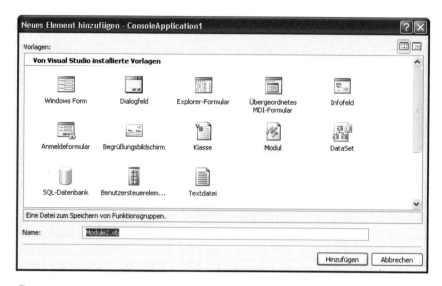

2 Wählen Sie darin die gewünschte Vorlage – in unserem Fall beispielsweise *Modul* – und bestätigen Sie. Das neue Modul wird im *Projektmappen-Explorer* angezeigt. Der Code dazu beinhaltet wieder die schon bekannten Rahmen- anweisungen.

Wenn Sie später mit mehreren Modulen arbeiten, müssen Sie dem Programm mitteilen, mit welchem dieser Abschnitte es bei der Ausführung beginnen soll. Dazu doppelklicken Sie im *Projektmappen-Explorer* auf *My Project* und wählen das Register *Verweise*. Im Textfeld *Startobjekt* können Sie das zu verwendende Modul einstellen.

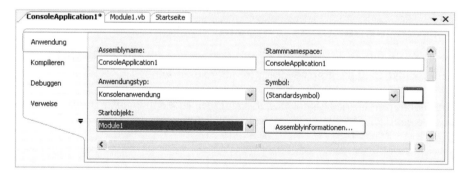

Unterprozeduren

Innerhalb dieser Moduleinheiten können weitere Ebenen mit *Unterprozeduren* – oft einfach auch mit *Prozeduren* bezeichnet – eingesetzt werden. Eine neue Konsolenanwendung beinhaltet beispielsweise automatisch die Main-Prozedur. Das ist der eigentliche Startpunkt der Anwendung; Main ist die erste Prozedur, auf die bei der Ausführung des Moduls zugegriffen wird. Zusätzlich können Sie außerhalb dieser Main-Prozedur weitere Prozeduren in den Code für das Modul einfügen. Diese eignen sich beispielsweise zur Ausführung von sich wiederholenden Aufgaben, wie häufig verwendeten Berechnungen oder Änderungen von Daten oder Eigenschaften. Solche Prozeduren können von vielen unterschiedlichen Stellen im Code aus aufgerufen werden. Wenn die Ausführung des Aufrufs abgeschlossen ist, wird die Steuerung an den Code zurückgegeben, der den Aufruf gestartet hat; dieser Code wird auch als Aufrufcode bezeichnet.

```
...
Module Module1
    Sub Main()
    ...
    End Sub

    Sub Neu()
    ...
    End Sub
...
End Module
```

Anweisungen

Auf der untersten Ebene finden Sie die Codezeilen mit den einzelnen Anweisungen. Eine Anweisung in Visual Basic ist eine vollständige Instruktion. Sie kann *Schlüsselwörter*, *Operatoren*, *Variablen*, *Konstanten* und *Ausdrücke* enthalten. Jede Anweisung gehört zu einer der folgenden zwei Kategorien: *Deklarationsanweisungen* benennen eine Variable, Konstante oder Prozedur. *Ausführbare Anweisungen* starten eine Aktion. Letztere enthalten beispielsweise Zuweisungen, die eine Variable oder Konstante mit einem Wert oder einem Ausdruck versehen oder eine Methode oder eine Funktion ausführen.

```
...
Sub Main()
    Dim I As Integer
    Dim J As Integer
```

```
    I = 2
    J = 1 + 1
    ...
End Sub
...
```

Anweisungen können innerhalb eines so genannten *Blocks* gekapselt sein. Solche Blöcke werden beispielsweise verwendet, um eine Reihe von Anweisungen innerhalb einer Schleife mehrfach auszuführen oder um eine Verzweigung zwischen mehreren alternativen Anweisungen zu ermöglichen. Blöcke werden beispielsweise durch eine If-, For- oder eine While-Anweisung eingeleitet und durch eine End-, Else- oder eine Next-Anweisung abgeschlossen.

```
...
For I = 1 To 10
    I = I + 1
Next
...
```

Bedingte Kompilierungsanweisungen

Außerdem können bedingte Kompilierungsanweisungen an beliebiger Stelle innerhalb des Moduls stehen. Sie werden ausgeführt, wenn bestimmte Bedingungen zur Laufzeit erfüllt sind. Viele Programmierer ziehen es vor, diese Anweisungen an das Ende zu stellen.

Eine kleine Erfolgskontrolle

Wie bei der Mehrzahl der Kapitel dieses Buches sollten Sie zum Abschluss des Kapitels einige Fragen beantworten.

- Was versteht man unter einer Konsolenanwendung und wie erstellt man eine solche in der Visual Basic Express Edition?
- Wozu dienen Variablen und mit welchem Schlüsselwort werden sie im Allgemeinen in das Programm eingeführt?
- Welche grundsätzlichen Typen von Variablen kennen Sie?
- Mit welchen Anweisungen sorgen Sie für das Einlesen und die Ausgabe von Werten über die Konsole?
- Über welche Strukturen verfügt ein Visual Basic-Programm?

Das lernen Sie in diesem Kapitel neu:

Kapitel 4

Fehler und ihre Korrektur

Wenn Sie im vorherigen Kapitel den Programmcode selbst ein-
gegeben haben, werden Ihnen dabei bestimmt hin und wieder
Eingabefehler passiert sein. Das ist ganz normal, passiert jedem
Programmierer und ist kein Grund zur Sorge. Man sollte bloß wissen,
wie man Fehler erkennt und sie beseitigt. Darum wollen wir uns in
diesem Kapitel gleich etwas intensiver mit dem Thema Fehler be-
schäftigen, denn je früher Sie die Hintergründe dafür kennen, desto
besser.

Wenn Sie es nicht schon getan haben sollten, dann öffnen Sie jetzt die *Express Edition* von *Microsoft Visual Basic 2005*.

Fehler im Entwurf

Wie Sie vielleicht schon bemerkt haben werden, zeigt die IDE im Entwurfsmodus viele offensichtliche Fehler bereits während oder kurz nach Abschluss der Eingabe an.

Die Hilfestellung in der IDE

Achten Sie dabei auf die unterschiedlichen Formen der verschiedenen Hilfeleistungen:

- Immer dann, wenn die IDE etwas bemerkt, was ein Fehler sein könnte, wird diese Stelle wellenförmig unterstrichen. Wenn Sie eine Unterstreichung auf dem Bildschirm sehen, sollten Sie zumindest die Ursache dafür herausfinden, bevor Sie zum Debugging schreiten.

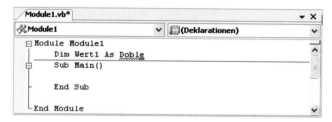

- Indem Sie den Mauszeiger auf der Wellenlinie ruhen lassen, können Sie in den meisten Fällen auch den Hintergrund für diese Meldung anzeigen lassen.

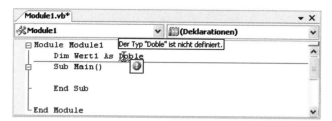

- Zusätzlich wird dabei eine kleine Schaltfläche mit einem Ausrufezeichen eingeblendet. Wenn Sie darauf klicken, werden weitere Hinweise und oft auch Korrekturvorschläge angezeigt.

- Wenn Sie – was hoffentlich nicht passieren wird – viele Eingabefehler machen, können Sie eine zusammenfassende Liste dieser Fehler anzeigen lassen, indem Sie den Befehl *Fehlerliste* im Menü *Ansicht* wählen oder auf die gleichnamige Schaltfläche klicken. In diesem Fenster, das standardmäßig unten am Bildschirm angezeigt wird, werden alle in der Anwendung gefundenen Fehler aufgelistet. Durch einen Doppelklick auf eine Zeile in diesem Fenster wird die Stelle mit dem Fehler im Code markiert.

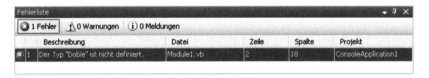

Wenn Sie die Liste nicht mehr benötigen, können Sie das Fenster durch einen Klick auf die *Schließen*-Schaltfläche wieder ausblenden.

Die Option-Anweisungen

Welche Fehler zur Entwurfszeit angezeigt werden, hängt auch davon ab, welche Option-Anweisungen für den aktuellen Code gelten. Diese legen bestimmte Kompilierungsoptionen fest und geben die grundlegenden Regeln für nachfolgenden Code vor. Zwei davon sind besonders wichtig: Option Explicit und Option Strict. Diese beiden Anweisungen können auf On oder Off gesetzt werden. Sie müssen am Anfang des Codes – noch vor einer eventuell vorhandenen Imports-Anweisung – eingegeben werden.

- `Option Explicit On` stellt sicher, dass Sie alle Variablen korrekt deklarieren und anschließend in der richtigen Schreibweise angeben. Beispielsweise wird die Verwendung einer nicht deklarierten Variablen bereits im Entwurf als Fehler angezeigt. Sie können das zwar vermeiden, indem Sie die unten beschriebene Anweisung `Option Explicit Off` an den Anfang Ihres Programms setzen. Eine solche Vorgehensweise ist aber nicht empfehlenswert: Wenn Sie eine nicht deklarierte Variable verwenden, tritt ein Fehler beim Kompilieren auf.

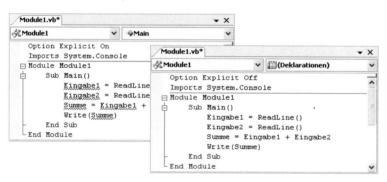

- `Option Strict` hilft bei der Vermeidung von logischen Fehlern und Datenverlusten, die auftreten können, wenn Sie mit Variablen unterschiedlichen Typs arbeiten. In vielen Fällen können Sie einem Datentyp einen konkreten Wert zuweisen, der nicht dem in der Deklaration festgelegten Typ entspricht. Eine solche automatische Umwandlung kann natürlich zu unerwarteten Ergebnissen in Ihrem Code führen. Wenn Sie vermeiden wollen, dass Visual Basic .NET automatisch Datentypen für Sie umwandelt, können Sie die strenge Typenüberprüfung einschalten, indem Sie `Option Strict On` in den oberen Bereich Ihrer Dateien einfügen. In einem solchen Fall wird der Versuch der Zuweisung eines Werts, der nicht der Deklaration entspricht, bereits im Entwurf als Fehler gemeldet.

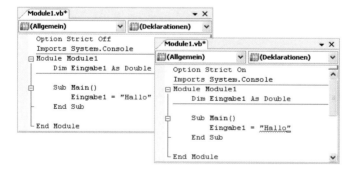

Beide `Option`-Anweisungen sind optional. Wenn Sie im Bereich von `Option` keine Direktiven angeben, gelten die Standardeinstellungen der IDE. Diese finden Sie im Dialogfeld zum Befehl *Optionen* im Menü *Extras* auf der Seite *VB Standard* unter *Projekte und Projektmappen*. Wie Sie sehen können, ist standardmäßig die Einstellung *Option Explicit* eingeschaltet, *Option Strict* ist ausgeschaltet. Es empfiehlt sich, diese Standardeinstellung beizubehalten, solange man sich über die möglichen Auswirkungen einer Änderung noch nicht vollständig im Klaren ist.

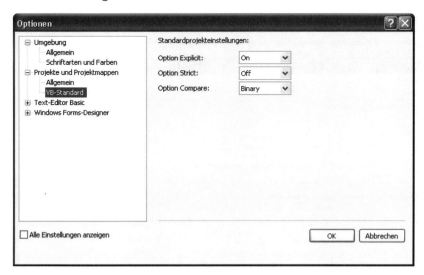

> **Hinweis**
>
> Die auf dieser Seite zusätzlich angezeigte *Option Compare* braucht Sie zurzeit nicht weiter zu interessieren. Sie wird auf Dateiebene verwendet, um die Standardvergleichsmethode für Zeichenfolgen zu deklarieren. Sie steuert, ob Zeichenfolgenvergleiche mit Hilfe von binären Vergleichen oder Textvergleichen ausgeführt werden.

Laufzeitfehler

Aber auch wenn im Entwurfsmodus keine Fehler mehr angezeigt werden, heißt das nicht, dass auch keine vorhanden sind. Bestimmte Fehler können beispielsweise auch durch eine falsche Logik oder durch eine Eingabe des Benutzers verursacht werden. Solche Fehler zeigen sich erst während der Laufzeit.

Sie können das einmal mit Hilfe des zuletzt benutzten Beispiels *ConsoleApplication2* aus dem vorherigen Kapitel selbst ausprobieren. Sie erinnern sich: Die Anwendung erforderte die Eingabe zweier Zahlenwerte.

1 Öffnen Sie die Anwendung und starten Sie das Debugging über den Befehl *Debuggen starten* im Menü *Debugging* oder einen Klick auf die gleichnamige Schaltfläche.

2 Geben Sie in der Konsole statt des geforderten Zahlenwerts einen Text – beispielsweise *Hallo* – ein und bestätigen Sie.

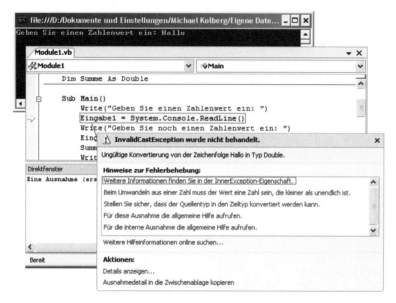

3 Die Anzeige wechselt zurück zur IDE und darin zeigen sich mehrere Effekte:

- Das Programm wird zwar weiterhin ausgeführt, die Ausführung wird aber angehalten. Dieser Zustand wird als *Debuggen-* oder *Unterbrechen*-Modus bezeichnet, wenn das Programm auf irgendeine Art unterbrochen wird. In diesem Fall wird in der Titelleiste die zusätzliche Bezeichnung *(Debuggen)* angezeigt.

- Die Zeile, die den Fehler verursacht hat, wird farbig unterlegt und mit einem zusätzlichen Pfeil markiert.

- Ein Fenster wird eingeblendet, in dem zusätzliche Hinweise zur Ursache und Behebung des Fehlers angezeigt werden. Diese Beschreibung liefert normalerweise gute Hinweise auf die Natur des Fehlers und vermittelt Ihnen wahrscheinlich sogar schon eine Idee, wie die Ausnahme zu beheben ist. Des Weiteren wird unten das Direktfenster eingeblendet, in dem die Art und Position des Fehlers beschrieben wird.

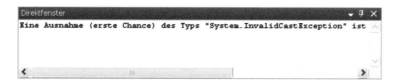

4 In der Mehrzahl der Fälle empfiehlt sich nach der Meldung einer
Ausnahme ein Abbruch. Wenn Sie den Fehler korrigieren wollen,
müssen Sie zuerst die Ausführung beenden, da das Programm beim
Eintritt in diesen Modus immer noch ausgeführt wird und der in der
IDE angezeigte Code schreibgeschützt ist. Rufen Sie dazu den Menübefehl *Debuggen
beenden* im Menü *Debuggen* auf oder klicken Sie auf die gleichnamige Schaltfläche in
der Symbolleiste.

> **Hinweis**
>
> Auf die Frage, wie man die Auswirkungen solcher Laufzeitfehler durch
> eine entsprechende Ausnahmebehandlung einschränkt, werden wir im
> nächsten Kapitel noch eingehen.

Vielleicht sollten wir die eben vorgestellten Modi, die ein Programm beim Debugging durchlaufen kann, noch einmal zusammenfassen:

- Vor dem Starten des Debuggings befindet sich das
  Programm im Entwurfsmodus. Das erkennen Sie ein-
  fach daran, dass am Anfang der Titelleiste nur der Name des Programms –
  beispielsweise *ConsoleApplication2* – angezeigt wird.

- Wenn Sie ein Programm in der IDE ausführen, sehen Sie hinter dem Namen des Pro-
  jekts in der Titelleiste den Zusatz *(Ausführung)*, was kennzeichnet, dass
  Sie sich im *Ausführungsmodus* befinden. Wenn keine Fehler auftauchen,
  wird das Programm in diesem Modus bis zum Ende durchgeführt und die
  IDE wechselt wieder in den Entwurfsmodus.

- Der *Debug*- oder *Unterbrechen*-Modus tritt
  ein, wenn das Programm auf irgendeine Art
  unterbrochen wird. Das kann sowohl durch eine Ausnahme – also einen
  Fehler – in Ihrem Programm verursacht werden als auch dadurch, dass Sie
  die IDE absichtlich in den *Unterbrechen*-Modus setzen. In diesem Fall wird
  in der Titelleiste die zusätzliche Bezeichnung *(Debuggen)* angezeigt. Das
  Programm wird dann weiterhin ausgeführt, ist aber angehalten.

Mit Haltepunkten arbeiten

Sie können auch bewusst die Programmausführung an einer bestimmten Stelle unterbrechen, indem Sie in der Zeile, in der das Programm anhalten soll, einen *Haltepunkt* platzieren.

1 Wechseln Sie mit dem Programm *ConsoleApplication1* – wenn notwendig – in den Entwurfsmodus.

2 Setzen Sie den Mauszeiger auf den linken Rand des Fensters – beispielsweise in Höhe der zweiten `Write`-Anweisung – und klicken Sie diese Stelle mit der linken Maustaste an. Oder Sie markieren die entsprechende Codezeile und wählen *Haltepunkt umschalten* im Menü *Debuggen* oder drücken einfach [F9]. Ein roter Punkt erscheint. Dies ist Ihr Haltepunkt.

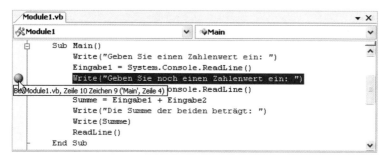

3 Starten Sie das Debugging über den Befehl *Debuggen starten* im Menü *Debugging* oder einen Klick auf die gleichnamige Schaltfläche. Das Programm beginnt mit der Ausführung. Geben Sie den ersten verlangten Zahlenwert über die Konsole ein. Nach der Bestätigung bleibt das Programm aber am Haltepunkt im *Unterbrechen*-Modus stehen.

4 Im *Unterbrechen*-Modus können Sie auch einige Prüfungen vornehmen: Beispielsweise können Sie den aktuellen Wert der schon eingegebenen Variablen Eingabe1 anzeigen lassen, indem Sie den Mauszeiger darauf ruhen lassen.

5 Wenn Sie die nächste vorhandene Programmzeile ausführen lassen wollen, klicken Sie auf die Schaltfläche *Einzelschritt* in der Symbolleiste *Standard*.

6 Wenn Sie die Ausführung des Programms bis zum Ende fortsetzen wollen, klicken Sie auf die jetzt als *Weiter* bezeichnete Schaltfläche oder wählen den gleichnamigen Befehl im Menü *Debuggen*.

7 Um einen Haltepunkt nach der Rückkehr zum Entwurfsmodus wieder auszuschalten, klicken Sie darauf oder wählen *Haltepunkt umschalten* im Menü *Debuggen*.

> **Tipp**
>
> Denselben Effekt wie ein Haltepunkt erfüllt auch das Schlüsselwort Stop an einer Stelle als Codezeile. Sie können im Code auch mit mehreren Haltepunkten arbeiten.

Arbeiten im Text-Editor

Nachdem man einen Fehler im Code als solchen erkannt hat, muss man ihn korrigieren. Unter Umständen müssen Sie dazu größere Änderungen im Code vornehmen. Um sich dabei unnötige Eingabearbeit zu ersparen, sollten Sie wissen, welche Unterstützungswerkzeuge Ihnen der Text-Editor der IDE dafür anbietet. Wenn Sie die in den vorherigen Abschnitten vorgestellten Anwendungen selbst nachvollzogen haben, haben Sie einige der dabei verfügbaren Hilfswerkzeuge bereits schon gesehen. Je früher Sie die wichtigsten davon kennen lernen, desto einfacher wird die Bearbeitung von Code.

Die Symbolleiste Text-Editor

Bei der Arbeit wird automatisch die Symbolleiste *Text-Editor* eingeblendet, deren Schaltflächen Ihnen bei der Eingabe und Gestaltung von Code hilfreich sein können. Machen Sie sich mit der Bedeutung der wichtigsten dieser Schaltflächen zunächst oberflächlich vertraut; auf Details dazu werden wir in den nachfolgenden Abschnitten eingehen.

- Über *Memberliste für Objekt anzeigen* wird ein Popup-Fenster mit Alternativen zu bestimmten Schlüsselwörtern eingeblendet, wenn sich die Schreibmarke in einem solchen befindet. Setzen Sie beispielsweise die Schreibmarke auf `Double` in der Deklaration einer Variablen.

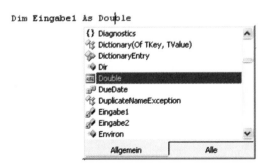

- *Parameterinfo anzeigen* zeigt die Parameterinformationen an, wenn der markierte Ausdruck über verschiedene Eingabeargumente verfügt. Setzen Sie zum Testen beispielsweise die Schreibmarke in die Klammer einer `Write()`-Anweisung.

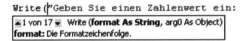

- Ein Klick auf *QuickInfo anzeigen* zeigt eine kleine QuickInfo an, wenn sich die Schreibmarke auf einem entsprechenden Ausdruck befindet. Beispielsweise wird beim Markieren einer Variablen deren Deklaration eingeblendet.

- *Wortvervollständigung anzeigen* zeigt nach der Eingabe der ersten Buchstaben eines Schüsselworts Alternativen zur Fortsetzung an.

Navigation

Bei einem kurzen Programmcode – wie in den bisherigen Beispielen – können Sie zwischen den Codezeilen wie in einem normalen Text-Editor navigieren. Über die beiden Listenfelder *Klassenname* und *Methodenname* am oberen Rand des Codefensters können Sie in einem umfangreichen Code schnell zur gewünschten Stelle navigieren. In einer Konsolenanwendung können Sie über

Klassenname das gewünschte Modul im Fenster ansteuern. Innerhalb eines Moduls wechseln Sie über *Methodenname* zur gewünschten Routine. Unter *Methodenname* finden Sie auch die Option *Deklarationen*, mit der Sie zum Anfang des aktuellen Moduls gelangen.

Lesezeichen

Mit Hilfe von Lesezeichen können Sie bestimmte Zeilen im Code markieren. Das empfiehlt sich beispielsweise dann, wenn Sie schnell zwischen mehreren Stellen in einem längeren Code wechseln wollen. Und so arbeiten Sie damit:

1 Setzen Sie die Schreibmarke an eine beliebige Stelle in der Zeile und wählen
Sie *Lesezeichen umschalten* im Untermenü zu *Bearbeiten/Lesezeichen* oder klicken Sie auf die entsprechende Schaltfläche in der Symbolleiste *Text-Editor*. In der Standardeinstellung wird links eine Marke gesetzt, die die Codezeile markiert.

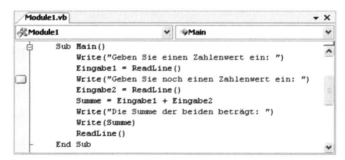

2 Bewegen Sie die Schreibmarke dann zu einer beliebigen anderen Stelle im
Code. Sie können dann von dort aus über die Befehle oder die gleichnamigen Schaltflächen zu gesetzten Lesezeichen zurückspringen.

3 Ein nochmaliges Anwählen des Befehls *Lesezeichen umschalten* oder ein Klick auf die entsprechende Schaltfläche entfernt das Lesezeichen wieder.

Tipp

Wenn Sie mehrere Lesezeichen im Code gesetzt haben, können Sie über
die Befehle *Nächstes Lesezeichen* und *Vorheriges Lesezeichen* im angesprochenen Untermenü oder über die entsprechenden Schaltflächen in der Symbolleiste *Text-Editor* zwischen diesen navigieren.

Gehe zu

Wenn Sie schnell zu einer bestimmten Zeile im Code springen wollen, wählen Sie *Gehe zu* im Menü *Bearbeiten*. Im Dialogfeld werden die im aktuellen Code benutzten Zeilennummern aufgeführt. Geben Sie in das Feld darunter die Zeile ein, zu der gesprungen werden soll, und bestätigen Sie.

> **Tipp**
>
> Standardmäßig werden in der IDE keine Zeilennummern angezeigt. Sie können das über die Option *Zeilennummern hinzufügen* im Dialogfeld zum Befehl *Optionen* im Menü *Extras* ändern (siehe unten).

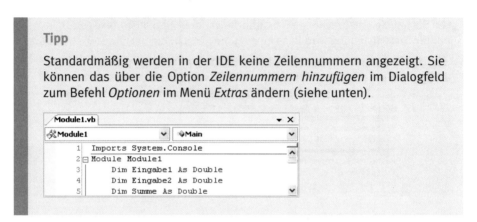

Suchen

Zum Suchen innerhalb der aktuellen Datei wählen Sie im Untermenü zum Befehl *Bearbeiten/Suchen und Ersetzen* den Eintrag *Schnellsuche*. Sie können auch einfach auf die Schaltfläche *In Dateien suchen* in der Symbolleiste *Standard* klicken.

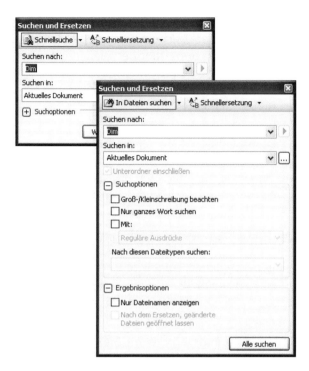

- Geben Sie in das Feld *Suchen nach* die Zeichenkette ein, nach der gesucht werden soll. Sie können weiterhin festlegen, ob bei der Suche ein Unterschied zwischen Groß- und Kleinschreibung gemacht werden soll oder nicht, ob der eingegebene Begriff nur als ganzes Wort oder auch dann gemeldet werden soll, wenn er als Teil eines Worts auftaucht, und ob ausgeblendeter Text mit durchsucht werden soll.

- Über die Optionen im Bereich *Suchen in* können Sie angeben, wo gesucht werden soll. Einige Optionen sorgen dafür, dass nur der Teil des Codes durchsucht wird, in dem sich die Schreibmarke gerade befindet. Das Suchen beginnt übrigens immer an der aktuellen Position der Schreibmarke. Wenn Sie nur in einem Teil eines Textes nach einem Begriff suchen oder diesen ersetzen lassen wollen, müssen Sie diesen Teil zuerst markieren.

- Weitere Optionen können Sie nach einem Klick auf das Pluszeichen vor der Beschriftung *Suchoptionen* anzeigen lassen. Die Kontrollkästchen *Groß-/Kleinschreibung beachten* und *Nur ganzes Wort suchen* sind Ihnen wahrscheinlich schon bekannt. Wenn Sie nach anderen Elementen als Text im Code suchen wollen, aktivieren Sie das Optionskästchen mit der Bezeichnung *Mit*. Sie können dann im daneben stehenden Listenfeld wählen, ob die im Textfeld *Suchen nach* eingegebenen Zeichen als Texte, Platzhalter oder als reguläre Ausdrücke zu verstehen sind. Über den waagerecht stehenden Dropdown-Pfeil rechts neben dem Feld *Suchen nach* können Sie eine Kurzreferenz bestimmter Platzhalter- oder Syntaxregeln anzeigen lassen. Nach der Auswahl eines dieser Elemente wird dieses im Feld *Suchen nach* zur Suche angewandt.

Wenn Sie die Einstellungen im Dialogfeld bestätigen, wird unten das Fenster *Suchergebnisse* angezeigt, in dem die Fundstellen aufgelistet werden. Nachdem Sie darin eine Zeile markiert haben, können Sie über die Schaltfläche *Zur Position in der aktuellen Zeile wechseln* in diesem Fenster zur Fundstelle im Code wechseln.

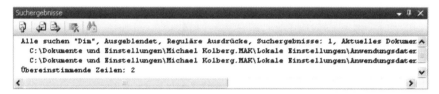

Zum Ersetzen einer Textkette durch eine andere arbeiten Sie mit ähnlichen Techniken wie beim Suchen. Wählen Sie dazu *Schnellersetzung* im Menü *Bearbeiten*.

Code hinzufügen

Zum Hinzufügen von Code gehen Sie wie bei der Eingabe vor. Bewegen Sie die Schreibmarke an die gewünschte Stelle und geben Sie den Text ein. Beachten Sie, dass das Programm über einen abschaltbaren Überschreibmodus verfügt. Durch Drücken der Taste ⌈Einfg⌋ können Sie zwischen den beiden Modi wechseln. Die aktuelle Einstellung wird in der rechten Ecke der Statusleiste angezeigt. Die Anzeige *EINFG* bedeutet, dass die neuen Zeichen an der durch die Schreibmarke markierten Stelle zwischen den bereits vorhandenen eingefügt werden. *ÜB* bedeutet, dass die neu eingegebenen Zeichen die nach der Schreibmarke bereits vorhandenen ersetzen.

Codeabschnitte markieren

Viele Befehle zum Editieren setzen ein vorheriges Markieren des Bereichs, den Sie bearbeiten wollen, voraus. Eine Markierung erkennen Sie an der inversen Darstellung auf dem Bildschirm. Markieren können Sie mit der Tastatur oder über die Maus:

- Um einen Bereich mit der Maus zu markie-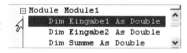
ren, überstreichen Sie ihn mit gedrückt
gehaltener linker Maustaste. Einzelne Wörter können Sie mit Hilfe eines Doppelklicks
markieren. Wollen Sie mehrere zusammenhängende Wörter markieren,
halten Sie die Maustaste nach dem Klick gedrückt und erweitern die Markierung. Zum Markieren einer Zeile klicken Sie diese im Bereich links vor
der Zeile an. Um den gesamten Text zu markieren, wählen Sie den Befehl
Alle auswählen im Menü *Bearbeiten* oder drücken die Tastenkombination
[Strg]+[A].

- Zum Markieren über die Tastatur können Sie die [⇧]-Taste gedrückt halten und die Markierung mit den Tasten zur Bewegung der Schreibmarke
erweitern. Zum Aufheben der Markierung lassen Sie die [⇧]-Taste los und
drücken eine beliebige Taste zur Bewegung der Schreibmarke.

Code löschen

Markieren Sie zuerst den Teil des Codes, den Sie löschen wollen, und wählen Sie
dann im Menü *Bearbeiten* den Befehl *Löschen* oder drücken Sie die Taste [Entf].
Auch bei einer Eingabe eines neuen Zeichens wird ein zuvor markierter Bereich automatisch gelöscht. Dies gilt unabhängig vom Status des Erweiterungsmodus. Einzelne Zeichen löschen Sie mit Hilfe der Tasten [Entf] oder [Rück].

Verschieben und Kopieren

Zum Verschieben oder Kopieren von Code zu anderen Stellen können Sie direkt
mit der Maus oder über die Zwischenablage arbeiten.

- Wenn Sie – ganz klassisch – über die Zwischenablage arbeiten wollen,
markieren Sie zuerst die Bereiche, die Sie verlagern oder kopieren wollen,
und benutzen die üblichen Befehle im Menü *Bearbeiten*, die Schaltflächen
in der *Standard*-Symbolleiste oder die üblichen Tastenkombinationen.
Wenn Sie an der Zielstelle vor dem Einfügen einen Bereich markieren, wird
der im Bereich markierte Code durch den bewegten Code ersetzt.

- Zum Verschieben über die Maus markieren Sie zunächst den gewünschten
Codebereich. Bewegen Sie dann den Mauszeiger in die Markierung. Drücken Sie die Maustaste und halten Sie sie gedrückt. Verschieben Sie dann
den Mauszeiger an die gewünschte Stelle. Lassen Sie die Maustaste los.
Beim Ziehen wird der Text verschoben, also an der alten Stelle gelöscht
und an die neue Stelle eingesetzt. Wenn Sie den Bereich kopieren wollen,
halten Sie zusätzlich die [Strg]-Taste gedrückt. Ein zusätzliches Pluszeichen wird angezeigt.

- Ein Element im Code, das Sie voraussichtlich häufiger verwenden werden, können Sie in der *Toolbox* ablegen, um so später darauf zurückzugreifen. Dazu markieren Sie das Element im Bearbeitungsfenster und ziehen es mit der Maus auf die standardmäßig angezeigte Registerlasche der Toolbox. Das dazugehörende Fenster wird geöffnet. Obwohl der Name *Toolbox* es nicht vermuten lässt, ist dieses Fenster bei einer Konsolenanwendung zunächst noch (fast) leer. Es enthält nur die Registerkarte *Allgemein*. Lassen Sie dort die Maustaste los. Als Bezeichnung erhält das Element einen Standardnamen – wie etwa *Text*. Sie können diesen mit der rechten Maustaste anklicken und *Element umbenennen* auswählen, um eine passende Beschreibung anzugeben. Um ein solches Element aus der Toolbox in einen Code zu übernehmen, gehen Sie wie auch sonst beim Einfügen von anderen Elementen vor: Ziehen Sie es aus der Toolbox an die gewünschte Stelle im Code.

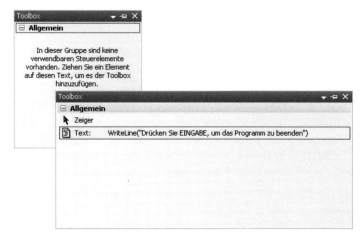

Gliedern

Wenn Sie eine Datei im Code-Editor öffnen, können Sie das Dokument im Gliederungsmodus anzeigen. Sie können das automatisch angezeigte Kästchen mit dem Minuszeichen anklicken, um den dahinter stehenden Code auszublenden.

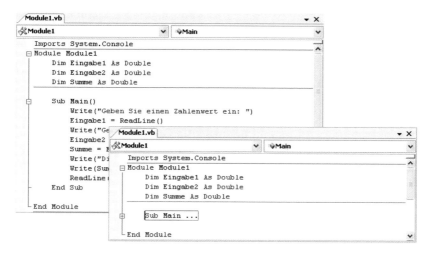

Optionen einstellen

Für das Arbeiten im Text-Editor stehen einige Optionen zur Verfügung. Den Zugang dazu finden Sie im Dialogfeld zum Befehl *Optionen* im Menü *Extras* unter *Text-Editor Basic*.

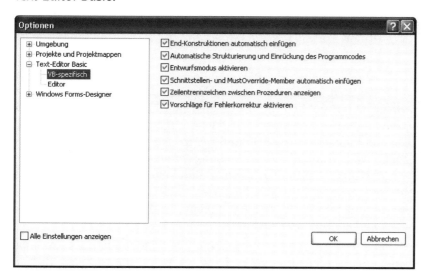

Einige der dort aufgelisteten Optionen können für Ihre Arbeit wichtig sein:

- Die Option *End-Konstruktionen automatisch einfügen* ist dafür verantwortlich, dass nach der Eingabe der Deklaration eines Programmblocks – wie beispielsweise Module, Sub, Function usw. – automatisch auch die dazugehörende Endanweisung – wie End Module, End Sub, End Function – mit eingefügt wird.

- Mit dem Text-Editor haben Sie die Möglichkeit, Code durch Einzüge so zu formatieren, dass die Logik klarer wird. Über die Option *Tabulatorgröße* können Sie die Größe des Sprungs nach dem Drücken von ⇥ einstellen. Dabei wird auch eine Automatik benutzt. Die Option *Automatische Strukturierung und Einrückung des Programmcodes* sorgt dafür, dass diese Automatik aktiviert wird. Beispielsweise werden die Zeilen innerhalb des Blocks, der mit Sub Main() beginnt und mit End Sub endet, entsprechend eingezogen.

- *Zeilentrennzeichen zwischen Prozeduren anzeigen* sorgt dafür, dass zwischen einzelnen Bestandteilen des Codes – beispielsweise nach einer Imports-Anweisung oder zwischen einzelnen Modulen – eine Linie eingeblendet wird.

- Sollte Ihnen bei der Eingabe ein Fehler unterlaufen sein, wird der fehlerhafte Ausdruck mit einer blauen Wellenlinie unterstrichen. Wenn Sie die Schreibmarke in den unterstrichenen Bereich bewegen, werden zusätzlich ein Kommentar zur Fehlerursache und eine Schaltfläche zum Einblenden von Korrekturoptionen angezeigt. Letztere wird aber nur eingeblendet, wenn die Option *Vorschläge für Fehlerkorrektur aktivieren* eingeschaltet ist.

- Unter *Einzugstyp* können Sie festlegen, was passieren soll, wenn Sie die Taste ⏎ drücken, um zu einer neuen Textzeile zu wechseln. Wenn *Keine* ausgewählt ist, erfolgt kein automatischer Einzug und der Cursor wird in der ersten Spalte der nächsten Zeile platziert. *Block* bewirkt, dass die neue Textzeile automatisch bis zu dem unter *Einzugsgröße* eingegebenen Wert eingezogen wird. Wenn die Voreinstellung *Intelligent* ausgewählt ist, werden neue Textzeilen automatisch gemäß den Regeln formatiert, die für die aktuelle Sprache festgelegt wurden. Wenn Sie beispielsweise eine – später noch beschriebene – For-Schleife eingeben, wird die nächste Zeile automatisch um einen Tabstopp nach rechts eingezogen.

- Beim Schreiben des Codes kommt es hin und wieder vor, dass Sie lange Anweisungen erstellen, die im Code-Editor einen horizontalen Bildlauf erfordern. Dies erschwert das Lesen auf dem Bildschirm. Um längere Codezeilen immer vollständig auf dem Bildschirm zu haben, können Sie die

Option *Zeilenumbruch* unter *Interaktion* aktivieren. Damit sorgen Sie dafür, dass die Zeilen in Abhängigkeit von der gewählten Fenstergröße umbrochen werden. Die über die Fensterbreite des Code-Editors hinausgehenden Codezeilen werden automatisch in der nächsten angezeigten Zeile weitergeführt. Außerdem wird die horizontale Bildlaufleiste entfernt.

> **Tipp**
>
> Sie können aber auch einen Zeilenumbruch manuell durchführen. Verwenden Sie dazu das *Zeilenfortsetzungszeichen*, das aus einem Leerzeichen und einem Unterstrich besteht (_). Code ist durch die Verwendung dieses Zeichens besser lesbar, sowohl online als auch in gedruckter Fassung. Das Zeilenfortsetzungszeichen darf nicht mitten in einem Argumentnamen stehen. Sie können eine Argumentliste durch ein Zeilenfortsetzungszeichen umbrechen, dabei müssen aber die einzelnen Argumentnamen intakt bleiben. Außerdem darf auf ein Zeilenfortsetzungszeichen nicht in der gleichen Zeile ein Kommentar folgen.

- Standardmäßig werden im Code keine Zeilennummern angezeigt. Sie können diese aber über die Option *Zeilennummern* hinzufügen lassen. Wenn Sie später Änderungen im Code durchführen – also nach dem Hinzufügen oder Löschen von Zeilen –, passen sich diese Nummern automatisch an.

Standardmäßig wird in den Dialogfeldern und Toolfenstern von Visual Studio die gleiche Schriftart verwendet wie im Betriebssystem für die Symbole und Schaltflächen. Darüber hinaus entsprechen die in den Dialogfeldern und Toolfenstern verwendeten Farben den Standardfarbeinstellungen im Betriebssystem. Sie können diese Einstellungen auf der Seite *Schriftarten und Farben* im Bereich *Umgebung* im Dialogfeld *Optionen* ändern.

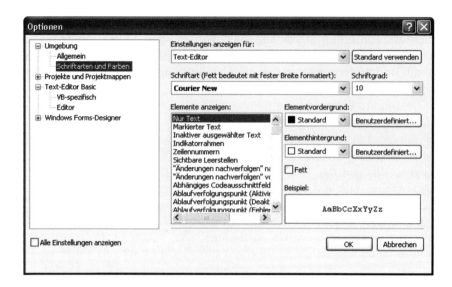

- Im Listenfeld *Einstellungen anzeigen für* werden alle Elemente der Benutzeroberfläche aufgelistet, für die Sie die Schriftart und das Farbschema ändern können. Nach Auswahl eines Elements aus dieser Liste können Sie neue Farbeinstellungen dafür treffen. Änderungen von Schriftart und -grad und Farben unter *Text-Editor* betreffen die Darstellung von Text in Ihrem Standard-Text-Editor. Dokumente, die in einem Text-Editor außerhalb der IDE geöffnet werden, sind von diesen Einstellungen nicht betroffen.

- Mit der Schaltfläche *Standard verwenden* werden die Schrift- und Farbeinstellungen für das unter *Einstellungen anzeigen für* ausgewählte Listenelement auf die Standardwerte zurückgesetzt. Die Schaltfläche *Verwenden* wird angezeigt, wenn für die ausgewählten Elemente weitere Anzeigeschemas zur Verfügung stehen.

- Unter *Schriftart* werden alle auf Ihrem System installierten Schriftarten aufgelistet. Beim erstmaligen Öffnen des Dropdown-Menüs ist die aktuelle Schriftart für das unter *Einstellungen anzeigen für* ausgewählte Element hervorgehoben. Schriftarten mit fester Breite – die im Editor einfacher auszurichten sind – werden fett angezeigt.

- *Schriftgrad* listet die für die hervorgehobene Schriftart verfügbaren Schriftgrößen auf. Eine Änderung des Schriftgrads betrifft alle unter *Elemente anzeigen* aufgeführten Elemente der unter *Einstellung anzeigen für* getroffenen Auswahl.

- Unter *Elemente anzeigen* werden diejenigen Elemente aufgelistet, deren Vorder- und Hintergrundfarbe geändert werden kann. Standardmäßig wird hier das Element *Text* markiert. Damit werden alle Textelemente gekennzeichnet und Änderungen an diesem Element betreffen alle sonstigen Elemente, denen nicht individuelle Eigenschaften zugewiesen wurden. Da aber bestimmte Elemente zueinander in Beziehung stehen und daher ein konsistentes Darstellungsschema besitzen sollten, werden bei einer Änderung der Vordergrundfarbe für Text auch die Standardeinstellungen für andere Elemente mit geändert.

- Über *Elementvordergrund* und *Elementhintergrund* werden die Farben aufgelistet, die für den Vordergrund und den Hintergrund des ausgewählten Elements verfügbar sind. Über die Schaltflächen *Benutzerdefiniert* können Sie eine individuelle Farbe wählen.

- Wenn die Option *Fett* aktiviert ist, wird Text in den unter *Elemente anzeigen* ausgewählten Elementen fett dargestellt. Fett formatierter Text ist im Editor vielleicht leichter zu erkennen.

Eine kleine Erfolgskontrolle

Zum Abschluss dieses Kapitels sollten Sie jetzt noch die folgenden Fragen beantworten können:

- Welche Ursachen von Fehlern kennen Sie?
- Wie werden Fehler im Entwurf des Programms angezeigt?
- Was sind Laufzeitfehler und wodurch werden sie verursacht?
- Wann tritt der *Unterbrechen*-Modus ein?
- Was ist ein Haltepunkt und wie erzeugt man ihn?
- Welche Bedeutung hat die Schaltfläche *Memberliste für Objekt anzeigen* in der Symbolleiste *Standard*?
- Wie sorgen Sie dafür, dass im Code Zeilennummern angezeigt werden?
- Wofür dienen Lesezeichen im Code?
- Wie verschieben Sie Elemente im Code?

Das lernen Sie in diesem Kapitel neu:

Kapitel 5

Tiefer in den Code vordringen

Nachdem Sie jetzt auch Fehler im Programm erkennen und beseitigen können, macht es Sinn, sich Dingen zuzuwenden, die etwas komplizierter sind. Wir wollen uns dabei mit Schleifen, Abfragen *und* Routinen *beschäftigen. Dabei handelt es sich ganz allgemein um Programmstrukturen, bei denen die Zeilen des Programms nicht mehr von vorn bis hinten nacheinander abgearbeitet werden, sondern nur unter bestimmten Voraussetzungen zur Wirkung kommen.*

Exkurs zur Übernahme von Modulen

Die folgenden Beispiele in diesem Kapitel basieren auf dem im vorherigen Kapitel vorgestellten Beispiel. Da Sie sich gerade am Anfang Ihrer
Arbeit mit Visual Basic .NET befinden, empfehlen wir Ihnen, den Code für
die neuen Beispiele in diesem Kapitel vollständig selbst einzugeben.
Wenn Sie diese selbst erstellen, aber sich langweilige Eingabearbeit
ersparen wollen, können Sie das in der Anwendung *ConsoleApplication2*
vorhandene Modul auch in eine neue Anwendung importieren und dann
modifizieren.

1 Dazu erstellen Sie zunächst eine neue Konsolenanwendung. Löschen Sie das automatisch eingefügte Modul *Modul1*,
indem Sie es im *Projektmappen-Explorer* markieren und dann
Löschen aus dem Kontextmenü dazu wählen. Sie können auch
nach dem Markieren einfach [Entf] drücken. Bestätigen Sie
den Warnhinweis. Damit können Sie anschließend ein Modul
gleichen Namens importieren, ohne Namenskonflikte zu ver-
ursachen.

2 Wählen Sie im Menü *Projekt* den Befehl *Vorhandenes Element hinzufügen*. Im dann angezeigten gleichnamigen Dialogfeld navigieren Sie zu dem
Projektordner, aus dem Sie das Modul übernehmen wollen – beispielsweise
zum Ordner *ConsoleApplication1*. Markieren Sie darin die Datei *Module1* und
bestätigen Sie über *Hinzufügen*.

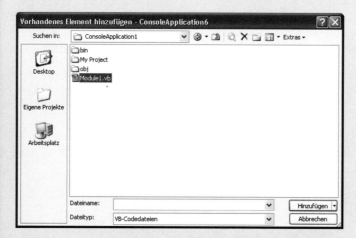

Das Modul wird in das aktuelle Projekt importiert. Sie können es dann
entsprechend der nachstehenden Angaben modifizieren.

Schleifen

Mit Hilfe von Schleifen bringen Sie ein Programm dazu, bestimmte Zeilen mehrfach auszuführen und dann mit einem anderen Teil des Codes fortzufahren. In Visual Basic .NET stehen verschiedene Schleifentypen zur Verfügung, von denen jede die meisten Aufgaben bewältigen kann. Jede wurde aber im Hinblick auf einen bestimmten Zweck entworfen.

Die For ... Next-Schleife

Eine sehr oft verwendete Schleife nennt sich `For ... Next`-Schleife, die eine *Zählervariable* zum Zählen der Wiederholungen benutzt. Diese Zählervariable beginnt mit einem *Anfangswert*. Bei jedem Schleifendurchlauf wird der Wert der Variablen erhöht, bis ein *Endwert* erreicht ist. Dann wird die Schleife beendet und das Programm fährt in der Zeile fort, die direkt auf die abschließende `Next`-Anweisung folgt.

```
...
For I = Anfangswert To Endwert
    'In der Schleife auszuführender Code
Next
...
```

Die Zählervariable ist hier eine echte Variable und muss deklariert werden, ehe sie als Teil der Schleife angewendet werden kann. Diese Deklaration im Allgemeinen als erste Anweisung in der Schleife platziert. Wenn Sie sicher sind, dass die Zählervariable nur Werte unterhalb von 255 verwendet, können Sie `Byte` als Datentyp angeben. Anderenfalls müssen Sie `Integer` oder sogar `Long` benutzen.

Um die Arbeitsweise zu demonstrieren, wollen wir das in dem vorherigen Kapitel verwendete Beispiel *ConsoleApplication2* so modifizieren, dass darin nicht nur zwei, sondern mehrere – vielleicht fünf – Zahlenwerte addiert werden. Sie finden diese Form auch unter *ConsoleApplication3* auf der Begleit-CD.

1 Beginnen Sie mit dem Import des Namensraums `Systems.Console`, um sich Eingabearbeit zu sparen.

2 Deklarieren Sie die zu verwendenden Variablen. Sie benötigen hierbei für die Addition nur eine für die Eingabe und eine für die Summenbildung. Zusätzlich brauchen Sie aber noch eine Variable als Zähler für die Schleife. Diese können Sie innerhalb von `Sub Main()` deklarieren.

3 Starten Sie dann die Eingabe des Codes für die Schleife: Geben Sie For I = 1 To 5 ein. Beachten Sie, dass automatisch eine Zeile mit dem Ausdruck Next hinzugefügt wird. Dieser schließt die Schleife ab. Den in der Schleife auszuführenden Code geben Sie zwischen For ... und Next ein.

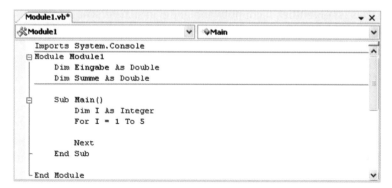

Achtung!

Die Anweisung Next zum Beenden der Schleife wird nur automatisch eingefügt, wenn das Kontrollkästchen *End-Konstruktionen automatisch einfügen* auf der Seite *VB-spezifisch* im Bereich *Text-Editor Basic* des Dialogfelds zum Befehl *Optionen* im Menü *Extras* eingeschaltet ist.

4 Fahren Sie dann mit der Eingabe des Codes innerhalb der Schleife fort: Bei unserem Beispiel können Sie sich Eingabearbeit sparen, wenn Sie den Wert für die Variable Summe bei jedem Durchlauf durch die Schleife um den eingegebenen Wert erhöhen – beispielsweise durch Summe = Summe + Eingabe.

5 Schließen Sie den Code durch die Ausgabe des Endwerts der Variablen Summe nach Beendigung der Schleife ab.

```
Module1.vb                                                      ▼ ×
Module1                          ▼  (Deklarationen)             ▼
        Sub Main()
            Dim I As Integer
            For I = 1 To 5
                Write("Geben Sie einen Zahlenwert ein: ")
                Eingabe = ReadLine()
                Summe = Summe + Eingabe
            Next
            Write("Die Summe lautet: ")
            WriteLine(Summe)
            ReadLine()
        End Sub
```

> **Tipp**
>
> Statt für die die Schleife beendende Anweisung nur `Next` zu schreiben, können Sie auch die Zählervariablen nochmals mit angeben und `Next I` schreiben. Das ist eigentlich nicht notwendig. Bei in sich verschachtelten Anweisungen können Sie so aber eher erkennen, zu welcher `For`-Schleife eine `Next`-Anweisung gehört.

Die While ... End While-Schleife

Die `For`-Schleife ist eigentlich für Situationen gedacht, in denen Sie wissen, wie häufig die Schleife durchlaufen werden soll, und das ist nicht immer der Fall. Visual Basic .NET enthält zwei weitere Schleifen, die hinsichtlich dieser Frage flexibler sind.

Die erste der beiden, die `While ... End While`-Schleife wird durchlaufen, solange eine besondere Bedingung wahr ist.

```
...
While Bedingung
    'In der Schleife auszuführender Code
End While
...
```

Für eine solche Bedingung werden so genannte *boolesche Variablen* verwendet. Eine solche boolesche Variable kann die Werte `true` oder `false` annehmen. In der Praxis wird man den Wert einer solchen Variablen durch einen Vergleich – einen so genannten *booleschen Ausdruck* – berechnen lassen. Beispielsweise könnte ein solcher Vergleich `X < Y` lauten. Das Ergebnis wäre `true`, wenn `X` kleiner wäre als `Y`, anderenfalls wäre das Ergebnis `false`. Zum Durchführen solcher Vergleiche stehen mehrere Ausdrücke und logische Operatoren zur Verfügung:

- Der Operator `>` steht für *größer als*: Ist der vom ersten Ausdruck dargestellte Wert größer als der vom zweiten Ausdruck dargestellte Wert?

- `<` wird für *kleiner als* benutzt: Ist der vom ersten Ausdruck dargestellte Wert kleiner als der vom zweiten Ausdruck dargestellte Wert?

- Mit `=` können Sie auf *Gleichheit* abfragen: Ist der vom ersten Ausdruck dargestellte Wert gleich dem vom zweiten Ausdruck dargestellten Wert?

- Das Gegenteil bewirken Sie mit `<>`: Ist der vom ersten Ausdruck dargestellte Wert ungleich dem vom zweiten Ausdruck dargestellten Wert?

- Außerdem gibt es noch >=, was für *größer oder gleich* steht: Ist der vom ersten Ausdruck dargestellte Wert größer als oder gleich dem vom zweiten Ausdruck dargestellten Wert?

- Und schließlich <= für *kleiner oder gleich*: Ist der vom ersten Ausdruck dargestellte Wert kleiner als oder gleich dem vom zweiten Ausdruck dargestellten Wert?

Auch dafür können wir durch Abänderung unseres Beispiels *ConsoleApplication2* ein Beispiel bringen. Hierbei sollen die vom Anwender eingegebenen Zahlenwerte so lange aufsummiert werden, bis der Wert 0 eingegeben wird. Dann soll die Summe angezeigt werden. Sie finden dieses Beispiel unter *ConsoleApplication4*.

Beachten Sie, dass nach Abschluss der While-Bedingung wieder automatisch die Zeile End While eingefügt wird.

```
Module1.vb                                               ▼ ×
Module1                              ▼    Main                 ▼
    Sub Main()
        Write("Geben Sie einen Zahlenwert ein: ")
        Eingabe = ReadLine()
        Summe = Summe + Eingabe
        While Eingabe <> 0
            Write("Geben Sie einen Zahlenwert ein: ")
            Eingabe = ReadLine()
            Summe = Summe + Eingabe
        End While
        Write("Die Summe lautet: ")
        WriteLine(Summe)
        ReadLine()
    End Sub
```

Damit die Anwendung nicht gleich beim ersten Betreten der Schleife aussteigt, müssen Sie dafür sorgen, dass zu diesem Zeitpunkt die Eingabe einen von 0 verschiedenen Wert hat. Das können Sie erreichen, indem Sie vor die Schleife schon eine Eingabeaufforderung setzen.

Die Do ... Loop-Schleife

Neben der While-Schleife gibt es immer noch einen weiteren Schleifentyp, die Do ... Loop-Schleife. Diese beginnt einfach mit der Anweisung Do und endet mit Loop. Zwischen diesen beiden Anweisungen steht der Code für die Schleife.

```
...
Do
    'In der Schleife auszuführender Code
Loop
...
```

Diese Schleife ist sowohl die einfachste als auch die flexibelste Schleifenstruktur, die in Visual Basic .NET zur Verfügung steht. Die Syntax verwendet in der elementaren Form keine bestimmte Beendigungsbedingung. Der Code innerhalb der Schleife wird also bis in alle Ewigkeit ausgeführt, was aber meist nicht der Sinn einer Schleife ist. Sie können das vermeiden, indem Sie eine von zwei Beendigungsbedingungen verwenden:

- Die erste ist die `While`–Bedingung. Sie führt dazu, dass die Schleife so lange ausgeführt wird, wie eine *Bedingung* wahr ist.

```
...
Do While Bedingung
    'Auszuführender Code
Loop
...
```

- Die zweite ist die `Until`-Bedingung. Sie führt dazu, dass die Schleife so lange ausgeführt wird, wie eine *Bedingung* falsch ist.

```
...
Do Until Bedingung
    'Auszuführender Code
Loop
...
```

Theoretisch gesehen ist es gleichgültig, welche der beiden Bedingungen Sie benutzen. Die Positionierung dieser Bedingungsanweisung ist aber sehr wichtig. Sie können die Beendigungsbedingung an den Anfang – also nach `Do` – oder an das Ende – nach dem `Loop` – der Schleife setzen (siehe unten). Wenn Sie sie an den Beginn der Schleife setzen, wird der Code innerhalb der Schleife erst gar nicht ausgeführt, wenn die Bedingung nicht zutrifft. Wenn Sie sie am Ende platzieren, wird die Schleife beim ersten Mal immer ausgeführt, gleichgültig, ob die Bedingung von vornherein wahr ist oder nicht.

Mit allen diesen Optionen gibt es also insgesamt vier verschiedene Konfigurationen der `Do`-Schleifenanweisung, was sie zur bei weitem flexibelsten Schleife macht. Die `Do  While`-Schleife kann auch anstelle der `While`-Schleife verwendet werden, da sie genau den gleichen Effekt hat. Es ist nicht ungewöhnlich, dass Programmierer die `While`-Schleife vollständig zugunsten dieser Anweisung beiseite schieben.

Sie können zum Austesten dieser Form der Schleife wieder unsere *ConsoleApplication2* modifizieren. Sie finden dieses Beispiel unter *ConsoleApplication5* auf der Begleit-CD.

```
Module1.vb                                              ▼ ×
⚒ Module1                          ✓  ⬦ Main              ✓
    ⊟    Sub Main()
              Do
                  Write("Geben Sie einen Zahlenwert ein: ")
                  Eingabe = ReadLine()
                  Summe = Summe + Eingabe
              Loop Until Eingabe = 0
              Write("Die Summe lautet: ")
              WriteLine(Summe)
              ReadLine()
         End Sub
```

Exit zur Beendigung

Theoretisch muss eine Schleife niemals anhalten. Diese Situation nennt man *Endlosschleife*. Wenn Sie ein Programm ausführen und es nie zu enden scheint, drücken Sie in einem DOS-Programm die Tastenkombination Strg + C, um es anzuhalten. Wenn Sie die Visual Studio-IDE benutzen, erzwingen Sie das Beenden der Ausführung mit der Tastenkombination Strg + Pause.

In jeder der vorgestellten Schleifenmethoden gibt es noch die Möglichkeit, das Ende der Schleife mit der Exit-Anweisung anzugeben. Es gibt für jede Schleife eine entsprechende Exit-Anweisung (Exit For, Exit Do und Exit While). Wenn die entsprechende Anweisung ausgeführt wird, wird die Schleife sofort verlassen und das Programm fährt mit der Zeile fort, die auf das Ende der Schleife folgt.

```
. . .
For I = Anfangswert To Endwert
    Exit For Variable1 = 5
    'Restlicher, in der Schleife auszuführender Code
Next
. . .
```

Abfragen

Ähnlich wie bei Schleifen muss ein Programm bei einer *Abfrage* prüfen, ob ein Codeabschnitt abgearbeitet werden soll oder nicht; auch hier wird eine *Bedingung* verwendet. Diese legt aber nicht fest, wie oft ein Abschnitt durchlaufen, sondern ob er überhaupt ausgeführt werden soll. Visual Basic .NET verfügt über drei wichtige Typen für solche Abfragen – die If-Anweisung, die erweiterte If-Anweisung und die Select Case-Anweisung. Jede ist wiederum auf bestimmte Situationen zugeschnitten.

Die If-Anweisung

Die einfachste Abfrage – und eine, über die auch fast jede andere Programmiersprache verfügt – ist die If-Anweisung. Im Prinzip besagt sie nur, dass ein Stück Code dann – und nur dann – ausgeführt wird, wenn eine bestimmte *Bedingung* wahr ist. Dieses Stück Code wird zwischen der ersten Zeile der Anweisung – If *Bedingung* Then – und der letzten – End If – platziert. Wird die *Bedingung* zur Laufzeit als True ausgewertet, dann wird der Codeblock ausgeführt. Wenn sie False ist, dann wird der Codeblock übersprungen und die Ausführung wird mit der Zeile nach End If fortgesetzt.

```
...
If Bedingung Then
    'Auszuführender Code, falls die Bedingung wahr ist
End If
...
```

Die *Bedingung* ist also der wichtigste Teil einer solchen Anweisung. Diese Bedingung ist ein *Ausdruck* – also eine Kombination aus Werten und Operatoren –, der zur Laufzeit ausgewertet wird. Da die If-Anweisung nur zwei mögliche Aktionen unterstützt – entweder wird der Code ausgeführt oder nicht –, benötigt der Ausdruck nur zwei mögliche Werte. Das bedeutet, dass jeder Ausdruck, der als Bedingung verwendet wird, ein eindeutiges *Ja* oder *Nein* als Ergebnis haben muss (True oder False).

Wenn Sie diese Abfragetechnik einmal ausprobieren wollen, können Sie unser Beispiel *ConsoleApplication2* aus dem vorherigen Kapitel dahingehend modifizieren, dass so lange Zahlenwerte eingegeben und addiert werden können, bis der Wert 0 eingegeben wird. Bei Eingabe von 0 wird die Eingabesequenz abgebrochen und die Summe angezeigt. Auf der CD finden Sie ein Beispiel dafür unter *ConsoleApplication6*.

```
Module1.vb                                        ▾ ✕
Module1                    ✔   Main               ✔
   Sub Main()
       Dim I As Integer
       For I = 1 To 10000
           Write("Geben Sie einen Zahlenwert ein: ")
           Eingabe = ReadLine()
           If Eingabe = 0 Then
               Exit For
           End If
           Summe = Summe + Eingabe
       Next
       Write("Die Summe lautet: ")
       WriteLine(Summe)
       ReadLine()
   End Sub
```

Achtung

Wenn Sie einen solchen Code selbst eingeben, sollten Sie beachten, dass in der Grundeinstellung nach Abschluss der Eingabe einer mit If beginnenden Zeile automatisch des Ende des Blocks mit End If erstellt wird. Dafür ist die Option *Endkonstruktionen automatisch einfügen* auf der Seite *Text-Editor Basic/VB-Spezifisch* im Dialogfeld zum Befehl *Extras/Optionen* verantwortlich.

Die erweiterte If-Anweisung

Die eben beschriebene einfache If-Anweisung führt einen Codeblock aus, wenn eine Bedingung wahr ist, und führt ihn nicht aus, wenn diese unwahr ist. Wenn Sie – je nach dem Wahrheitswert der angewandten Bedingung – zwei verschiedene Codeblöcke ausführen lassen wollen, können Sie die so genannte *erweiterte* If-*Anweisung* benutzen. Beginnen Sie dazu wie bei der einfachen If-Anweisung. Nach Eingabe des Codes, der ausgeführt wird, wenn die *Bedingung* wahr ist, fügen Sie das Schlüsselwort Else ein. Danach folgt der Code, der ausgeführt werden soll, wenn die *Bedingung* nicht wahr ist. Den Abschluss bildet wieder das Schlüsselwort End If.

```
...
If Bedingung Then
    'Codestück, falls die Bedingung wahr ist
Else
    'Codestück, falls die Bedingung nicht wahr ist
End If
...
```

Die Select Case-Anweisung

Durch Verschachteln mehrerer If-Anweisungen ineinander können Sie fast jede Art von Verzweigungen behandeln. Die If-Anweisung ist aber eigentlich dazu gedacht, eine Auswahl zu steuern, die nur zwei Möglichkeiten bietet. Wenn mehrere Werte überprüft werden müssen und für jeden eine andere Aktion vorgenommen werden soll, können If-Anweisungen sehr schwerfällig und unübersichtlich werden.

Um auf mehrere Werte zu testen, verfügt Visual Basic .NET über die Select Case-Anweisung. Dabei beginnen Sie mit dem Schlüsselwort Select Case und geben anschließend die Variable ein, deren unterschiedlichen Inhalte verschiedene Aktionen bewirken sollen. Statt einer Variablen können Sie hier auch mit einem Ausdruck arbeiten. Anschließend listen Sie nacheinander die Codeblöcke auf.

```
...
Select Case Variable
    Case Fall1
        'Auszuführender Code, falls die Variable _
        den Wert Fall1 hat
    Case Fall2
        'Auszuführender Code, falls die Variable _
        den Wert Fall2 hat
...
    Case Else
        Auszuführender Code, falls die Variable _
        keinen der vorherig genannten Werte hat
End Select
...
```

Sie sollten immer jede mögliche Bedingung mit einer Case Else-Klausel abdecken. Auf diese Weise wird jede unerwartete Eingabe abgefangen, für die Sie keine andere Case-Anweisung angegeben haben. So wird Ihr Programm stabiler. Die Case Else-Klausel am Ende einer solchen Liste wird genauso abgearbeitet wie die Else-Klausel in einer If-Anweisung.

Die Verwendung der Select Case-Anweisung für unser Beispiel anstelle der If-Anweisungen führt zu dem Code, den Sie in *ConsoleApplication7* finden.

```
Module1.vb*                                           ▾ ✕
Module1                          ▾   Main                ▾
    Sub Main()
        Write("Geben Sie einen Zahlenwert ein: ")
        Eingabe1 = ReadLine()
        Write("Geben Sie noch einen Zahlenwert ein: ")
        Eingabe2 = ReadLine()
        Write("Addition (+) oder Multiplikation (*): ")
        Vorschrift = ReadLine()
        Select Case Vorschrift
            Case "+"
                Ergebnis = Eingabe1 + Eingabe2
                Write("Die Summe lautet: ")
                WriteLine(Ergebnis)
            Case "*"
                Ergebnis = Eingabe1 * Eingabe2
                Write("Das Produkt lautet: ")
                WriteLine(Ergebnis)
            Case Else
                WriteLine("Falsche Vorschrift!")
        End Select
        ReadLine()
    End Sub
```

> **Tipp**
>
> Im Allgemeinen wird man Überschneidungen zwischen den verschiedenen `Case`-Bedingungen verhindern. Wenn Sie sie trotzdem einsetzen, wird nur die erste zutreffende Bedingung ausgeführt, da das Programm die `Select Case`-Anweisung beendet, sobald eine Übereinstimmung gefunden und der entsprechende Codeblock ausgeführt wurde. Sich überschneidende Bedingungen verursachen zwar keinen Fehler, aber sie können für einen Programmierer etwas verwirrend sein.

Routinen

Wenn Sie Codeabschnitte innerhalb eines Programms mehr als einmal ausführen wollen, ist es immer besser, sie in einer eigenen *Routine* zu schreiben. Eine Routine müssen Sie als einen separaten Codeabschnitt innerhalb eines Programms verstehen, in dem die gesamte Berechnungsvorschrift isoliert vorhanden ist. Wenn Sie die Vorschrift benutzen wollen, verweisen Sie einfach an der entsprechenden Stelle im Hauptbereich des Codes auf den Namen der Routine. Auf diese Weise müssen Sie die Anweisung im Code nicht dauernd wiederholen, wenn Sie sie benötigen. Das bedeutet nicht, dass eine Routine immer genau die gleichen Schritte durchführen muss, aber sie erfüllt eine bestimmte Aufgabe – ähnlich einem Rezept zum Mixen von Cocktails. In einem solchen Rezept kann beispielsweise stehen: *Mixen Sie vier Teile Gin mit einem Teil Wermut*. Mit dieser Anweisung mischen Sie einmal 4 cl Gin mit 1 cl Wermut und ein anderes Mal verdoppeln Sie diese Mengen. In beiden Fällen haben Sie die Routine *DryMartini* ausgeführt, können aber mit den jeweiligen Ergebnissen unterschiedliche Mengen von Gästen bewirten.

In Visual Basic .NET werden zwei Arten von Routinen verwendet. Die eine Art ist eine Routine, die etwas tut, aber keinen Wert zurückgibt. Diese wird *Subroutine* genannt (oder kurz *Sub*). Der andere Typ tut etwas, gibt aber auch einen Wert zurück. Dieser wird als *Function* bezeichnet.

Eine Subroutine erstellen

Eine `Sub`-Prozedur, auch oft mit *Subroutine* bezeichnet, ist also ein Codeblock, der eine oder mehrere Aufgabe(n) ausführt, jedoch keinen Wert zurückgibt. Solche Subroutinen können Argumente wie Konstanten, Variablen oder Ausdrücke aufnehmen, die durch den Aufrufcode an sie übergeben werden.

Wenn Sie eine Subroutine verwenden wollen, müssen Sie im Code an zwei Stellen Eingaben oder Ergänzungen vornehmen: Sie müssen den durch die Routine auszuführenden Code formulieren und Sie müssen die Routine aufrufen.

```
Module Module1
    ...
    Sub Main()
        ...
        Subroutine1()
        ...
    End Sub
        ...
    Sub Subroutine1
        'Code der Subroutine
    End Sub
    ...
End Module
```

Um eine Subroutine in einer Konsolenanwendung zu formulieren, führen Sie die folgenden Schritte durch:

1 Setzen Sie die Schreibmarke auf eine Zeile derselben logischen Ebene wie die standardmäßig bereits vorhandene Prozedur Sub Main().

2 Um einen Code zu definieren, beginnen Sie mit dem Schlüsselwort Sub. Anschließend folgt der Name der Subroutine gefolgt von zwei runden Klammern. Die Klammern können Sie auch weglassen, sie werden nach der Bestätigung der Zeile automatisch hinzugefügt. Ebenfalls automatisch wird eine Zeile mit dem Schlüsselwort End Sub hinzugefügt. Dieses Schlüsselwort beendet den Codebereich für die Subroutine.

3 Zwischen Sub und End Sub geben Sie den Code ein, der von der Subroutine ausgeführt werden soll.

Um die Subroutine aufzurufen, folgen Sie der anschließend beschriebenen Vorgehensweise:

1 Setzen Sie die Schreibmarke an die gewünschte Stelle. Im einfachsten Fall ist das eine Zeile innerhalb der Standardprozedur Sub Main(). Es kann aber auch eine Codezeile innerhalb einer anderen Subroutine sein.

2 Geben Sie an dieser Stelle die Aufrufanweisung ein: Wenn in der Sub-Prozedur keine Argumente verwendet werden (siehe unten), können Sie dazu einfach den bereits definierten Namen der Routine eingeben und zwei runde Klammern ohne Inhalt folgen lassen. Die Klammern können Sie auch weglassen, sie werden nach der Bestätigung automatisch gesetzt.

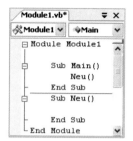

> **Tipp**
>
> Auch das Call-Schlüsselwort kann zum Aufruf verwendet werden. Statt der Anweisungszeile Subroutine1() können Sie also auch Call Subroutine1() verwenden. Das erleichtert weniger erfahrenen Anwendern manchmal, den Überblick über die Programmstruktur zu bewahren.

Eine Subroutine mit Argumenten erstellen

Wenn Sie vom aufrufenden Bereich her eine oder mehrere Variablen an die Subroutine übergeben wollen, bewirken Sie das über eine zusätzliche Argumentliste, in der die zu übergebenden Elemente – durch Kommata getrennt – aufgelistet werden.

```
Module Module1
    Dim Wert As Datentyp1
    ...
    Sub Main()
        ...
        Subroutine1(Wert)
        ...
    End Sub
    ...
    Sub Subroutine1(Argument1 ByVal As Datentyp1)
        'Code der Subroutine
    End Sub
    ...
End Module
```

Bei der Definition der Routine müssen Sie Namen und Datentyp des Arguments angeben:

- Setzen Sie nach dem Namen der Subroutine ein Klammernpaar und geben Sie darin zunächst den Namen des Arguments ein.

- Es folgt ein Schlüsselwort für den Übergabemechanismus: Dafür wird standardmäßig das Schlüsselwort `ByVal` verwendet. Das gibt an, dass die Subprozedur das Argument weder ersetzen noch neu zuweisen kann. Alternativ können Sie `ByRef` angeben, wobei die Subprozedur die Variable genauso ändern kann wie der aufrufende Code selbst.

- Außerdem müssen Sie den Datentyp des Arguments innerhalb der Subprozedur festlegen: Der `Datentyp` wird mit Hilfe der As-Klausel deklariert. Die Angabe des Datentyps ist übrigens optional, sofern `Option Strict` nicht aktiviert ist.

- Wollen Sie mehrere Argumente benutzen, lassen Sie den bisher eingegebenen Anweisungen ein Komma folgen und geben das nächste Argument auf die gleiche Weise ein.

Zum Aufruf der Subroutine zusammen mit einem Argument müssen Sie den oder die Werte für die Argumente in den Klammern platzieren. Der beim Aufruf verwendete Name muss nicht derselbe sein wie der in der Routine selbst benutzte.

Tipp

Wenn Sie mit mehreren Routinen in einem Modul arbeiten, können Sie das Listenfeld *Methodenname* oben rechts im Fenster des Moduls dazu benutzen, schnell zur ersten Zeile der entsprechenden Routine zu springen.

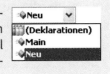

Ein Beispiel

Um ein einfaches Beispiel zu demonstrieren, könnten Sie die Ausgabe des Berechnungsergebnisses in eine Subroutine verlagern. Dabei können Sie wieder von der in *Kapitel 3* erstellten *ConsoleApplication2* ausgehen oder die Anwendung auch komplett selbst erstellen. Dieses Beispiel finden Sie auch unter *ConsoleApplication8* auf der Begleit-CD.

1 Erstellen Sie eine neue Konsolenanwendung oder öffnen Sie *ConsoleApplication2* und entfernen Sie die nicht benötigten Codezeilen.

2 Erstellen Sie auf der logischen Ebene der bereits vorhandenen Routine Sub Main() eine Subroutine, die Sie mit Ausgabe benennen. Diese Routine soll ein Argument Summe übernehmen, das über den Datentyp Double verfügt.

3 Geben Sie zwischen dieser Deklaration und der automatisch eingefügten Zeile End Sub den Code ein, den die Subroutine ausführen soll.

4 Sorgen Sie jetzt noch dafür, dass die Subroutine an der entsprechenden Stelle zusammen mit dem gewünschten Argument aufgerufen wird. Das erreichen Sie durch Eingabe der Zeile Ausgabe(Summe) direkt nach der Berechnung des Werts Summe.

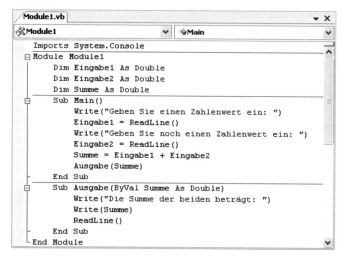

```
Imports System.Console
Module Module1
    Dim Eingabe1 As Double
    Dim Eingabe2 As Double
    Dim Summe As Double
    Sub Main()
        Write("Geben Sie einen Zahlenwert ein: ")
        Eingabe1 = ReadLine()
        Write("Geben Sie noch einen Zahlenwert ein: ")
        Eingabe2 = ReadLine()
        Summe = Eingabe1 + Eingabe2
        Ausgabe(Summe)
    End Sub
    Sub Ausgabe(ByVal Summe As Double)
        Write("Die Summe der beiden beträgt: ")
        Write(Summe)
        ReadLine()
    End Sub
End Module
```

5 Testen Sie die Anwendung. Sie sollten dasselbe Ergebnis auf der Konsole bekommen wie bei den bisherigen Beispielen.

6 Wechseln Sie zurück zur IDE und beenden Sie die Ausführung. Oder klicken Sie einfach auf die *Schließen*-Schaltfläche der Konsole.

Tipp

Besonders in Fällen, in denen bestimmte Codeabschnitte mehrfach durchlaufen werden – wie das in den
Beispielen in diesem Kapitel der Fall ist –, verliert man
oft die Übersicht über die Werte, die Variablen gerade
eingenommen haben.

Auch hier hilft die Arbeit mit Haltepunkten, um den Überblick zurückzu-
gewinnen. Wir haben dieses Thema im vorherigen Kapitel bereits angesprochen. Der Befehl *Prozedurschritt* im Menü *Debuggen* oder ein Klick
auf die gleichnamige Schaltfläche ist in diesem Status nützlich, wenn Sie
um Prozeduren herum debuggen, von denen Sie wissen, dass diese
keine Fehler beinhalten. Damit behandeln Sie die aktuelle Prozedur, als
ob es sich nur um eine einzelne Codezeile handeln würde. Wenn sich der
gelbe Pfeil in einer Zeile einer Prozedur befindet und Sie *Prozedurschritt*
auswählen, wird der gesamte Code der Prozedur ausgeführt und die
Markierung wechselt zur nächsten Zeile nach dieser Prozedur.

Function-Prozeduren erstellen

Die eben besprochene Subroutine tut etwas, gibt aber eigentlich keinen Wert
an die aufrufende Routine zurück. Wenn eine Unterroutine einen oder mehrere
Werte zurückgeben soll, spricht man von einer *Function*. Im Allgemeinen wird
dieser Rückgabewert aus Werten berechnet, die der *Function* beim Aufruf
übergeben werden. Auch hierbei müssen Sie an zwei Stellen Eingaben oder
Änderungen im Code vornehmen: Sie müssen die *Function* definieren und Sie
müssen sie aufrufen.

```
Module Module1
    Dim Wert As Datentyp1
    ...
    Sub Main()
        ...
        Function1(Wert)
        ...
    End Sub
    ...
    Function Function1(Argument1 As Datentyp1)
        'Code der Function
    End Function
    ...
End Module
```

Das Definieren einer neuen Funktion gleicht der Definition einer Subroutine, allerdings definieren Sie hier auch den Typ des Rückgabewerts.

1 Setzen Sie die Schreibmarke wieder auf eine Zeile derselben logischen Ebene wie die standardmäßig bereits vorhandene Prozedur Sub Main().

2 Sie beginnen mit dem Schlüsselwort Function. Geben Sie danach den Namen der Funktion ein und fügen Sie – innerhalb von runden Klammern – eine Liste hinzu, in der die Parameter angegeben werden, die später an die Routine übergeben werden sollen. Soll die Funktion kein Argument entgegennehmen, geben Sie einfach nur ein leeres Klammerpaar ein. Nach der Bestätigung dieser Zeile wird automatisch die Zeile End Funktion hinzugefügt.

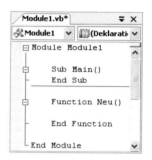

3 Geben Sie dann den Code für die Berechnung ein, die durchgeführt werden soll.

4 Definieren Sie den Wert, den die *Function* als Ergebnis zurückgeben soll. Dazu benutzen Sie das Schlüsselwort Return und geben anschließend die entsprechende Variable an.

Zum Aufrufen einer Function-Prozedur geben Sie ihren Namen und die Argumente ein. Sie können sie auch auf der rechten Seite einer Zuweisungsanweisung eingeben.

Ein Beispiel

Um auch dieses Codeelement etwas mehr zu verdeutlichen, könnten Sie unser vorher benutztes Beispiel so modifizieren, dass die Addition der eingegebenen Werte innerhalb einer *Function* durchgeführt wird. Das Ganze ist zwar etwas banal, demonstriert aber die Vorgehensweise. Sie finden diese Version auch unter *ConsoleApplication9* auf der Begleit-CD.

1 Erstellen Sie eine neue Konsolenanwendung oder öffnen Sie *ConsoleApplication8* und entfernen Sie die nicht benötigten Codezeilen.

2 Erstellen Sie auf der logischen Ebene der bereits vorhandenen Routinen Sub Main() und Sub Ausgabe(...) eine *Function*, die Sie Berechnung nennen. Diese Routine soll als Argumente die Werte Eingabe1 und Eingabe2 übernehmen.

3 Geben Sie zwischen dieser Deklaration und der automatisch eingefügten Zeile End Function den Code ein, den die *Function* ausführen soll.

4 Geben Sie dann an, welchen Wert die *Function* zurückgeben soll. Das erreichen Sie über das Schlüsselwort `Return`.

5 Den Aufruf der Funktion können Sie an einer geeigneten Stelle der Routine `Sub Main()` erreichen. Vergessen Sie nicht, die zu übergebenden Argumente mit in den Aufruf einzuschließen.

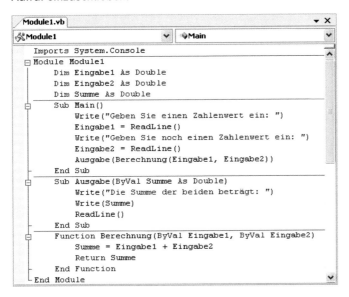

6 Testen Sie die Anwendung. Sie sollten dasselbe Ergebnis auf der Konsole bekommen wie bei *ConsoleApplication8*.

7 Wechseln Sie zurück zur IDE und beenden Sie die Ausführung.

Die Ausnahmebehandlung

In *Kapitel 4* hatten wir damit begonnen, uns mit der Behandlung von Fehlern im Code zu beschäftigen. Ihnen ist dabei vielleicht schon aufgefallen, dass dabei oft nicht von *Fehlern*, sondern von *Ausnahmen* gesprochen wird. Eine *Ausnahme* ist etwas Ungewöhnliches oder etwas Unerwartetes, das in Ihren Anwendungen geschehen kann, und dazu gehören auch die Fälle, die man im Allgemeinen als *Fehler* bezeichnet. Damit eine solche Ausnahme nicht zu einem vorzeitigen Programmabbruch führt, können Sie eine so genannte *Ausnahmebehandlung* benutzen. Auch dabei handelt es sich um eine Routine.

Dabei werden Codeblöcke, bei denen Probleme auftauchen könnten, sozusagen eingekapselt. Jedem so gekapselten Block werden eine oder mehrere Behandlungsroutinen zugewiesen, die die Lösungen für den Fall beinhalten, dass bei der Ausführung des Blocks eine Ausnahme ausgelöst wird.

Der Try ... End Try-Block

Wenn eine Ausnahme auftreten kann, muss diese im Allgemeinen abgefangen und behandelt werden. Damit kann beispielsweise gemeint sein, dass die für das Eintreten der Ausnahme verantwortlichen Daten in einem separaten Codebereich so geändert werden, dass ein Fortführen des Programms nicht zu einem Absturz führt. Zum Kapseln eines Codeabschnitts benutzen Sie einen so genannten Try ... End Try-Block.

```
...
Try
    'Zu schützender Code
Catch ex As Exception
    'Code, der einer Ausnahme ausgeführt wird
End Try
...
```

Zur Formulierung verwenden Sie die folgenden Schritte:

1 Als Erstes geben Sie das Schlüsselwort Try ein und bestätigen die Zeile. Automatisch werden zwei weitere Zeilen hinzugefügt – Catch ex As Exception und End Try.

- ex bezeichnet hierbei eine Variable, in der Informationen zur Natur der Ausnahme gespeichert werden. Diese Variable muss nicht explizit deklariert werden. Sie gilt auch nur innerhalb des Blocks.

- Mit As Exception steht Ihnen eine generische Variante zur Verfügung, die mit allen Typen von Ausnahmen umgehen kann.

2 Geben Sie den zu schützenden Code zwischen Try und Catch ex As Exception ein. Das Programm führt dann den so geschützten Code – sozusagen probeweise – aus und testet bei der Ausführung, ob darin eine Ausnahme auftritt.

3 Zwischen Catch ex As Exception und dem Schlüsselwort Catch geben Sie einen Code ein, der nur ausgeführt wird, wenn eine Ausnahme auftritt. Im Prinzip muss aber auf eine solche Zeile innerhalb des Blocks keine weitere Anweisung folgen. Die Ausnahme wird generell abgefangen.

Der Code innerhalb des Try ... End Try-Blocks ist dann geschützt und praktisch vom Programmablauf abgekapselt. Wenn hier eine Ausnahme eintritt, stoppt das Programm und sucht nach etwas, womit es die Ausnahme behandeln kann.

> **Tipp**
>
> Statt die generische Form `Exception` zu verwenden, die für alle Formen von Ausnahmen gilt, können Sie auch spezifischer werden: Sie können auch angeben, welche Art von Ausnahme behandelt werden soll. Wollen Sie beispielsweise einen Codeblock gegen das Auftreten des Typs `Over-flowException` (für den Speicherüberlauf) schützen, verwenden Sie `As OverflowException`. Außerdem können Sie separate Abschnitte zur Behandlung von `FileNotFoundException`, `IOException` und anderen Ausnahmen verwenden. Dadurch kann jeder Ausnahmetyp unterschiedlich behandelt werden.

Ein Beispiel

Um die Wirkung dieser Art von Routine zu demonstrieren, wollen wir unser Beispiel *ConsoleApplication9* so absichern, dass es gegen Eingabefehler durch den Anwender geschützt ist. Sie erinnern sich vielleicht: In *Kapitel 4* haben wir demonstriert, dass das Programm abstürzt, wenn der Benutzer statt eines numerischen Werts einen Text eingibt. Der Fehler trat auf, als der Text einer als `Double` deklarierten Variablen zugeordnet wurde. Wir wollen diese Eingabe jetzt so gestalten, dass kein Abbruch mehr auftreten kann. Sie finden die fertige Anwendung unter *ConsoleApplication10* auf der Begleit-CD.

1 Erstellen Sie eine neue Konsolenanwendung und geben Sie die Grundbestandteile des Codes ein oder öffnen Sie *ConsoleApplication9* und führen Sie die anschließend beschriebenen Erweiterungen durch.

2 Fügen Sie nach der ersten `Write`-Anweisung einen `Try ... End Try`-Block ein. Beginnen Sie mit der Eingabe `Try`. Die zusätzlichen Codezeilen werden automatisch hinzugefügt.

3 Setzen Sie die Anweisung `Eingabe1 = ReadLine()` zwischen `Try` und `Catch ex As Exception` ein.

4 Geben Sie zwischen `Catch ex As Exception` und `End Try` den Code ein, der ausgeführt werden soll, wenn eine Ausnahme auftritt: Beispielsweise könnten Sie ausgeben lassen, dass ein Eingabefehler aufgetreten ist, und den Wert der betroffenen Variablen auf 0 setzen.

5 Führen Sie dieselbe Form der Ausnahmebehandlung noch für den zweiten Eingabewert durch.

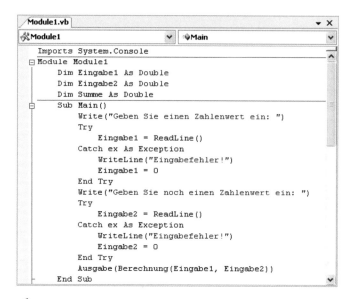

```
Module1.vb                                      ▼ ×
Module1              ▼    Main                        ▼
    Imports System.Console
  Module Module1
        Dim Eingabe1 As Double
        Dim Eingabe2 As Double
        Dim Summe As Double
        Sub Main()
            Write("Geben Sie einen Zahlenwert ein: ")
            Try
                Eingabe1 = ReadLine()
            Catch ex As Exception
                WriteLine("Eingabefehler!")
                Eingabe1 = 0
            End Try
            Write("Geben Sie noch einen Zahlenwert ein: ")
            Try
                Eingabe2 = ReadLine()
            Catch ex As Exception
                WriteLine("Eingabefehler!")
                Eingabe2 = 0
            End Try
            Ausgabe(Berechnung(Eingabe1, Eingabe2))
        End Sub
```

6 Testen Sie die Anwendung. Geben Sie bei der ersten Eingabeauf-forderung einen Text ein und bestätigen Sie. Die Fehlermeldung sollte zurückgegeben werden.

file:///D:/Dokumente und Einstellungen/Michael Kolberg/Eigene Dateien/...

```
Geben Sie einen Zahlenwert ein: Hallo
Eingabefehler!
Geben Sie noch einen Zahlenwert ein:
```

7 Wechseln Sie zurück zur IDE und beenden Sie die Ausführung.

Hinweis

Jeder Try ... End Try-Block kann einen oder mehrere Catch-Abschnitte enthalten. Jeder Catch-Abschnitt wird normalerweise einmal oder mehrmals von Ausnahmen getroffen. Wenn Sie sich dazu entschließen, in Ihre Try-Blöcke mehrere Catch-Abschnitte einzubinden, sollten alle Catch-Abschnitte verschiedene Arten von Ausnahmen abfangen. Beispielsweise können Sie separate Abschnitte zur Behandlung von FileNotFoundException, IOException und anderen Ausnahmen verwenden. Dadurch kann jeder Ausnahmetyp unterschiedlich behandelt werden. Wenn es nur einen einzelnen Catch-Abschnitt gäbe, würden Sie Code benötigen, der die tatsächliche Ausnahme ermittelt. Auf diese Art ist es eindeutiger, welcher Code für welche Ausnahmeart benutzt wird. Wenn Sie sich zu mehreren Catch-Abschnitten entschließen, sollten Sie immer auch einen generischen Catch-Abschnitt haben, der all die Ausnahmen abfängt, die durch die anderen nicht behandelt werden.

Try-Blöcke verschachteln

Sie sind vielleicht in einer Situation, in der Sie zwei Codeabschnitte mit Try ... End Try-Blöcken schützen, aber unterschiedlich mit den Ausnahmen umgehen möchten. Wenn es sich um zwei separate Codeblöcke handelt, ist das kein Problem. Wenn aber einer der Codeblöcke in einem anderen enthalten ist, geht das nicht. In diesem Fall müssen Sie die Try ... End Try-Blöcke schachteln.

Wenn Sie unser Beispiel *ConsoleApplication10* ausgetestet haben, werden Sie bemerkt haben, dass die Summe auch dann ausgegeben wird, wenn Sie bei der Eingabe einen Text verwendet haben. Das ist eigentlich nicht sinnvoll und wird durch das Verschachteln der Blöcke vermieden. Wenn – wie bei unserem Beispiel – mehrere Daten eingelesen werden sollen, können Sie mit zwei Try ... End Try-Blöcken arbeiten, wobei einer der Try-Blöcke vollständig in dem anderen Try-Block enthalten ist. Sie finden eine solche Lösung in *ConsoleApplication11* auf der Begleit-CD.

```
Module1.vb*                                              ▼ ×
Module1                        ∨   Main                      ∨
    Sub Main()
        Write("Geben Sie einen Zahlenwert ein: ")
        Try
            Eingabe1 = ReadLine()
            Write("Geben Sie noch einen Zahlenwert ein: ")
            Try
                Eingabe2 = ReadLine()
                Ausgabe(Berechnung(Eingabe1, Eingabe2))
            Catch ex As Exception
                WriteLine("Eingabefehler!")
                Eingabe2 = 0
            End Try
        Catch ex As Exception
            WriteLine("Eingabefehler!")
            Eingabe1 = 0
        Finally
            ReadLine()
        End Try
    End Sub
```

Tipp

Ebenso wie bei If ... End If und anderen Blöcken gibt es keine Beschränkung dafür, wie tief Sie diese Blöcke verschachteln können. Manchmal können Sie durch das Schachteln von Blöcken Ihren Code besser organisieren als ohne Verschachtelung.

Der Finally-Abschnitt

Wenn Sie Try-Blöcke schreiben, kommen Sie also manchmal in Situationen, in denen etwas getan werden muss, auch wenn keine Ausnahme auftritt. Sie fügen diese Funktionalität mit dem Finally-Abschnitt hinzu. Dieser Abschnitt erscheint nach allen Catch-Abschnitten, aber vor der Zeile End Try. Beispielsweise könnten Sie nach den Try-Blöcken im Bereich Finally dafür sorgen, dass die Anwendung durch Ausführung einer ReadLine()-Zeile stehen bleibt, so dass der Anwender Zeit hat, die Anzeige zu lesen. Diese Methodik finden Sie in *ConsoleApplication11* auf der Begleit-CD.

Gültigkeit und Lebensdauer

Bevor wir uns im nächsten Kapitel der objektbezogenen Programmierung zuwenden, wollen wir noch einige wichtige Bemerkungen zu weiteren Merkmalen von Variablen machen. Es geht dabei im Wesentlichen um die Frage, wo innerhalb der verschiedenen Elemente eines in sich verschachtelten Programms die Variablen deklariert werden und welchen Wert eine Variable innerhalb dieser Elemente wann annimmt. Anders gesagt: Wir wollen etwas zu den Begriffen *Gültigkeit* und *Lebensdauer* sagen.

Gültigkeit

Der *Gültigkeitsbereich* einer Variablen beschreibt den Codebereich, in dem die Variable benutzt werden kann. Dieser wird durch zwei Fragen bestimmt: einerseits durch das bei der Deklaration benutzte Schlüsselwort, andererseits durch die Stelle im Programm, an der die Variable deklariert wurde.

Wenn Sie zur Deklaration einer Variablen mit dem allgemeinen Schlüsselwort `Dim` arbeiten, ist der Gültigkeitsbereich einer Variablen durch die Position der Deklarationsanweisung in der Anwendung bestimmt. Es gilt so etwas wie ein *Von oben nach unten*-Prinzip:

- Wenn die Variable auf der obersten Ebene in einem Modul deklariert wird, kann von überall im Modul, in der Klasse bzw. in der Struktur darauf zugegriffen werden. In diesem Fall spricht man von einer *Modulvariablen*. Standardmäßig stehen Elemente, die Sie auf Modulebene 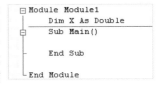 deklarieren, allen Prozeduren des gesamten Bereichs zur Verfügung, in dem das Element deklariert wird.

- Ein in einer *Prozedur* deklariertes Element ist außerhalb dieser Prozedur nicht verfügbar. Es kann nur von der Prozedur verwendet werden, die die Deklaration enthält. Elemente auf dieser Ebene werden auch als *lokale Elemente* – beispielsweise *lokale Variablen* – bezeichnet.

> **Tipp**
>
> Sie könnten also in unterschiedlichen Prozeduren Variablen gleichen Namens verwenden und diese würden einander nicht beeinflussen. Gehen Sie aber sorgsam dabei vor, da damit die Übersicht erschwert wird, was wiederum zu unerwarteten Resultaten führen kann.

- Der Prozedurbereich und der Blockbereich stehen in engem Zusammenhang miteinander. Ein Element, das in einem *Block* deklariert wurde, kann beispielsweise auch nur innerhalb dieses Blocks verwendet werden.

```
☐ Module Module1
  ☐    Sub Main()
            Do
                Dim X As Short
            Loop
        End Sub
  ☐ End Module
```

> **Achtung**
>
> Aber auch wenn der Gültigkeitsbereich eines Elements auf den Block beschränkt ist, entspricht seine Lebensdauer der der gesamten Prozedur. Wenn ein Block mehrmals innerhalb der Prozedur ausgeführt wird, behält eine Blockvariable den vorhergehenden Wert bei. Daher ist es empfehlenswert, innerhalb eines Blocks deklarierte Variablen gegebenenfalls jedes Mal erneut zu initialisieren, um unerwartete Ergebnisse in einem solchen Fall zu vermeiden.

Außerdem können Sie den Gültigkeitsbereich – (teilweise) unabhängig vom Ort der Deklaration – regeln, indem Sie zur Deklaration statt des Schlüsselworts `Dim` – oder davor – Schlüsselwörter wie `Public`, `Protected`, `Friend`, `Protected Friend`, `Private` oder `Static` verwenden. Mit diesen alternativen Schlüsselwörtern können Sie Modul-, Struktur-, Klassen- oder Instanzvariablen deklarieren. Innerhalb einer Prozedur ist aber nur das `Dim`-Schlüsselwort zulässig und der Zugriff ist stets `Private`.

Die Lebensdauer

Als *Lebensdauer* einer Variablen wird die Zeitspanne bezeichnet, innerhalb derer die Variable einen zugewiesenen Wert behält. Der Wert kann sich innerhalb der Lebensdauer ändern, aber ein Wert ist immer vorhanden. Diese Lebensdauer unterscheidet sich je nach Typ und dem verwendeten Schlüsselwort:

- Eine *Modulvariable* ist in der Regel für die gesamte Zeit vorhanden, während der die Anwendung *ausgeführt* wird. Ihre Lebensdauer wird erst beendet, wenn die Ausführung abgeschlossen wird.

```
☐ Module Module1
       Dim X As Double
  ☐    Sub Main()

            End Sub
  ☐ End Module
```

- *Lokale Variablen*, die mit `Dim` deklariert wurden, sind nur so lange vorhanden, wie die Prozedur ausgeführt wird, in der sie deklariert wurden. Die Lebensdauer einer lokalen Variablen beginnt, wenn die Ausführung der Prozedur

```
☐ Module Module1
  ☐    Sub Main()
            Dim X As Double
        End Sub
  ☐ End Module
```

begonnen wird, in der sie deklariert ist. Wenn eine Prozedur beendet wird, bleiben die Werte der lokalen Variablen nicht erhalten und der von den lokalen Elementen verwendete Speicher wird wieder besetzt. Bei der nächsten Ausführung der Prozedur werden alle lokalen Elemente der Prozedur erneut erstellt und die lokalen Variablen initialisiert. Wenn diese Prozedur jedoch andere Prozeduren aufruft, behalten die lokalen Variablen ihre Werte, solange die aufgerufenen Prozeduren ausgeführt werden.

- Wenn Sie aber eine *lokale Variable* jedoch mit dem – auch zusätzlich möglichen – `Static`-Schlüsselwort deklarieren, so bleibt diese generell bestehen und behält den Wert auch dann, wenn die Prozedur endet.

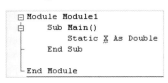

- Variablen, die in einem *Block* innerhalb einer Prozedur deklariert werden, werden bei Eintritt in die Prozedur mit den Standardwerten initialisiert. Diese Initialisierungen finden unabhängig davon statt, ob der Block jemals ausgeführt wird.

Eine kleine Erfolgskontrolle

Wie üblich wollen wir auch dieses Kapitel mit einigen Textfragen beenden:
- Wozu dienen *Schleifen* und welche Typen von *Schleifen* kennen Sie?
- Mit welcher Anweisung können Sie eine *Schleife* verlassen?
- Welche Arten von *Abfragen* kennen Sie und wie lautet die Syntax dafür?
- Was versteht man unter einer `Select Case`-Anweisung?
- Was ist eine *Subroutine* und was ist eine *Function*? Wie unterscheiden sich die beiden?
- Was versteht man unter einer *Ausnahmebehandlung*?
- Welche Auswirkungen hat der Ort, an dem Sie eine Variable deklarieren, auf deren Gültigkeit?

Das lernen Sie in diesem Kapitel neu:

Kapitel 6

Klassen und Objekte

Bevor Sie in den folgenden Kapiteln darangehen, die Techniken zum Erstellen von Windows-Anwendungen zu erlernen, müssen wir uns etwas mit Klassen *und* Objekten *sowie der damit zusammenhängenden* objektorientierten Programmierung *beschäftigen. Obwohl man längere Bücher über dieses Thema schreiben könnte, wollen wir uns in diesem Kapitel auf die wesentlichsten Aspekte dazu beschränken und Ihnen das Grundkonzept dieser Verfahrensweise vorstellen und einige Beispiele zum Umsetzen liefern.*

Wenn Sie es nicht schon getan haben, dann öffnen Sie jetzt die *Express Edition* von *Microsoft Visual Basic 2005*.

Die Grundbegriffe der OOP

Für die objektorientierte Programmierung wurden bestimmte Begriffe definiert und diese Begriffe werden in allen Programmiersprachen und Verfahren relativ einheitlich verwendet. Diese Konzepte sind ein Teil der Grundlage für Ihre Arbeit und Sie sollten in der Lage sein, sie zu verstehen und umzusetzen, bevor Sie damit arbeiten. Besonders wichtig sind dabei die beiden Begriffe *Klasse* und *Objekt* sowie die damit verbundenen Unterbegriffe *Eigenschaften* und *Methoden*:

- Mit *Objekten* beschreibt man normalerweise Einheiten, die real – wie ein Haus – oder abstrakt – wie eine bei einer Fluggesellschaft gebuchte Flugreise – sein können. Diese Einheiten haben *Eigenschaften* wie beispielsweise die Farbe des Hauses oder das Abflugdatum der Flugreise. Solche Eigenschaften, die das Objekt beschreiben, können Sie setzen und später abrufen. Außerdem verfügen die Einheiten über bestimmte *Methoden*, die mit ihnen durchgeführt werden können, beispielsweise der Verkauf des Hauses oder das Stornieren der Flugreise, um bei unseren Beispielen zu bleiben. Auch diese Methoden können Sie programmieren.

- *Klassen* sind symbolische Darstellungen von Objekten. Sie beschreiben die Eigenschaften, Felder, Methoden und Ereignisse, die Objekte bilden, auf dieselbe Weise, wie Baupläne die Elemente eines Gebäudes beschreiben. So, wie ein Bauplan zum Errichten mehrerer Gebäude verwendet werden kann, ist es auch möglich, eine einzelne Klasse zur Erstellung einer beliebigen Anzahl von Objekten zu verwenden. Eine *Klasse* ist also eine Schablone für ein *Objekt*. Die Objekte werden dabei als identische Kopien ihrer Klassen – als so genannte *Instanzen* – erstellt. Die einzelnen Instanzen verfügen über eine gemeinsame Gruppe von Merkmalen und Fähigkeiten, die durch die Klasse definiert wurde. Sobald sie als eigenständige Objekte bestehen, können Sie diese nutzen. Anhand eines einzigen Bauplans können viele Häuser errichtet werden und genauso können anhand einer einzigen Klasse viele Objekte erzeugt werden. Jedes Objekt, das aus einer Klasse erzeugt wird, bezeichnet man als *Instanz* dieser Klasse. Wenn Ihnen der Begriff *Instanz* dabei noch Schwierigkeiten macht, ersetzen Sie ihn im Kopf kurzzeitig mit dem Begriff *Kopie*. Das ist zwar nicht dasselbe, reicht aber für ein anfängliches Verständnis voll aus.

Klassen

Wenden wir uns zunächst dem Begriff *Klasse* zu. Ein Klasse ist – wie eben schon angedeutet – eine Datenstruktur, die unterschiedliche Inhalte haben kann, beispielsweise verschiedene Felder, Methoden, Eigenschaften, Ereignisse sowie weitere Elemente. Diese Inhalte werden auch als *Member* der Klasse bezeichnet.

Wenn Sie eine selbst definierte Klasse in einem Programm benutzen wollen, müssen Sie sie zuerst erstellen. Wie man das tut, werden wir Ihnen in den folgenden Abschnitten zeigen. Wo Sie die Klasse erstellen, ist eine Frage dessen, für welche Anwendungen Sie sie später benutzen wollen. Wenn die Klasse so allgemein einsetzbar ist, dass Sie sie für mehrere Anwendungen benutzen können, sollten Sie sie als selbständige Klassenbibliothek erstellen. In vielen Fällen werden Sie gerade von Grund auf selbst erstellte Klassen nur für eine einzige Anwendung benutzen wollen. Dann spricht auch nichts dagegen, sie auch direkt in dieser anzusiedeln. Die dann nachfolgend zum Thema der objektorientierten Programmierung vorgestellten Techniken sind aber für beide Fälle identisch.

> **Hinweis**
>
> Das diesem Kapitel beschriebene Konzept der Klassen bildet auch die Grundlage für das .NET Framework. Eine dessen Hauptaufgaben besteht darin, Ihnen vordefinierte Klassen zur Verfügung zu stellen, mit denen Sie arbeiten können. Sie brauchen in den meisten Fällen also keine eigenen Klassen zu erzeugen, sondern benutzen einfach die Funktionalität der bereits vorhandenen. Das Verständnis der Arbeitsweise setzt aber die Beschäftigung mit den Grundprinzipien der Arbeit mit Klassen voraus und dieses gewinnen Sie am besten, indem Sie zunächst einige einfache eigene Klassen selbst erstellen.

Eine selbständige Klassenbibliothek

Wenn Sie die Klasse später allgemein von vielen oder mehreren Projekten aus ansprechen möchten, legen Sie sie als Klassenbibliothek an und gehen auf folgende Weise vor:

1 Wählen Sie den Befehl *Neues Projekt* im Menü *Datei* oder klicken Sie auf die gleichnamige Schaltfläche in der Symbolleiste.

2 Im Dialog *Neues Projekt* wählen Sie diesmal die Option *Klassenbiblio-thek*. Welchen Namen Sie für das Projekt angeben, spielt wieder einmal keine Rolle. Bleiben Sie zum Testen am besten bei der Voreinstellung *ClassLibray1.vb*.

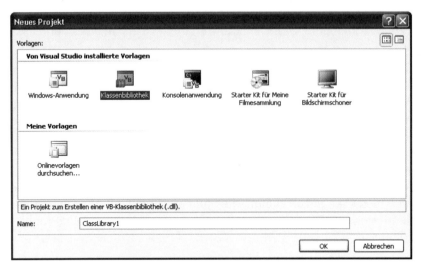

3 Nach der Bestätigung durch einen Klick auf *OK* wird der Rahmen für die neue Anwendung in einem mit *ClassLibray1.vb* bezeichneten Fenster erstellt und im Hauptbereich der IDE angezeigt.

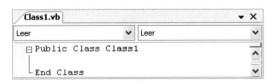

Automatisch werden beim Erstellen einer neuen Klasse die Anweisungen `Public Class` und `End Class` erzeugt. Wenn Sie eine Klasse mit dem Gültig-keitsbereich `Public` definieren, bedeutet das, dass jeder Code, der über eine Referenz auf dieses Projekt verfügt, eine Instanz dieser Klasse erzeugen kann. Da dies normalerweise Ihren Wünschen entspricht, erstellen Sie Klassen im Allgemeinen mit diesem Gültigkeitsbereich. Zwischen `Public Class` und `End Class` setzen Sie die Definitionen der Variablen, Eigenschaften, Ereignisse und Methoden der Klasse. Darüber reden wir später.

Eine Klasse als Teil einer Anwendung

Wenn Sie eine Klasse aber nur innerhalb eines Projekts nutzen wollen, spricht nichts dagegen, sie auch gleich innerhalb dieses Projekts anzusiedeln.

1 Erstellen Sie zunächst die gewünschte Anwendung – beispielsweise eine Konsolen- oder eine Windows-Anwendung –, die auch die Klasse beinhalten soll.

2 Wählen Sie dann im Menü *Projekt* den Befehl *Klasse hinzufügen*. Sie finden diesen Befehl auch im Kontextmenü zum Projekt im *Projektmappen-Explorer*. Im Dialogfeld *Neues Element hinzufügen* entscheiden Sie sich für die Option *Klasse*.

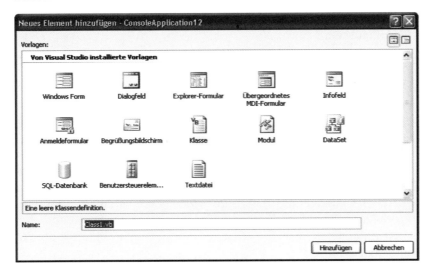

3 Mit der Bestätigung über *Hinzufügen* erzeugen Sie im aktuellen Projekt parallel zum bereits vorhandenen Modul ein Klassenmodul. Es wird im *Projektmappen-Explorer* angezeigt. Durch einen Doppelklick auf die dortigen Einträge oder über die Registerlaschen in der Titelleiste des Hauptfensters können Sie zwischen den Anzeigen dieser beiden Elemente wechseln.

Objekte

Bevor wir uns den Inhalten solcher Klassenmodule zuwenden, wollen wir zeigen, was man mit solchen Klassen macht. Anfangs wurde es schon bemerkt: Aus Klassen können Sie Objekte erzeugen, die zu Instanzen der Klasse werden. Objekte werden also als identische Kopien ihrer Klassen erstellt und die einzelnen Objekte verfügen über die gemeinsame Gruppe von Merkmalen und Fähigkeiten, die durch die Klasse definiert wurde.

Die Klassen, die Sie zur Definition von Objekten verwenden, können aus internen und externen Quellen stammen:

- Bei einer internen Quelle handelt es sich beispielsweise um ein von Ihnen erstelltes Klassenmodul im aktuellen Projekt. Auf eine solche Klasse können Sie innerhalb des Projekts zugreifen, ohne besondere Anweisungen benutzen zu müssen.
- Externe Objekte stammen aus anderen Projekten, die standardmäßig nicht für das aktuelle Projekt zur Verfügung stehen. Eine Klasse in einem separaten Projekt des Typs *Klassenbibliothek* wäre ein Beispiel dafür. Aber die weniger häufig benutzten Klassen des .NET-Framework gehören dazu.

Deklaration und Zuweisung

Im Allgemeinen verwendet man bei der Arbeit mit Objekten so genannte Objektvariablen. Dabei handelt es sich um Variablen, die Instanzen einer Klasse speichern können. Objektvariablen müssen – wie andere Variablen – vor ihrer Verwendung deklariert werden. Wie bei den vorher in *Kapitel 3* angesprochenen einfachen Variablen müssen Sie zwischen einer Deklaration und einer Zuweisung unterscheiden.

> **Tipp**
>
> Die Objektvariable selbst enthält eigentlich nur einen Zeiger auf die Daten des Objekts, nie die Daten an sich. Das hat den Vorteil, dass Sie den Inhalt einer solchen Variablen auch während der Ausführung ändern lassen können, damit sie auf andere – geeignete – Objekte verweist. Der in einer Objektvariablen gespeicherte Wert wird also an anderer Stelle im Speicher abgelegt als das Objekt selbst.

1 Bei der Deklaration legen Sie den Namen der Variablen fest und bestimmen den Datentyp, der hier besagt, welche Art von Klasse die Variable aufnehmen können soll. Wenn `Objekt1` beispielsweise dazu benutzt werden soll, eine Instanz von *Klasse1* zu speichern, nehmen Sie die Anweisung `Dim Objekt1 As Klasse1`.

> **Tipp**
>
> Manchmal wird die Objektklasse erst bei Ausführung der Prozedur bekannt. In diesem Fall muss die Objektvariable mit dem Datentyp *Object* deklariert werden – `Dim Objekt1 As Object`. Dadurch wird ein generischer Verweis auf alle Objekttypen erstellt. Eine Variable vom Typ *Object* kann Daten beliebigen Typs enthalten.

2 Nachdem Sie eine Objektvariable deklariert haben, können Sie dieser ein Objekt als Instanz einer Klasse zuweisen. Dazu benutzen Sie das Schlüsselwort `New`. Beispielsweise können Sie mit `Dim Objekt1 = New Klasse1()` eine neue Instanz von `Klasse1` erzeugen und der Variablen `Objekt1` zuweisen. Sobald Sie einer Variablen ein Objekt zuweisen, kann sie genauso verwendet werden wie das Objekt, auf das sie verweist. Sie können die Eigenschaften des Objekts festlegen oder zurückgeben bzw. seine Methoden verwenden.

```
...
Dim Objekt1 As Klasse1
Objekt1 = New Klasse1
...
```

> **Tipp**
>
> Wie bei einfachen Variablen können Sie auch bei Objektvariablen Deklarationen und Zuweisung mit einer einzigen Anweisung durchführen. Kombinieren Sie dazu das Schlüsselwort `Dim` mit dem `New`-Schlüsselwort in einer Zeile – beispielsweise in der Form `Dim Variable1 As New Klasse1`.

Wenn Sie den konkreten Inhalt der Variablen nach der Deklaration noch nicht kennen, können Sie ihr auch das Schlüsselwort `Nothing` zuweisen. Das bedeutet, dass der Variablen gegenwärtig kein Objekt zugewiesen ist. Auch wenn eine Objektvariable, die anfangs auf ein konkretes Objekt verweist, später auf `Nothing` festgelegt wird, wird die Zuordnung der Variablen zum Objekt beendet. So wird beispielsweise verhindert, dass das Objekt durch eine Änderung der Variablen versehentlich geändert wird.

```
...
Dim Objekt1 As Klasse1
Dim Objekt2 As Klasse1
Objekt1 = New Klasse1
Objekt2 = Nothing
...
Objekt1 = Nothing
...
```

Variablen und Instanzen

Beachten Sie, dass Instanzen und Variablen nicht dasselbe sind. Sie können beispielsweise zwei Variablen Objekt1 und Objekt2 des Typs Klasse1 deklarieren und anschließend dafür zwei neue Instanzen von Klasse1 erzeugen. Objekt1 speichert eine Referenz auf ein anderes Objekt als Objekt2, aber beide Objekte sind Instanzen von Klasse1. Instanzen sind also die Inhalte von Variablen – ebenso wie eine Integer-Variable Z den Inhalt 2 haben könnte, wenn Sie die Anweisung Z = 2 benutzen.

```
Module Module1
...
Dim Objekt1 As Klasse1
Dim Objekt2 As Klasse1
Objekt1 = New Klasse1()
Objekt2 = New Klasse1()
...
End Module
```

Es mag zwar noch etwas verwirrend sein, aber denken Sie daran: Der in einer Objektvariablen gespeicherte Wert wird an anderer Stelle im Speicher abgelegt, die Variable selbst enthält einen Zeiger auf die Daten. Dieser Vorgang wird Ihnen vielleicht in einem weiteren Schritt noch etwas deutlicher. Nach dem Deklarieren von zwei Variablen Objekt1 und Objekt2 des Typs Klasse1 wird mit dem Schlüsselwort New eine neue Instanz dieser Klasse erzeugt und eine Referenz auf das neue Objekt in Objekt1 gespeichert. Dann wird Objekt2 der Variablen Objekt1 zugewiesen, was bewirkt, dass Objekt2 jetzt eine Referenz auf dieselbe Instanz von Klasse1 speichert wie Variable1. Es gibt nur ein einziges Objekt und damit nur einen einzigen Speicherbereich, aber zwei Variablen, die darauf verweisen.

```
...
Dim Objekt1 As Klasse1
Dim Objekt2 As Klasse1
Objekt1 = New Klasse1()
Objekt2 = Objekt1
...
```

Felder

Nachdem Sie jetzt wissen, wie man Klassen erstellt und daraus Objekte ableitet, wollen wir uns den Inhalten von Klassen zuwenden. Die einfachste Form dieser Elemente einer Klasse bezeichnet man im Allgemeinen als *Feld*. Diese Felder sind wie Variablen; sie können direkt gelesen oder festgelegt werden.

Deklarieren und darauf zugreifen

Damit in einem Objekt ein Wert in einem Feld gespeichert werden kann, deklarieren Sie in der Klasse eine Variable. Sie können den Deklarationen den Modifizierer `Public` voranstellen oder statt `Dim` benutzen. Nur wenn Sie die Werte vor Änderungen in der Instanz schützen und nur Änderungen innerhalb der Klasse zulassen wollen, sollten Variablen für die Felder als `Private` deklariert werden.

```
Public Class Klasse1
    Public Feld1 As Datentyp
    ...
End Class
```

Alle Objektvariablen, die aus dieser Klasse abgeleitet werden, können dann auf diese Felder zugreifen. Wenn Sie beispielsweise `Objekt1` als Instanz einer `Klasse1` eingeführt haben, in der das Feld `Feld1` definiert ist, können Sie diesem Feld über `Objekt1.Feld1 = Wert1` den Wert `Wert1` zuweisen und danach über `Wert2 = Objekt1.Feld1` den Wert aus der Instanz auslesen.

```
Module Module1
...
    Dim Objekt1 As New Klasse1
    Dim Wert1 As Datentyp
    Dim Wert1 As Datentyp
...
    Objekt1.Feld1 = Wert1
    Wert2 = Objekt1.Feld1
...
End Module
```

Ein Beispiel

Ein wirklich sehr einfaches Beispiel dafür liefert *ConsoleApplication12* auf der Begleit-CD. Es soll nur dazu dienen, Ihnen das Prinzip der Arbeit mit Feldern zu verdeutlichen. Die Anwendung gibt einen in der Konsole eingegebenen Namen wieder aus. Wenn Sie das Beispiel nachbauen möchten, führen Sie die folgenden Schritte durch:

1 Erstellen Sie eine neue Konsolenanwendung mit einem beliebigen Namen.

2 Fügen Sie der Anwendung ein Objekt vom Typ *Klassenbibliothek* hinzu. Wählen Sie dazu im Menü *Projekt* den Befehl *Klasse hinzufügen*.

3 Definieren Sie in dieser Klasse eine öffentliche Variable mit dem Namen `Vorname` als `String`.

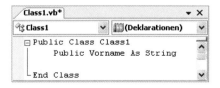

4 Wechseln Sie zum Objekt *Module1*, indem Sie auf die entsprechende Registerlasche im Hauptfenster klicken.

5 Deklarieren Sie darin eine Objektvariable mit dem Namen `Person` als Instanz der Klasse *Class1*.

6 Schreiben Sie im Bereich `Sub Main()` einen Code, der nach der Eingabe eines Vornamens über die Konsole verlangt und diese Eingabe dem Feld `Vorname` der Instanz zuweist. Für die Zuweisung können Sie eine Syntax verwenden, die sich aus dem Namen des Objekts, einem daran anschließenden Punkt und dem Namen des Felds zusammensetzt – wie `Person.Vorname`.

7 Geben Sie anschließend den Inhalt dieses Felds wieder über die Konsole aus. Auch hier können Sie die eben angesprochene Syntax einsetzen.

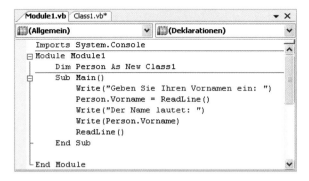

8 Testen Sie die Anwendung. Sie werden nach Ihrem Vornamen gefragt. Nach der Bestätigung der Eingabe wird dieser Name wieder angezeigt.

9 Schließen Sie die Konsole durch einen Klick auf die Schaltfläche in der Titelleiste oder wechseln Sie zurück zur IDE und beenden Sie die Ausführung.

Das Grundprinzip der Übertragung – und zwar von Daten auf Felder und von Instanzen durch Felder – dürfte damit klar geworden sein. Wir fassen noch einmal zusammen: Nachdem Sie in der Klasse ein Feld definiert haben, verfügt auch ein Objekt, das auf dieser Klasse beruht, über dieses Feld. Sie können ihm darin einen Wert zuweisen und diesen wieder auslesen. Natürlich würde man in einer sinnvollen Anwendung innerhalb der zugrunde liegenden Klasse noch etwas mehr tun, als eine Variable zu definieren, ihr einen Wert zuzuweisen und diesen wieder auszulesen. Weiter unten finden Sie eine Erweiterung dieses Beispiels, das diese Aspekte etwas besser berücksichtigt.

Eigenschaften

Der Einsatz von Feldern ist aus Sicht der Clientanwendung kaum von der Verwendung von *Eigenschaften* zu unterscheiden; beide Techniken speichern Informationen in einem Objekt oder rufen sie von dort ab. Auch eine Eigenschaft ist ein Wert, der Teil einer Instanz einer Klasse ist und den Sie für das Objekt abrufen oder setzen können. Eigenschaften werden aber über vollständige Eigenschaftsroutinen auch als *Property*-Prozeduren angelegt. Diese Prozeduren werden immer erst beim Festlegen oder Abrufen des Eigenschaftswerts ausgeführt. Dabei wird die Eigenschaft nicht mit einer einzelnen Deklarationsanweisung, sondern mit ausführbarem Code implementiert. Dadurch können Klassen benutzerdefinierte Aktionen ausführen und ermöglichen eine bessere Kontrolle über die Eigenschaft.

Deklaration und Zugriff

Eine Eigenschaft wird in der Klasse durch einen zwischen den Anweisungen `Property` und `End Property` stehenden Codeblock definiert. Innerhalb dieses Blocks erscheinen zwei Prozeduren als separate Blöcke, die durch die Deklarationsanweisungen `Get` und `Set` und die End-Anweisung umschlossen werden. Innerhalb der beiden Eigenschaftsprozeduren `Get` und `Set` nehmen Sie dann die Definition der Eigenschaften vor.

- `Set`-Prozeduren werden aufgerufen, wenn der Eigenschaft ein Wert zugewiesen wird. Sie besitzen einen impliziten Parameter (in der Regel mit der Bezeichnung `Value`) mit demselben Datentyp wie die Eigenschaft selbst. Sobald der Wert der Eigenschaft geändert wird, wird `Value` an die `Set`-

Eigenschaftsprozedur weitergegeben, die `Value` überprüfen und in einer lokalen – also innerhalb der Klasse definierten – Variablen speichern kann.

- `Get`-Prozeduren geben den Wert einer Eigenschaft zurück; sie werden aufgerufen, wenn in einem Ausdruck auf die Eigenschaft zugegriffen wird. Sie akzeptieren keine Argumente und können zur Rückgabe der Werte privater lokaler Variablen verwendet werden, die ihrerseits zur Speicherung von Eigenschaftswerten verwendet wurden.

Eine solche Eigenschaftsroutine wird man im Allgemeinen als `Public` deklarieren. Das ist auch der Standardzugriff. Standardmäßig wird damit der Lese- und Schreibzugriff festgelegt. Sie könnten sie jedoch auch als `Private` kennzeichnen und sie damit auf die Verwendung innerhalb der Klasse beschränken, was aber wahrscheinlich nur selten Ihren Absichten entspricht. Beachten Sie auch, dass Datentyp und Zugriff einer Eigenschaft bereits in der `Property`-Anweisung definiert werden, und nicht separat in den einzelnen `Property`-Prozeduren. Eine Eigenschaft kann also nur einen Datentyp und einen Zugriff aufweisen. Ebenso können `Private Set` und `Public Get` nicht in derselben Eigenschaft definiert werden.

```
...
Public Property Name() As Datentyp
    Get
...
    End Get
    Set(ByVal Value As Datentyp)
...
    End Set
End Property
...
```

Die Techniken zum Zugriff auf eine Eigenschaft unterscheiden sich nicht von denen zum Zugriff auf Felder.

- Um den Wert für eine Eigenschaft in einer Instanz festzulegen, weisen Sie ihr über den normalen Zuweisungsoperator einen Ausdruck oder einen Wert zu. Beispielsweise können Sie den Wert einer Eigenschaft über `Objekt1.Eigenschaft1 = Wert1` festlegen.

- Entsprechendes gilt, wenn Sie den Wert einer Eigenschaft abfragen möchten. Beispielsweise rufen Sie Eigenschaftswerte mit `Wert1 = Objekt1.Eigenschaft1` ab. Sie können einen Eigenschaftswert auch als Teil eines komplexeren Ausdrucks abrufen, ohne die Eigenschaft einer Variablen zuzuweisen.

In der einfachsten Form wird der Code innerhalb der Eigenschaftsroutine also dafür verwendet, Werte in die und aus der internen Variablen auszutauschen:

Wenn Sie eine Instanz von Klasse1 erstellen und den Wert der Eigenschaft festlegen, wird die Set-Eigenschaftsprozedur aufgerufen und der Wert an den impliziten Value-Parameter übergeben, der in einer lokalen Variablen gespeichert wird. Bei Abruf des Werts dieser Eigenschaft wird die Get-Eigenschaftsprozedur wie eine Funktion aufgerufen und gibt den in der lokalen Variablen gespeicherten Wert zurück.

Ein Beispiel

Um das auszutesten, könnten Sie den Code der Klasse im oben gezeigten Beispiel entsprechend abändern. Dieses Beispiel finden Sie nicht auf der Begleit-CD.

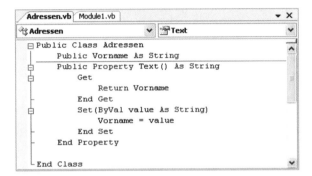

```vb
Public Class Adressen
    Public Vorname As String
    Public Property Text() As String
        Get
            Return Vorname
        End Get
        Set(ByVal value As String)
            Vorname = value
        End Set
    End Property
End Class
```

> **Tipp**
>
> Die Verwendung von Property-Prozeduren erlaubt gegenüber der direkten Deklaration von Feldern in der Klasse mehrere zusätzliche Erweiterungen: Beispielsweise können Sie zur Deklaration einer Eigenschaft und ihrer Prozeduren auch Argumente oder eine andere Form des Zugriffs verwenden.

Methoden

Klassen können nicht nur Variablen in Form von Feldern oder Eigenschaften beinhalten, sie können auch mit Verhaltensweisen oder Aktionen verbunden sein. Diese werden als *Methoden* bezeichnet und ermöglichen es einer Klasse, eine bestimmte Logik zu speichern. Methoden enthalten die ausführbaren Anweisungen eines Programms, sind also Prozeduren – Subroutinen oder Funktionen – und unterscheiden sich im Prinzip nicht von den oben beschriebenen

Prozeduren im üblichen Code: Sie können Parameter entgegennehmen, wenn Sie sie aufrufen, und auch Ergebniswerte, wenn es sich um Funktionen handelt, zurückgeben. Methoden können auch die Werte von Eigenschaften beeinflussen.

> **Tipp**
>
> In manchen Fällen ist es nicht leicht zu entscheiden, was eine *Eigenschaft* und was eine *Methode* sein soll. In der Regel speichern Eigenschaften die Daten eines Objekts, während es sich bei Methoden um bestimmte Aktionen handelt, die das Objekt ausführen soll. Als einfache Regel kann aber auch gelten, dass Eigenschaften im Allgemeinen nicht dazu führen sollten, dass etwas geschieht. Wenn etwas geschieht, benutzen Sie Methoden. Diese Richtlinie vermeidet auch Situationen, in denen die Reihenfolge, in der Sie die Eigenschaften eines Objekts setzen, das Ergebnis beeinflussen kann.

Deklaration und Zugriff

Um einer Klasse eine Methode hinzuzufügen, erstellen Sie darin eine öffentliche `Sub`- oder eine `Function`-Prozedur. Was Sie dafür benutzen, hängt natürlich von der jeweiligen Situation ab. Auch hier gilt: Eine Subroutine tut etwas, eine Funktion kann außerdem einen Wert zurückgeben. Wenn Argumente übergeben werden müssen, setzen Sie diese in Klammern und trennen Sie durch Kommata.

```
Public Class Klasse1
...
    Public Sub Methode1()
        'Code für die Methode1
    End Sub
...
    Public Function Methode2()
        'Code für Methode2
    End Function
...
End Class
```

Eine so erstellte Methode kann dann aus jeder Instanz der Klasse aufgerufen werden. Wenn Sie eine Methode im Code verwenden, richtet sich die Schreibweise der Anweisung danach, wie viele Argumente für die Methode erforderlich sind, und danach, ob ein Wert zurückgegeben wird oder nicht:

- Als `Subroutine` deklarierte Methoden rufen Sie direkt durch Angabe des Namens des Objekts und des Namens der Methode auf. Setzen Sie zwischen diese beiden Teile wieder einen Punkt – beispielsweise in der Form `Object1.Methode1()`. Wenn für eine Methode Argumente erforderlich sind, legen Sie die Argumente in Klammern fest und trennen sie durch Kommata voneinander.

```
Sub Main()
    Dim Object1 as New Klasse1
    Object1.Methode1()
    ...
End Sub
```

- Wenn eine Methode einen Wert zurückgibt – wenn es sich also um eine `Function` handelt –, weisen Sie den Rückgabewert einer Variablen zu, oder verwenden Sie direkt den Methodenaufruf als einen Parameter für einen anderen Aufruf. Auch hier können Sie die gegebenenfalls erforderlichen Argumente in Klammern festlegen und mit Kommata voneinander trennen.

```
Sub Main()
    Dim Object1 as New Klasse1
    Dim Variable1 As Datentyp
    Variable1 = Object1.Methode2()
    ...
End Sub
```

Das Beispiel erweitern

Um eine praktische Demonstration der Verwendung von Methoden zu zeigen, können Sie das Beispiel *ConsoleApplication12* erweitern. Sie finden das Ergebnis dieser Arbeit auch unter *ConsoleApplication13* auf der Begleit-CD.

1 Öffnen Sie *ConsoleApplication12* oder geben Sie den darin vorhandenen Code nochmals in einer neuen Anwendung ein.

2 Erweitern Sie die bereits definierte Klasse um eine weitere öffentliche Variable, die Sie *Nachname* nennen. Benutzen Sie wieder den Datentyp *String*.

3 Fügen Sie der Klasse eine Funktion hinzu, die die Inhalte der Variablen *Vorname* und *Nachname* zum Inhalt der Variablen *Name* zusammenfügt. Dazu benutzen Sie den Verknüpfungsoperator &. Da zwischen die beiden Bestandteile ein Leerzeichen gesetzt werden soll, verknüpfen Sie die Teile mit & " " &.

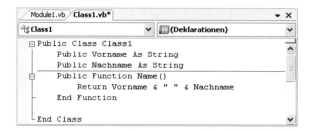

4 Wechseln Sie dann zu *Module1*. Erweitern Sie den Code so, dass der Anwender über die Konsole nach seinem Nachnamen gefragt wird. Weisen Sie diese Eingabe gleich anschließend dem Feld *Nachname* der Instanz der verwendeten Klasse zu. Dazu benutzen Sie die schon bekannte Technik.

5 Fragen Sie diese Instanz nach dem Inhalt der Methode *Name* ab und geben Sie diesen Wert aus.

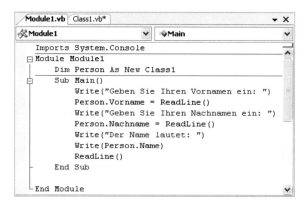

6 Testen Sie die Anwendung erneut. Sie werden nach Ihrem Vornamen und Nachnamen gefragt. Nach Bestätigung der Eingaben wird der vollständige Name angezeigt.

7 Wechseln Sie zurück zur IDE und beenden Sie die Ausführung oder klicken Sie einfach in der Titelleiste der Konsole auf die *Schließen*-Schaltfläche.

Exkurs zu Ereignissen

Neben den eben angesprochenen *Eigenschaften* und *Methoden* können Klassen auch *Ereignisse* als Bestandteil beinhalten. Solche Elemente ermöglichen es einem Objekt, anderen Elementen mitzuteilen, dass etwas geschehen ist. Ein *Ereignis* kann beispielsweise eine Aktion sein – etwa ein Mausklick –, das Eintreten einer bestimmten Situation im Datenablauf – wie das Überschreiten eines bestimmten Schwellenwerts – oder ein anderes Vorkommnis, das von einem Objekt erkannt wird. Die Form der Verarbeitung von Ereignissen können Sie durch einen entsprechenden Code in der Klasse behandeln. Wir werden darauf noch zu sprechen kommen, wenn wir uns in den folgenden Kapiteln mit dem Erstellen von Windows-Anwendungen beschäftigen. Einige Grundbegriffe zu diesem Thema wollen wir Ihnen aber jetzt schon liefern.

Bei der Deklaration eines Ereignisses in einer Klasse handelt es sich um einen mehrstufigen Prozess:

- Sie müssen einerseits angeben, dass eine Klasse ein Ereignis auslösen kann. Dazu müssen Sie das Ereignis in der Klasse mit der `Event`-Anweisung deklarieren. Damit geben Sie zunächst nur an, dass ein Objekt dieser Klasse ein bestimmtes Ereignis auslösen kann. Die Deklaration umfasst einen Namen für das Ereignis und die von ihm verwendeten Argumente. Ereignisargumente werden auf dieselbe Weise wie Argumente von Prozeduren deklariert. Sie können für alle diese Parameter Werte angeben: Wenn das Ereignis dann ausgelöst wird, werden diese Werte an alle Routinen geschickt, die dieses Ereignis behandeln sollen.

- Sobald das Ereignis einmal deklariert wurde, können Sie es mit der `RaiseEvent`-Anweisung auslösen. Eine solche `RaiseEvent`-Anweisung informiert einen Ereignishandler, dass ein bestimmtes Ereignis eingetreten ist.

- Für den Fall, dass ein solches Ereignis eintritt, können Sie Code schreiben, der auf das Ereignis reagiert. Dieser Code wird als eine *Ereignisbehandlungsprozedur* oder *Ereignisbehandler* bezeichnet. Das sind also Prozeduren, die aufgerufen werden, wenn ein entsprechendes Ereignis auftritt. Als Ereignisbehandler kann jede gültige Unterroutine verwendet werden. Funktionen können nicht als Ereignishandler verwendet werden, da sie einen Wert zurückgeben würden. Obwohl diese Ereignishandler eigentlich `Sub`-Prozeduren sind, werden sie normalerweise nicht wie andere `Sub`-Prozeduren aufgerufen.

> Stattdessen erfolgt der Aufruf automatisch: Wenn ein Objekt als Instanz der Klasse das Auftreten eines Ereignisses erkennt, ruft es den Ereignishandler mit einem dem Ereignis entsprechenden Namen auf. Dieser Vorgang wird als das *Auslösen* des Ereignisses bezeichnet. Jedes Objekt, das in der Lage ist, ein Ereignis auszulösen, ist ein *Ereignissender* – auch *Ereignisquelle* genannt. Formulare, Steuerelemente und benutzerdefinierte Objekte sind Beispiele für Ereignissender im .NET-Framework.

Vererbung

Sie haben in den bisherigen Abschnitten dieses Kapitels gesehen, wie man die in einer Klasse definierten Bestandteile innerhalb der daraus abgeleiteten Objekte nutzen kann. Das Objekt verhält sich dabei wie die Klasse selbst. Eines der mächtigsten Merkmale der objektorientierten Programmierung ist aber auch die Fähigkeit, ein Objekt so zu behandeln, als sei es eine Instanz einer anderen Klasse. Dieses Merkmal findet besonders in der Arbeitstechnik der *Vererbung* von Klassen seinen Einsatz: Bei der Vererbung bedeutet dies, dass Sie eine abgeleitete Klasse so behandeln können, als sei sie eine ihrer Vorfahren. Dies ist nützlich und häufig auch ein Hauptmotiv für die Erstellung von so genannten *Basisklassen*, die als Grundlage für weitere Generationen von Klassen dienen können. Auf diese Weise erstellte Klassen werden als *abgeleitete Klassen* bezeichnet. Abgeleitete Klassen erben alle in der Basisklasse definierten Felder, Eigenschaften, Methoden und Ereignisse. Das heißt, Sie können eine Klasse einmal entwickeln und debuggen und dann als Basis für weitere Klassen erneut verwenden.

Deklaration

Um eine Klasse durch Vererbung aus einer anderen Klasse zu erzeugen, geben Sie als Teil der Klassendeklaration zusammen mit der `Inherits`-Anweisung eine einzelne Basisklasse an, aus der die neue Klasse erben soll. Damit basiert beispielsweise eine neue Klasse – `Klasse11` – auf einer vorhandenen Klasse – der Basisklasse `Klasse1`. Eine Klasse kann nur von *einer* anderen Klasse erben.

```
Public Class Klasse1
    'Code der Klasse1
End Class
```

```
Public Class Klasse11
    Inherits Klasse1
    'Weiterer Code der Klasse11
End Class
```

Tipp

Vererben können zunächst einmal alle Klassen, die nicht besonders gekennzeichnet sind. Sie können aber angeben, dass Programmierer eine Klasse nicht als Basisklasse verwenden dürfen. Aus einer so gekennzeichneten Klasse kann also nicht geerbt werden. Hierfür verwenden Sie in der Klassendeklaration das Schlüsselwort `NotInheritable`.

```
NotInheritable Public Class Klasse1
    Public Shared Sub Methode1() As String
        ...
    End Sub
End Class
```

Nutzung der Bestandteile

Eine wesentliche Eigenschaft der Vererbung besteht darin, dass Klassen, die aus einer speziellen Basisklasse abgeleitet sind, so angewandt werden können, als seien sie selbst diese Basisklasse. Instanzen der neuen Klasse – beispielsweise `Klasse11` – können in Variablen gesetzt werden, die den Datentyp der alten Klasse – `Klasse1` – verwenden, und sie können als Parameter an Prozeduren übergeben werden, die den alten Datentyp erwarten.

```
Module Module1
    Sub Main()
        Dim Objekt1 As Klasse1
        Objekt1 = New Klasse11
        Objekt1.Methode1()
        ...
    End Sub
End Module
```

Das wollen wir an einem Beispiel demonstrieren. Hier geschieht nicht mehr als in dem vorherigen Beispiel – abgesehen vom Einsatz des Prinzips der Vererbung. Sie finden es auch unter *ConsoleApplication14* auf der Begleit-CD. Wenn Sie es nachbauen möchten, orientieren Sie sich an den folgenden Schritten:

1 Öffnen Sie *ConsoleApplication13* oder geben Sie den darin vorhandenen Code nochmals ein.

2 Fügen Sie der Anwendung ein weiteres Objekt vom Typ *Klassenbibliothek* hinzu. Wählen Sie dazu im Menü *Projekt* den Befehl *Klasse hinzufügen*. Belassen Sie es hinsichtlich des Namens bei der Voreinstellung *Class2*.

3 Sorgen Sie dafür, dass diese neu erstellte Klasse *Class2* von *Class1* deren Bestandteile erbt. Das erreichen Sie durch eine einfache Inherits-Anweisung.

4 Ändern Sie den Code innerhalb von *Module1* so, dass das Objekt Person als Instanz der neuen Klasse Class2 deklariert wird.

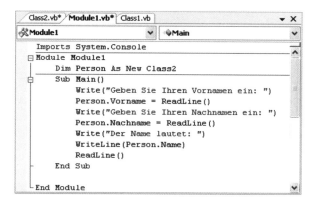

Wie schon gesagt, ergibt sich keine Änderung zur Laufzeit. Wichtig ist, dass das Objekt genauso reagiert, obwohl es als Instanz von Class2 deklariert wurde.

Erweitern

Wenn Sie eine Klasse11 aus Klasse1 durch Vererbung ableiten, stehen die Eigenschaften von Klasse1 – beispielsweise Eigenschaft1 – also in beiden Klassen zur Verfügung. Zusätzlich können Sie aber für Klasse11 noch weitere Eigenschaften – beispielsweise Eigenschaft2 – definieren.

```
Public Class Klasse1
    ...
    Public Sub Eigenschaft1()
    ...
    End Sub
End Class

Public Class Klasse11
    Inherits Klasse1
    Public Sub Eigenschaft2()
    ...
    End Sub
End Class
```

Beim Arbeiten mit Objekten in einer Vererbungshierarchie können Sie dann immer die Klasse wählen, in der die Objektvariablen deklariert werden. Wägen Sie dabei die Flexibilität der Objektzuweisung gegen den Zugriff auf die Member einer Klasse ab.

- Sie können dann mit `Dim Objekt1 As New Klasse11` eine Objektvariable deklarieren, die speziell auf `Klasse11` verweist: Dies begrenzt die Variable `Objekt1` auf Objekte der Klasse `Klasse11` und macht zudem die Methoden und Eigenschaften von `Klasse11` sowie die Member aller Klassen, von denen `Klasse11` erbt, für `Objekt1` verfügbar.

- Eine Objektvariable wird allgemeiner gehalten, wenn Sie sie mit `Dim Objekt1 As Klasse1` als Variable vom Typ `Klasse1` deklarieren: Dadurch können Sie `Objekt1` auf alle Klassen in der Anwendung zuweisen, also auf `Klasse1` und `Klasse11` und die, die noch von diesen Klassen erben. Allerdings kann `Objekt1` trotz der Zugriffsberechtigung auf alle Member von `Klasse1` nicht auf die zusätzlichen Methoden oder Eigenschaften zugreifen, die für spezielle Formulare wie `Klasse11` definiert wurden, solange die Option `Strict` auf `On` festgelegt ist.

Das gilt im Prinzip auch umgekehrt. Allerdings stehen die Eigenschaften und Methoden, die die geerbte Klasse hinzugefügt hat, natürlich nicht zur Verfügung. Überschriebene Methoden stehen hingegen zur Verfügung, da sie in der Definition der Basisklasse vorhanden sind. Allerdings wird statt der Basisimplementierung die Implementierung in der abgeleiteten Klasse aufgerufen, wenn nicht eine besondere Form des Zugriffs gewählt wird.

Diesen wichtigen Aspekt der Vererbung wollen wir noch durch ein Beispiel weiter verdeutlichen. Es geht von dem schon oben benutzten Beispiel *ConsoleApplication13* aus. Sie finden es auch unter *ConsoleApplication15* auf der Begleit-CD. Wenn Sie es nachbauen möchten, orientieren Sie sich an den folgenden Schritten:

1 Öffnen Sie *ConsoleApplication14* oder geben Sie den darin vorhandenen Code nochmals ein.

2 Fügen Sie der Klasse *Class2* eine weitere Prozedur hinzu, die die Initialen des später einzugebenden Namens ermittelt. Dazu benutzen Sie die in Visual Basic für die Variablen des Typs *String* eingebaute Funktion Char(). Diese ermittelt das durch den Parameter angegebene Zeichen in der Textvariablen. In unserem Bespiel soll jeweils das erste Zeichen benutzt werden. Da Char() mit 0 zu zählen beginnt, wird dafür Char(0) verwendet.

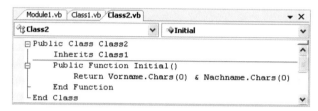

3 Erweitern Sie die Ausgabe im Objekt *Module1* um eine Zeile, in der die Initialen in der Konsole angezeigt werden.

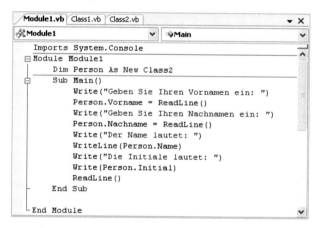

4 Testen Sie die Anwendung erneut. Sie werden nach Ihrem Vornamen und Nachnamen gefragt. Nach der Bestätigung der Eingaben werden der vollständige Name und danach die Initialen angezeigt.

5 Wechseln Sie zurück zur IDE und beenden Sie die Ausführung oder klicken Sie einfach in der Titelleiste der Konsole auf die *Schließen*-Schaltfläche.

Überschreiben

Zusätzlich zu einer Erweiterung ist es auch möglich, dass eine Kindklasse einen Teil oder die gesamte Funktionalität der Basisklasse *überschreibt*. Das geschieht, wenn ein Kind eine spezialisierte Version einer Methode oder Eigenschaft implementiert, die auch in der Eltern- oder Basisklasse definiert ist. In solch einem Fall wird der Code der Kindklasse anstelle des Codes der Elternklasse ausgeführt. Sie können also eine neue Implementierung der Methode in der abgeleiteten Klasse definieren.

Wenn abgeleitete Klassen in der Lage sein sollen, eine in ihrer Basisklasse definierte Methode zu überschreiben, dann muss die Basisklasse durch das Schlüsselwort Overridable gekennzeichnet sein und die Methode der abgeleiteten Klasse das Schlüsselwort Overrides enthalten.

```
Public Class Klasse1
    ...
    Public Overridable Sub Eigenschaft1()
    ...
    End Sub
End Class

Public Class Klasse11
    Inherits Klasse1
    Public Overrides Sub Eigenschaft2()
    ...
    End Sub
End Class
```

> **Tipp**
>
> In vielen Fällen werden Sie Basisklassen erstellen, in denen alle Member deklariert sind, die Sie in daraus abgeleiteten Klassen benötigen. Nicht aber solche, die in den einzelnen abgeleiteten Klassen unterschiedliche Ausprägung haben. Dann empfiehlt es sich, die Basisklasse als MustInherit und die später individuell zu gestaltenden Member als MustOverride zu deklarieren. Solche Basisklassen überlassen den abgeleiteten Klassen die Implementierung von bestimmten Methoden, so dass jede Form verwendet werden kann. Andere Entwickler können Methoden in abgeleitete Klassen implementieren, indem sie die Dokumentation für die Basisklasse verwenden.

Die Klassen des .NET Framework

Die in diesem Kapitel beschriebenen Prinzipien – also beispielsweise das Konzept von Klassen, Instanzen, Eigenschaften, Methoden, Vererbung usw. – bilden auch die Grundlage für das .NET Framework. Eine der Hauptaufgaben des .NET Framework besteht darin, Ihnen vordefinierte Klassen zur Verfügung zu stellen, mit denen Sie arbeiten können. Dieses Framework beinhaltet mehr als 6 000 Klassen und Sie brauchen in den meisten Fällen keine eigenen Klassen zu erzeugen, sondern benutzen einfach die Funktionalität der bereits vorhandenen. Wenn Sie zusätzliche Funktionen benötigen, können Sie daraus Kindklassen durch Vererbung erstellen, weitere Eigenschaften und Methoden hinzufügen, aber auch die ursprünglich definierten nutzen. Wie einfach das sein kann, werden Sie im nächsten Teil des Buches feststellen, wenn es darum geht, mit Hilfe von Formularen und Steuerelementen Windows-Oberflächen zu erstellen. Fast in allen der dann angesprochenen Fälle benutzen Sie Basisklassen, von denen Sie neue Instanzen erzeugen, deren vordefinierte Methoden Sie nutzen können.

Namensräume

Die einzelnen Klassen des Framework sind in *Namensräumen* organisiert. Unter diesem Begriff versteht man ein abstraktes Konzept, das verwendet wird, um eine Reihe von Klassen oder Modulen zusammenzufassen. Jeder dieser Namensräume enthält mehrere Klassen, die irgendwie miteinander verwandt sind oder es zumindest sein sollten. Der wichtigste Grund für das Erstellen eigener Namensräume besteht darin, einen privaten Bereich zu erzeugen, um sicherzustellen, dass Ihre Klassennamen eindeutig sind.

Der Name jedes Namensraums setzt sich aus mehreren Teilen zusammen, dabei wird jeder Teil von den anderen durch einen Punkt abgetrennt. Der erste Teil des vollständigen Namens – bis zum letzten Punkt – gibt den Namen des Namensraums wieder. Der letzte Teil ist meist der Name der Klasse. Niedrigere Namensräume sind nicht in höheren Namensräumen enthalten, aber damit verwandt. Sie kennen das bereits von der Anweisung `Imports` her. Zum Beispiel ist der Namensraum *System.Console* mit *System* verwandt, aber nicht darin enthalten.

Es gibt zwei Namen der obersten Ebene: *System* und *Microsoft*.

● Die *System*-Namensräume sind diejenigen, die Teile des .NET-Framework sind und den Benutzern von Visual Basic .NET ebenso zur Verfügung stehen wie den Benutzern der anderen Sprachen, die das Framework einsetzen. Der Namensraum *System* enthält grundlegende Klassen und

Basisklassen, mit denen häufig verwendete Wert- und Verweisdatentypen, Ereignisse und Ereignisbehandler, Schnittstellen, Attribute und Ausnahmen bei der Verarbeitung definiert werden. Neben den Basisdatentypen umfasst dieser Namensraum ungefähr 100 Klassen, die von Klassen für die Behandlung von Ausnahmen bis zu Klassen reichen, die für wesentliche Konzepte der Laufzeit vorgesehen sind. Der Namensraum *System* beinhaltet darüber hinaus zahlreiche Namensräume einer zweiten Ebene.

- Die *Microsoft*-Klassen sind im Allgemeinen spezifisch für bestimmte Sprachen. Es gibt beispielsweise den Namensraum *Microsoft.VisualBasic*, der viele der Funktionen enthält, die in Visual Basic vor dieser Version existierten.

> **Tipp**
>
> Sie können aber auch für Ihre eigenen Klassen selbst Namensräume definieren und Ihre Klassen darin ansiedeln. Wenn Sie mit vielen Klassen arbeiten, kann das die Organisation erleichtern. Wenn Sie einen Namensraum *Namensraum1* definieren wollen, benutzen Sie die Ausdrücke `Namespace Namensraum1` am Anfang und `End Namespace` am Ende. Durch diese Angaben richten Sie eine Gruppierung namens *Namensraum1* ein, die untergeordnete Klassen enthält. Durch Angabe des voll gekennzeichneten Namens können Sie die definierten Objekte auch außerhalb des Namensraums verwenden. Voll gekennzeichnete Namen sind Objektverweise, denen der Name des Namensraums vorangestellt wird, in dem das Objekt definiert ist – beispielsweise mit `Dim Objekt1 as Namensraum1.Klasse1`.
>
> Zwei Klassen mit demselben Namen können in einem Programm verwendet werden, solange sie sich in verschiedenen Namensräumen befinden und Sie die Namen des Namensraums angeben. Indem Sie beispielsweise einen Namensraum *Namensraum1* definieren und eine Klasse *Klasse1* darin ansiedeln, wird aus *Klasse1* die Klasse *Namensraum1.Klasse1* und diese steht daher nicht länger im Widerspruch zu anderen Klassen, die mit dem gleichen Namen angelegt werden. Eine Klasse muss also nur innerhalb ihres besonderen Namensraums einzigartig sein.

Die richtige Klasse finden

Zum schwierigsten Teil bei der Benutzung des Framework gehört das Auffinden der richtigen Klasse für einen bestimmten Zweck. Alle darin enthaltenen Objekte haben Eigenschaften und Methoden, über die Sie mit ihnen interagieren können, aber woher wissen Sie, was verfügbar ist? Der *Objektbrowser* soll Ihnen bei der Arbeit mit all diesen Objekten dadurch helfen, dass Sie einen Katalog verfügbarer Objekte durchblättern oder durchsuchen können. Dieses Fenster ist besonders als eine Art der Dokumentation oder Referenz nützlich, in der Sie Klassen innerhalb des .NET-Framework oder andere Klassenbibliotheken finden und die Einzelheiten dieser Klassen, wie z. B. ihre Eigenschaften und Methoden, betrachten können.

1 Wenn Sie den Objektbrowser öffnen möchten, wählen Sie den Befehl *Objektbrowser* im Menü *Ansicht* oder klicken Sie auf die gleichnamige Schaltfläche in der Symbolleiste *Standard*. Der Inhalt dieses Werkzeugs wird als zusätzliches Fenster im Hauptbereich angezeigt. Dieser Katalog enthält die Klassen, die von der Klassenbibliothek des .NET Framework bereitgestellt werden, sowie die Klassen, die in Ihrem eigenen Projekt enthalten sind.

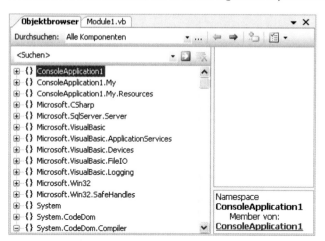

2 Um nach einer bestimmten Klasse oder einem Namensraum zu suchen, geben Sie den Namen ein und bestätigen durch einen Klick auf die Schaltfläche *Suchen*. Die Suchergebnisse werden dann aufgelistet.

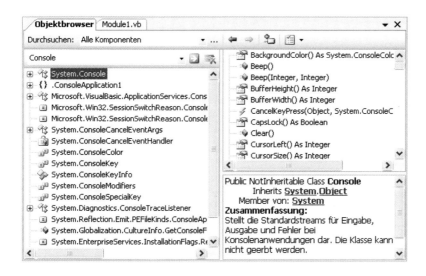

Ein zusammenfassendes Beispiel

Zum Abschluss dieses Kapitels wollen wir die wichtigsten der in diesem Kapitel vorgestellten Techniken noch einmal in einem zusammenfassenden Beispiel demonstrieren. Sie finden es auch unter *ConsoleApplication16*. Es beinhaltet einen kleinen Kreditrechner, in dem für zwei Kredite die Kreditsumme, die Laufzeit und die monatlich zu zahlenden Raten eingegeben werden können. Die daraus resultierenden Zinssätze werden durch die Anwendung ermittelt. Die Berechnung soll innerhalb einer Klasse abgewickelt werden.

1 Erstellen Sie eine neue Konsolenanwendung.

2 Fügen Sie der Anwendung ein Objekt vom Typ *Klassenbibliothek* hinzu, das Sie mit dem Namen *Adressen* benennen. Wählen Sie dazu im Menü *Projekt* den Befehl *Klasse hinzufügen* und benennen Sie diese gleich mit *Rechner*.

3 Innerhalb dieser Klasse deklarieren Sie *Kreditsumme*, *Laufzeit* und *Rate* als Variablen vom Typ `Double`.

4 Anschließend definieren Sie eine Funktion namens *Zinssatz*, in der Sie den aus diesen Variablen resultierenden Zinssatz des Kredits mit der Visual Basic-Funktion *Rate* bestimmen. Da wir monatliche Zahlungen voraussetzen wollen, werden wir das Ergebnis dieser Funktion mit 12 multiplizieren. Diese Berechnung soll nur dann vorgenommen werden, wenn die Variablen einen von 0 verschiedenen Wert besitzen.

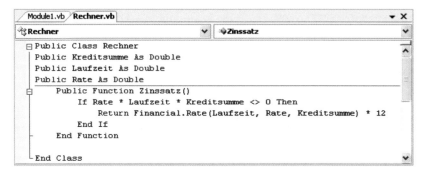

5 Wechseln Sie dann zu *Modul1*. Hier wird die eben definierte Klasse verwendet, um zwei Objektvariablen Kredit1 und Kredit2 zu deklarieren.

6 Anschließend werden die gewünschten Eingabewerte über zwei Routinen Eingabe1 und Eingabe2 abgerufen. Darin werden die über die Konsole abgefragten Werte den Feldern der Klasse Rechner zugewiesen.

```
Module1.vb*  Rechner.vb                                    ▾ ✕
⚒Module1                        ▾   ▦(Deklarationen)        ▾
┌ Sub Eingabe1()                                            ▲
│       WriteLine("Geben Sie die Werte für den Kredit 1 ein.")
│       Write("   Kreditsumme (in Euro): ")
│       Kredit1.Kreditsumme = ReadLine()
│       Write("   Laufzeit (in Monaten): ")
│       Kredit1.Laufzeit = ReadLine()
│       Write("   Monatliche Rate (in Euro): ")
│       Kredit1.Rate = -ReadLine()
│       WriteLine()
└ End Sub
┌ Sub Eingabe2()
│       WriteLine("Geben Sie die Werte für den Kredit 2 ein.")
│       Write("   Kreditsumme (in Euro): ")
│       Kredit2.Kreditsumme = ReadLine()
│       Write("   Laufzeit (in Monaten): ")
│       Kredit2.Laufzeit = ReadLine()
│       Write("   Monatliche Rate (in Euro): ")
│       Kredit2.Rate = -ReadLine()
│       WriteLine()
└ End Sub                                                   ▼
```

7 Schließlich können die Werte der Eigenschaft Ergebnis für beide Instanzen nacheinander abgefragt und ausgegeben werden. Da die Ausgabe als Prozentwert erfolgen soll, Rate aber eine Dezimalzahl liefert, wurde das Berechnungsergebnis vorher mit 100 multipliziert.

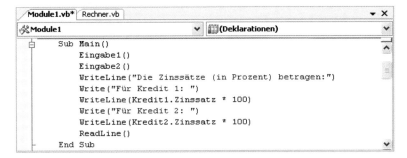

```
Module1.vb*  Rechner.vb                                    ▾ ✕
⚒Module1                        ▾   ▦(Deklarationen)        ▾
┌     Sub Main()                                            ▲
│         Eingabe1()
│         Eingabe2()
│         WriteLine("Die Zinssätze (in Prozent) betragen:")
│         Write("Für Kredit 1: ")
│         WriteLine(Kredit1.Zinssatz * 100)
│         Write("Für Kredit 2: ")
│         WriteLine(Kredit2.Zinssatz * 100)
│         ReadLine()
└     End Sub                                               ▼
```

8 Testen Sie die Anwendung erneut. Sie werden nach den Daten für die beiden Kredite gefragt. Da keine Ausnahmebehandlung erfolgt, sollten Sie unbedingt darauf achten, dass Sie zueinander passende Zeiteinheiten verwenden. Nach der Bestätigung der Eingaben werden die dazu berechneten Zinssätze angezeigt.

Debuggen starten

```
file:///C:/Dokumente und Einstellungen/Michael Kolberg.MAK/Eigene Dateien/Visual Studio ...   _ □ ✕
Geben Sie die Werte für den Kredit 1 ein.
    Kreditsumme (in Euro): 1000
    Laufzeit (in Monaten): 12
    Monatliche Rate (in Euro): 100

Geben Sie die Werte für den Kredit 2 ein.
    Kreditsumme (in Euro): 2000
    Laufzeit (in Monaten): 24
    Monatliche Rate (in Euro): 100

Die Zinssätze (in Prozent) betragen:
Für Kredit 1: 35,0742489229607
Für Kredit 2: 18,1570126827724
```

9 Wechseln Sie zurück zur IDE und beenden Sie die Ausführung.

Debuggen beenden

Eine kleine Erfolgskontrolle

Der Inhalt dieses Kapitels war recht komplex und umfasste viel Theorie. Man kann den Sinn einer Ableitung von Objekten aus Klassen erst dann verstehen, wenn man weiß, was Klassen beinhalten. Umgekehrt kann man die Inhalte von Klassen erst dann begreifen, wenn man sich im Klaren ist, dass daraus Objekte erstellt werden sollen. Vielleicht ist aber trotzdem etwas Wissen bei Ihnen hängen geblieben. Testen Sie das an den folgenden Fragen aus:

- Was versteht man unter dem Begriff *Klasse*?
- Welche Optionen kennen Sie in Visual Basic .NET, um eine Klasse zu erstellen?
- Wie erstellt man aus einer Klasse ein Objekt?
- Was versteht man unter *Felder* und *Eigenschaften*, was unter *Methoden*?
- Was ist *Vererbung*?
- Was bedeuten die Begriffe *Erweitern* und *Überschreiben* im Zusammenhang mit Vererbung?
- Was ist ein *Namensraum*?

Das lernen Sie in diesem Kapitel neu:

Kapitel 7

Windows-Formulare

Mit diesem Kapitel beginnen wir endlich mit der Abhandlung der für Sie spannenden Bereiche innerhalb von Visual Basic .NET – den Techniken zum Erstellen von Windows-Anwendungen. Zu diesem Thema gibt es eine ganze Menge zu sagen; wir werden dieses Thema darum auf die restlichen Kapitel dieses Buches verteilen: In diesem Kapitel wollen wir uns zunächst mit Formularen beschäftigen – das sind die Hintergrundelemente für die Fenster, auf denen Sie die Informationen präsentieren und Eingaben vornehmen können.

Wenn Sie es nicht schon getan haben sollten, dann öffnen Sie jetzt die *Express Edition* von *Microsoft Visual Basic 2005*.

Formular erstellen

Wie bei den vorher angesprochenen Konsolenanwendungen auch, besteht der erste Schritt beim Aufbau einer Windows-Anwendung im Erstellen eines neuen Projekts.

1 Wählen Sie im Menü *Datei* den Befehl *Neu* und dann *Projekt*. Im Dialog *Neues Projekt* wählen Sie diesmal die Option *Windows-Anwendung*.

2 Welchen Namen Sie für das Projekt angeben, spielt wieder einmal keine Rolle. Bleiben Sie aber am besten bei der Voreinstellung *WindowsApplication1*.

3 Bestätigen Sie mit *OK*.

Nach der Bestätigung wird ein neues Projekt geöffnet, das ein einzelnes Formularobjekt enthält. Dieses wird standardmäßig mit dem Namen des Formulars – beim ersten Formular also `Form1` – benannt und automatisch in einem mit *Designer* bezeichneten Entwicklungstool im Hauptfenster grafisch dargestellt.

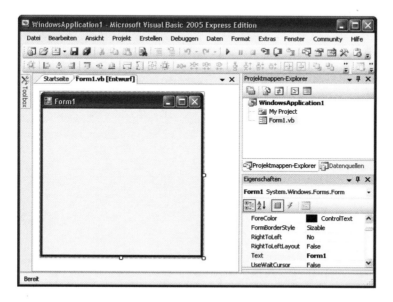

Tipp

Wenn Sie das Entwurfsfenster schließen, verschwindet das Formular vom Bildschirm. Sie können es anschließend wieder öffnen, indem Sie auf den Eintrag *Form1.vb* im *Projektmappen-Explorer* doppelklicken.

In diesem Zustand befindet sich das Formular im Entwurfsmodus. Darin können Sie bestimmte Eigenschaften auf der grafischen Benutzeroberfläche festlegen. Beispielsweise können Sie das Formular über die Maus in seiner Größe ändern, über das Fenster *Eigenschaften* seine Verhaltenweisen bestimmen oder – wie weiter unten beschrieben – mit den Elementen der *Toolbox* Steuerelemente in das Formular einfügen.

Sie können das Formular gleich nach dem Erstellen einmal testweise ausführen lassen. Dabei gehen Sie genauso vor, wie Sie es schon von Konsolenanwendungen her gewohnt sind.

4 Drücken Sie die Taste ⌐F5⌐ oder wählen Sie im Menü *Debuggen* den Befehl *Debuggen starten*. Auch die gleichnamige Schaltfläche in der Symbolleiste kann benutzt werden. Die Anwendung wechselt in den Debugger und zeigt ein leeres Fenster an.

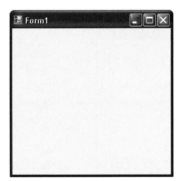

5 Beenden Sie den Testlauf, indem Sie auf die *Schließen*-Schaltfläche im Formular klicken. Sie können auch zurück zum Fenster des Editors wechseln und *Debuggen beenden* im Menü *Debuggen* wählen.

Formen der Ansicht

Die gerade angesprochene Entwurfsansicht ist nicht die einzige Form der Ansicht, die für die Bearbeitung eines solchen Formulars oder einer Windows-Anwendung zur Verfügung steht. Daneben verfügt das Entwicklungstool noch über die *Codeansicht*. Diese benutzen Sie meist, wenn Sie dem Formular oder einzelnen Elementen darin Programmcode hinzufügen.

1 Um die Codeansicht für ein Formular anzuzeigen, klicken Sie mit der rechten Maustaste auf das Formular oder den Eintrag *Form1.vb* im Fenster *Projektmappen-Explorer* und wählen *Code anzeigen* aus dem Kontextmenü.

2 Der Code für das Formular wird in einem separaten Fenster angezeigt, das beispielsweise mit dem Namen *Form1.vb [Entwurf]* versehen ist.

> **Tipp**
>
> Sind die Fenster für Designer und Code beide geöffnet, können Sie zwischen ihnen auch über die Registerlaschen – *Form1.vb [Entwurf]* und *Form1.vb* – am oberen Fensterrand wechseln. Sie können zum Wechseln zwischen diesen Ansichten auch die Befehle *Designer* und *Code* im Menü *Ansicht* benutzen.

Nachdem Sie ein Formular erstellt haben, besteht der Code in dieser Ansicht im Prinzip nur darin, dass eine öffentliche Klasse mit dem Namen `Form1` definiert wurde. Hierbei handelt es sich aber nur um eine Art von Kurzform des eigentlichen Codes, der die Deklaration des Formulars zeigt. Sie können auch mehr davon anzeigen lassen.

1 Öffnen Sie das Listenfeld *Methodenname* rechts oben im Codefenster. Wählen Sie in der Liste den Eintrag *InitializeComponent*.

2 Ein weiteres Fenster mit dem Namen *Form1.Designer.vb* wird im Hauptbereich angezeigt, in dem der Code zum Formular in einer etwas vollständigeren Form wiedergegeben wird.

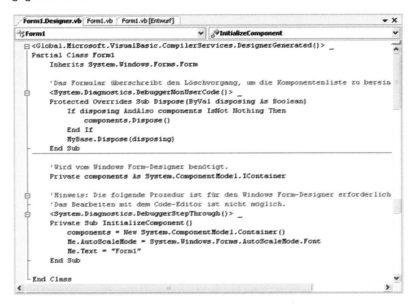

Eigentlich braucht Sie der Inhalt dieses Fensters nicht besonders zu interessieren. Er liefert aber einige Hintergründe, die wir kurz ansprechen wollen:

- Wie alle Objekte im .NET Framework sind auch die erstellten Formulare als Instanzen einer Klasse definiert. Wie Sie sehen, wird als Vorlage für die Erstellung des Formulars die Klasse `System.Windows.Forms` verwendet. Das Formular selbst erbt seine spezifischen Eigenschaften über eine `Inherits`-Anweisung.

- Durch Festlegen dieser Eigenschaften können Sie das Objekt anschließend an Ihre spezifischen Anforderungen anpassen. Sie können dafür das Erscheinungsbild festlegen, Methoden definieren, die das Verhalten bestimmen, und Ereignisse formulieren, die Interaktionen mit dem Benutzer ausführen.

- Wenn Sie im Designer Änderungen an den Eigenschaften des Formulars durchführen, können Sie diese – wie Sie in diesem Kapitel noch sehen werden – auch über das Fenster *Form1.Designer.vb* kontrollieren. Die Erweiterungen finden Sie meist innerhalb der Subroutine `Private Sub InitializeComponent ()` am Ende des Codes. Wenn Sie bestimmte Eigenschaften später auch zur Laufzeit des Programms ändern lassen wollen, können Sie hier einige Tricks zur Syntax dafür abschauen. Beispielsweise finden Sie hier eine Zeile, in der mit `Me.Text = "Form1"` der in der Titelleiste angezeigte Name des Formulars definiert wird. Wollen Sie erreichen, dass sich dieser Name später in `Form123` ändert, können Sie das durch eine Zeile wie `Me.Text = "Form123"` erreichen.

Theoretisch könnten aber auch Sie das ganze Formular selbst innerhalb dieses Codes erstellen oder ändern, aber es ist natürlich einfacher, dafür den Designer zu verwenden.

Formulareigenschaften einstellen

Eigenschaften sind bei Windows-Anwendungen meist Attribute, die den Zustand, das Verhalten und die Darstellung eines Formulars oder eines Steuerelements darin definieren. Beispielsweise ist der Name eines Formulars eines seiner Eigenschaften. Diese Eigenschaften werden bei der Erstellung des Formulars automatisch auf gewisse Standardwerte gesetzt, aber Sie haben die Möglichkeit, sie zu modifizieren. Die Möglichkeit zur Anzeige und Änderung von Eigenschaften bietet das Fenster *Eigenschaften*, das Sie standardmäßig rechts unten auf dem Bildschirm finden.

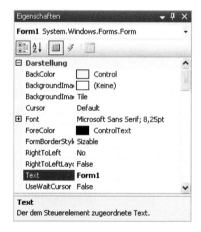

Achtung

Sollte das Fenster *Eigenschaften* einmal nicht angezeigt werden, benutzen Sie den Befehl *Eigenschaftenfenster* im Menü *Ansicht* oder drücken einfach F4.

In einer Windows-Anwendung werden in diesem Fenster immer die Attribute des Objekts angezeigt, das im Designer ausgewählt ist. Wenn Sie also die Eigenschaften für ein Formular anzeigen oder ändern wollen, müssen Sie sicherstellen, dass dieses als Ganzes ausgewählt ist. Das müssen Sie später besonders beachten, nachdem Sie Steuerelemente im Formular eingefügt haben. Der sicherste Weg dazu ist, zunächst eine freie Stelle im Hauptarbeitsbereich der IDE und anschließend eine freie Stelle im Formular anzuklicken. Sie können das Formular aber auch über die Dropdown-Liste oben im Fenster *Eigenschaften* auswählen. In der Standardeinstellung wird das Formular auch hier Form1 genannt.

Techniken zur Arbeit

Für Formulare werden im Fenster *Eigenschaften* sehr viele Eigenschaften angezeigt. Dies kann das Suchen nach der Eigenschaft, die Sie ändern möchten, erschweren. Für die Arbeit in diesem Fenster sollten Sie einige Dinge beachten, die Ihnen Ihre Tätigkeit erleichtern können.

1 Standardmäßig werden die Eigenschaften nach Kategorien sortiert angezeigt – beispielsweise *Darstellung*, *Daten*, *Eingabehilfen* usw. Wenn Sie auf das Minuszeichen vor dem Namen einer Kategorie klicken, werden die zu dieser Kategorie gehörenden Eigenschaften ausgeblendet.

2 Ein Klick auf das Pluszeichen vor einem Kategoriennamen blendet die jeweiligen Bestandteile wieder ein. Die Kategorien werden in alphabetischer Reihenfolge aufgeführt.

3 Wenn Sie auf die Schaltfläche *Alphabetisch* oben im Fenster klicken, werden die Namen der Kategorien ausgeblendet und alle Eigenschaften werden in alphabetischer Reihenfolge sortiert. Ein Klick auf die Schaltfläche *Nach Kategorien* links daneben stellt die Standardeinstellung wieder her.

4 Eine kurze Beschreibung der Bedeutung einer Eigenschaft finden Sie unten im Fenster, nachdem Sie eine Eigenschaftszeile markiert haben. Die Größe des Bereichs dafür können Sie über die Maus regeln. Führen Sie den Mauszeiger auf die Trennlinie, bis sich ein Doppelpfeil zeigt. Verschieben Sie dann die Maus.

Welche Eigenschaften wichtig sind, muss individuell entschieden werden. Einige werden Sie häufig variieren wollen, andere werden Sie vielleicht nie benutzen. Wenn Sie eine Eigenschaft ändern wollen, klicken Sie zunächst auf die Zeile mit dem Namen der Eigenschaft. Legen Sie dann einen Wert für die Eigenschaft fest. Eine Anzeige in fetter Schrift weist darauf hin, dass die Standardeinstellung für das aktuelle Element geändert wurde – also nicht mehr die Eigenschaften des Elternformulars aus `System.Windows.Forms` besitzt.

> **Tipp**
>
> Wenn Sie Änderungen am Formular vornehmen, zeigt ein Sternchen hinter dem Namen in einer dieser Registerlaschen wie üblich an, dass Änderungen in der entsprechenden Datei durchgeführt, aber noch nicht gespeichert wurden.

Die Darstellung des Formulars regeln

Unter der Überschrift *Darstellung* finden Sie eine Reihe von Eigenschaften, über die Sie die Darstellung – also das optische Erscheinungsbild – des Formulars festlegen können.

- Über *BackColor* regeln Sie die Hintergrundfarbe des Formulars. Sie hier können zur Einstellung der Farbe über ein Fenster arbeiten, das die Wahl zwischen den durch die Systemsteuerung des Anwenders festgelegten Systemfarben, Webfarben und festen benutzerdefinierten Farben ermöglicht. Über *Custom* festgelegte Farben bleiben konstant. Bei Wahl einer Farbe aus dem Bereich *System* ändert sich diese, wenn die Anwendung später auf einem Rechner mit anderen Einstellungen läuft.

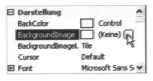

- Sie können über *BackgroundImage* ein Hintergrundbild für das Formular festlegen. Dazu klicken Sie auf die Schaltfläche mit den drei Punkten und navigieren zum Speicherort der Datei. Legen Sie dort den Dateinamen durch Auswahl der gewünschten Datei fest. Auf Details zu diesem Dialogfeld werden wir noch eingehen.

- Auch die Form, die der Mauszeiger annehmen soll, wenn er in einem oder auf das Formular bewegt wird, können Sie ändern. Dazu verwenden Sie die Eigenschaft *Cursor* im Bereich *Darstellung* des Fensters *Eigenschaften*.

- Die Eigenschaft *FormBorderStyle* bestimmt die Darstellung des Formularrands. Diese beeinflusst die Darstellung der Titelleiste und legt fest, welche Schaltflächen darin angezeigt werden. Alle verfügbaren Rahmenstile, mit Ausnahme der Einstellung None, bieten auf der rechten Seite der Titelleiste ein Schließfeld. Je nachdem, welchen Rahmenstil Sie auswählen, verfügt die Titelleiste über die Felder *Minimieren* und *Maximieren*. Zusätzlich zur Änderung der Rahmendarstellung für ein Formular verhindern bestimmte Rahmenarten ein Ändern der Größe des Formulars zur Laufzeit.

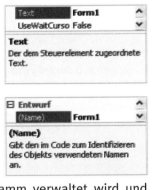

- Standardmäßig hat das Formular den Namen *Form* zusammen mit einer angehängten Zahl – beispielsweise *Form1*. Bei einer eigenen Anwendung werden Sie diesen Namen durch eine aussagekräftige Beschreibung des Formularinhalts ersetzen wollen. Dabei müssen Sie darauf achten, dass es zwei Eigenschaften gibt, die mit dem Namen etwas zu tun haben. Die Eigenschaft *Text* im Bereich *Darstellung* betrifft nur den in der Titelleiste angezeigten Namen. Die Eigenschaft *(Name)* im Bereich *Entwurf* betrifft den Namen, unter dem das Element im Programm verwaltet wird und angesprochen werden muss.

Den Fensterstil beeinflussen

Über die Eigenschaften in der Gruppe *Fensterstil* können Sie wichtige Dinge festlegen, die den Fensterstil – also die Funktionalität des Fensters – betreffen.

- Nachdem Sie einen Rahmenstil ausgewählt haben, der für das Formular die Schaltflächen *Minimieren* und *Maximieren* vorsieht, können Sie darüber hinaus festlegen, ob nur eine oder beide Schaltflächen aktiviert sein sollen. Setzen Sie dazu die Eigenschaften *MinimizeBox* und/ oder *MaximizeBox* entweder auf `true` oder `false`. Abhängig von der festgelegten Eigenschaft wird die entsprechende Schaltfläche jetzt zwar angezeigt, ist aber nicht aktiviert. Dies empfiehlt sich, wenn Sie den Umfang der Benutzeraktionen genau umreißen möchten. Die Schaltflächen sind standardmäßig aktiviert.

- Außerdem können Sie in diesem Bereich mit der Eigenschaft *ControlBox* festlegen, ob das Formular ein Systemmenüfeld haben soll. Die Eigenschaft *Icon* legt das Symbol für ein Formular fest. Dies wird auch angezeigt, wenn das Formular minimiert wird.

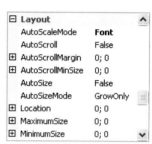

- Wenn das Formular zur Laufzeit in der Taskleiste des Betriebssystems als eigenständiges Element angezeigt werden soll, sorgen Sie dafür, dass die Eigenschaft *ShowInTaskbar* auf `true` gesetzt ist.

Das Layout des Formulars ändern

Im Bereich *Layout* des Fensters *Eigenschaften* finden Sie diverse Elemente, die sich zum großen Teil auf die anfängliche Lage und Größe des Formulars zur Laufzeit beziehen.

- Klicken Sie auf die *Size*-Eigenschaft und geben Sie durch ein Komma getrennte Werte für die Höhe und Breite ein. Nach dem Erweitern der *Size*-Eigenschaft durch einen Klick auf den Knoten mit dem kleinen Pluszeichen können Sie die Werte für *Width* und *Height* auch einzeln festlegen.

> **Tipp**
>
> Wahrscheinlich ist es aber einfacher, das Einstellen der Größe direkt im Fenster *Entwurf* über die Maus vorzunehmen: Klicken Sie auf das Formular und ziehen Sie einen der acht Ziehpunkte, die an den Rändern des Formulars angezeigt werden. Sobald Sie auf einen Ziehpunkt zeigen, verwandelt sich der Mauszeiger in einen Doppelpfeil. Um die Formulargröße noch präziser zu ändern, verwenden Sie die Pfeiltasten bei gedrückter Taste ⇧.

- Über die Eigenschaften *MaximumSize* und *MinimumSize* legen Sie die maximale und minimale Größe eines Formulars fest, die der Anwender zur Laufzeit einstellen kann.
- Durch Angaben von Werten für die Eigenschaft *Location* können Sie die Position festlegen, an der das Formular auf dem Computerbildschirm angezeigt wird. Genau genommen wird die Position der oberen linken Formularecke in Pixel festgelegt. Beachten Sie aber, dass Bildschirmgröße und Bildschirmauflösung je nach dem System des Benutzers häufig Unterschiede aufweisen können.
- Sie können außerdem die *StartPosition*-Eigenschaft festlegen. Die Standardeinstellung für eine Windows-Anwendung lautet `WindowsDefaultLocation`. Das Betriebssystem erhält dadurch die Anweisung, die beste Position des Formulars unter Berücksichtigung der Hardwareausstattung beim Start zu berechnen.

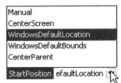

Wenn Sie ein Formular gezielt positionieren wollen, legen Sie die *StartPosition*-Eigenschaft des Formulars auf `Manual` fest. Geben Sie dann für die *Location*-Eigenschaft durch ein Komma getrennte Werte ein, um das Formular zu positionieren. Der *X*-Wert entspricht dabei dem Abstand vom linken und der *Y*-Wert dem Abstand vom oberen Rand des Anzeigebereichs.

Ein kleines Beispiel

Um die Arbeit nicht zu trocken werden zu lassen, sollten Sie die neuen Erkenntnisse gleich in einer kleinen Übung austesten. Benutzen Sie dazu die gerade geöffnete Windows-Anwendung. Ändern Sie dann die Eigenschaften des Formulars:

1 Geben Sie dem Formular über die Eigenschaft *Text* im Bereich *Darstellung* einen anderen Namen, ändern Sie seine Farbe über die Eigenschaft *BackColor* und deaktivieren Sie unter *Fensterstil* die Anzeige der *Minimieren*- und der *Maximieren*-Schaltflächen.

2 Führen Sie anschließend einen Probelauf durch und kontrollieren Sie das Ergebnis. Ihre Änderungen sollten auch zur Laufzeit angezeigt werden.

3 Beenden Sie den Testlauf, indem Sie auf die *Schließen*-Schaltfläche im Formular klicken. Sie können auch zurück zum Fenster des Editors wechseln und *Debuggen beenden* im Menü *Debuggen* wählen.

Ihre Änderungen in den Eigenschaften werden innerhalb der Subroutine *InitializeComponent ()* am Ende des Codes zum Formular vermerkt. Sie können dort auch editiert oder gleich direkt festgelegt werden.

> **Tipp**
>
> Wenn Sie mehrere Formulare mit denselben Eigenschaften ausstatten wollen, können Sie mit der Methode der visuellen Vererbung arbeiten. Dabei können Sie die Eigenschaften in einem Basisformular festlegen und diese an andere Formulare vererben. Dazu erstellen Sie ein Basisformular und kompilieren es in eine Klassenbibliothek. Diese Klassenbibliothek importieren Sie in ein anderes Projekt und erstellen ein neues Formular, das von dem Basisformular erbt.

Die Ereignisbehandlung

Jetzt kommen wir zum eigentlich interessantesten Teil der Arbeit mit einem Formular – der *Ereignisbehandlung*. Wir haben diesen Begriff schon im vorherigen Kapitel kurz angesprochen. Ereignisse ermöglichen es einem Objekt, anderen Elementen mitzuteilen, dass etwas geschehen ist. Ein Ereignis ist eine Aktion; es kann beispielsweise ein Mausklick auf eine bestimmte Stelle sein oder auch nur die Tatsache, dass ein Formular geöffnet wird.

Wenn Sie möchten, dass ein bestimmter Code ausgeführt wird, sobald ein bestimmtes Ereignis eintritt, müssen Sie für dieses Ereignis einen *Ereignisbehandler* erstellen.

Das Öffnen des Formulars

Einen einfachen Einstieg in die Techniken der Ereignisbehandlung bei einem Formular erhalten Sie, indem Sie sich zunächst mit dem Ereignis beschäftigen, das beim Öffnen des Formulars eintritt.

1 Doppelklicken Sie in der Entwurfsansicht auf eine freie Stelle im Formular. Wenn Sie später Elemente in das Formular eingefügt haben, müssen Sie besonders darauf achten, dass Sie eine freie Stelle erwischen. Daraufhin wird das Codefenster für die Ereignisse des Formulars geöffnet.

2 Automatisch wird der Rahmen für eine Subroutine erstellt, deren noch einzugebender Inhalt ausgeführt werden würde, wenn das Formular zur Laufzeit geöffnet wird.

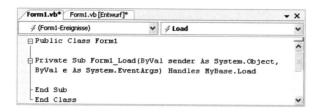

Beispielsweise zeigt ein Doppelklick auf das Formular *Form1* die Routine Pri-vate Sub Form1_Load an. Der Name der Routine ist nicht so wichtig; wenn Sie das Formular umbenannt hätten, würde die Routine jetzt den neuen Namen tragen. Der wichtige Teil dieses Ereignisbehandlers ist der Abschnitt Handles MyBase.Load, der am Ende der Deklaration eingefügt wurde. Diese Anweisung sagt Visual Basic .NET, dass diese Routine der Behandler für das Ereignis des Öffnens dieses Formulars ist.

Weitere Ereignisse bearbeiten

Das Öffnen eines Formulars ist aber nicht das einzige Ereignis, das Ihnen zur Automatisierung zur Verfügung steht. Die für ein Formular auslösbaren Ereignisse beziehen sich einerseits auf Aktionen des Benutzers mit der Maus oder der Tastatur. Sie reagieren damit auf Aktionen, die von Ihnen ausgeführt wurden, beispielsweise ein Klick, Doppelklick, eine Auswahl und die Aufhebung einer Auswahl. Andererseits finden Sie hier eine Vielzahl von Ereignissen, die gesendet werden, wenn sich bestimmte Eigenschaften des Formulars ändern. Eine Liste aller einsetzbaren Ereignisse steht Ihnen im Codefenster zur Verfügung.

1 Wechseln Sie – wenn notwendig – zur Codeansicht des Formulars.

2 Öffnen Sie das Listenfeld *Methodenname*, das rechts oben im Codefenster angezeigt wird.

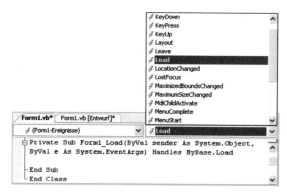

3 Wählen Sie eines der Ereignisse in dieser Liste aus. Wenn Sie beispielsweise *MouseClick* verwenden, erzeugen Sie im Codefenster den Rahmen für eine Subroutine, dessen Inhalt zur Laufzeit ausgeführt wird, wenn das Ereignis eintritt.

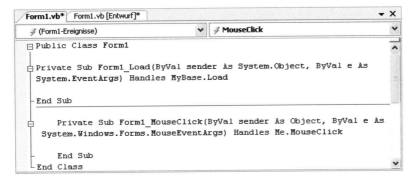

Mausereignisse

Eine Reihe von Ereignissen ist mit der Verwendung der Maus verbunden. Die Kernereignisse sind – wie nicht anders zu erwarten – *Click* und *DoubleClick*. Hier spielt es keine Rolle, welche Maustaste gedrückt wird. Jedes dieser Ereignisse verfügt über einen eigenen Ereignishandler, für den Sie in den Windows-Anwendungen Code schreiben können. Es folgen einige Beispiele:

- *Click* tritt beim Klicken auf das Formular oder ein anderes Steuerelement ein. Entsprechend tritt *DoubleClick* beim Doppelklicken ein.

- *MouseDown* tritt ein, wenn sich der Mauszeiger über dem Formular oder einem anderen Steuerelement befindet und eine Maustaste gedrückt wird. *MouseUp* tritt ein, wenn sich der Mauszeiger über dem Steuerelement befindet und eine Maustaste losgelassen wird.

- *MouseEnter* tritt ein, wenn der Mauszeiger in den Bereich des Formulars oder eines anderen Steuerelements eintritt. Entsprechend tritt *Mouse-Leave* ein, wenn der Mauszeiger den Bereich des Steuerelements verlässt.

Achtung

Mausereignisse treten in einer bestimmten Reihenfolge ein: Wenn Sie den Mauszeiger auf eine Stelle im Formular bewegen, eine Maustaste drücken und wieder loslassen, werden damit nacheinander die Ereignisse *MouseMove*, *MouseDown*, *MouseClick* und *MouseUp* ausgelöst. Bei einem Doppelklick mit der Maustaste werden die Ereignisse in der Reihenfolge *MouseMove*, *MouseDown*, *Click*, *DoubleClick* und *MouseUp* ausgelöst.

Ein einfaches Beispiel

In einem einfachen Beispiel werden Sie dafür sorgen, dass ein Formular in einer animierten Form geöffnet und bei einem Mausklick darauf wieder geschlossen wird. Sie finden dieses Beispiel unter *WindowsApplication1* auf der Begleit-CD.

1 Erstellen Sie eine neue Windows-Anwendung. Wenn Sie schon ein sonst noch leeres Formular auf dem Bildschirm haben, können Sie auch dieses dafür benutzen.

2 Doppelklicken Sie in der Entwurfsansicht auf eine freie Stelle im Formular. Daraufhin wird das Codefenster für die Ereignisse des Formulars geöffnet und der Rahmen für das Ereignis Form_Load angezeigt.

3 Geben Sie in diesem Rahmen einen Code ein, der dafür sorgt, dass das Formular beim Öffnen von links oben nach rechts unten verschoben wird. Das können Sie erreichen, indem Sie die Eigenschaft *Location* des Formulars innerhalb einer For ... Next-Schleife definieren und das Ergebnis jeweils anzeigen lassen.

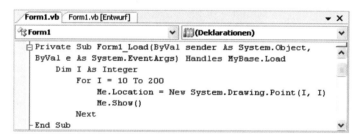

```
Private Sub Form1_Load(ByVal sender As System.Object, _
    ByVal e As System.EventArgs) Handles MyBase.Load
        Dim I As Integer
            For I = 10 To 200
                Me.Location = New System.Drawing.Point(I, I)
                Me.Show()
            Next
    End Sub
```

4 Wählen Sie über die Liste zum Feld *Methodenname* das Ereignis *MouseClick*. Sie erzeugen damit im Codefenster den Rahmen für eine Subroutine, dessen Inhalt ausgeführt wird, wenn zur Laufzeit auf das Formular geklickt wird.

```
Private Sub Form1_MouseClick(ByVal sender As Object, ByVal e _
    As System.Windows.Forms.MouseEventArgs) Handles Me.MouseClick
        Me.Close()
    End Sub
End Class
```

5 Geben Sie innerhalb dieses Rahmens einen Code ein, der das Formular schließt.

6 Lassen Sie das Projekt ausführen. Drücken Sie die Taste [F5] oder klicken Sie auf die Schaltfläche zum Starten des Debuggings und testen Sie die Wirkung aus.

Mehrere Formulare benutzen

Fast zum Abschluss dieses Kapitels wollen wir noch auf den Fall eingehen, in dem eine Windows-Anwendung mehrere Formulare benutzt. Das wird wahrscheinlich bei vielen der Anwendungen der Fall sein, die Sie später erstellen werden. In solchen Fällen müssen Sie zunächst ein neues Formular erstellen.

1 Wählen Sie den Befehl *Windows Form hinzufügen* im Menü *Projekt*. Sie können auch im Kontextmenü zum Namen des Projekts im *Projektmappen-Explorer* zunächst *Hinzufügen* und dann *Windows Form* wählen.

2 Im anschließend angezeigten Dialogfeld wählen Sie als Typ des Elements die Option *Windows Form*. Sie können dem Element gleich einen speziellen Namen geben oder es bei der Voreinstellung belassen.

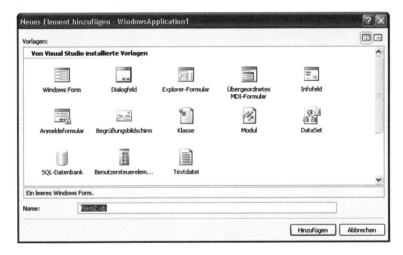

3 Bestätigen Sie anschließend durch einen Klick auf *Hinzufügen*. Das neu eingefügte Formular wird im *Projektmappen-Explorer* angezeigt und auch gleich im Entwurf geöffnet.

> **Achtung**
>
> Wenn Sie ein schon vorhandenes Formular aus einer gespeicherten Anwendung übernehmen wollen, benutzen Sie den Befehl *Vorhandenes Element hinzufügen*. Navigieren Sie im Dialogfeld zu dem gewünschten Projektmappenordner, wählen Sie darin das Formular und öffnen Sie es.

Wenn Sie Projekte mit mehreren Formularen erstellen, müssen Sie darauf achten, dass das jeweils gewünschte Formular beim Starten des Projekts angezeigt wird.

1 Um dieses auszuwählen, doppelklicken Sie innerhalb des *Projektmappen-Explorers* auf *My Project*. Sie können auch den Befehl *WindowsApplication ...-Eigenschaften* im Menü *Projekt* benutzen.

2 Wählen Sie dann im neu angezeigten Fenster die Registerkarte *Anwendung*.

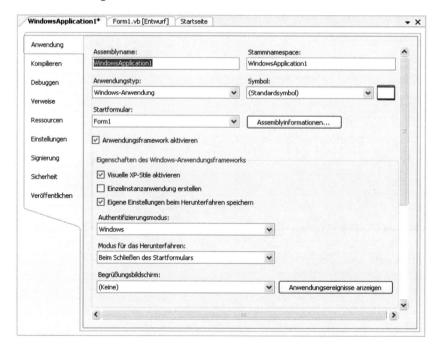

3 Der Wert, den Sie kontrollieren müssen, heißt *Startformular*. Die Einstellung bestimmt, welches Formular – oder welcher andere Code – ausgeführt wird, wenn das Projekt gestartet wird.

4 Anschließend können Sie dieses Fenster wieder schließen. Die gewählten Einstellungen werden für das Projekt vermerkt.

Eine kleine Erfolgskontrolle

Wie Sie an den etwas einfachen Beispielen in diesem Kapitel sehen konnten, erlaubt die Beschäftigung mit einem Formular als Hintergrund noch nicht allzu viele Aktionen. Das wird sich ändern, wenn Sie – wie im folgenden Kapitel beschrieben – einzelne Steuerelemente auf diesem Hintergrund ansiedeln. Unsere Erfolgskontrolle fällt darum hier recht kurz aus. Beantworten Sie die folgenden Fragen:

- Wie erstellen Sie eine Windows-Anwendung?
- Welche Formen der Ansicht kennen Sie für ein Formular?
- Was verstehen Sie unter den Eigenschaften eines Formulars?
- Nennen Sie einige wichtige Ereignisse für die Arbeit mit Formularen.

Das lernen Sie in diesem Kapitel neu:

Kapitel 8

Steuerelemente

Die im vorigen Kapitel vorgestellten Formulare erhalten erst dann einen Sinn, wenn Sie sie mit Elementen versehen, die einem Benutzer erlauben, darüber eine Interaktion mit dem Programm durchzuführen. Für diese Zwecke werden die so genannten Steuerelemente *verwendet, die Ihnen im Fenster* Toolbox *zur Verfügung stehen. In diesem Kapitel werden wir Ihnen die jeweils wichtigsten Elemente für verschiedene Aufgaben – wie die Anzeige von Daten, die Auswahl von Optionen, kombinierte Werkzeuge und Elemente für bestimmte Aufgaben – vorstellen.*

> **Hinweis**
>
> Weitere Steuerelemente, die sich im Wesentlichen auf die Optik und Ver-
> haltensweise ganzer Programmoberflächen und die Verbindung zu
> Datenbanken beziehen, finden Sie in den folgenden Kapiteln.

Wenn Sie es nicht schon getan haben, dann öffnen Sie jetzt die *Express Edition*
von *Microsoft Visual Basic 2005* wieder.

Steuerelemente hinzufügen

Viele der in der *Toolbox* aufgeführten Steuerelemente werden wir anschließend noch intensiv durchsprechen. Zunächst geht es hier aber darum, zu wissen, wie man Steuerelemente in ein Formular einfügt und welche Hilfsmittel für
eine optisch ansprechende Anordnung und Bearbeitung zur Verfügung stehen.
Diese Techniken sind im Prinzip für alle Typen von sichtbaren Steuerelementen
identisch.

> **Tipp**
>
> Um ein Steuerelement aus der *Toolbox* in ein Formular einfügen zu kön-
> nen, muss das Formular im Entwurf angezeigt werden. Wird stattdessen
> der Code des Formulars angezeigt, zeigt die Toolbox dasselbe Verhalten
> wie bei einer Konsolenanwendung: Sie eignet sich nur zur Ablage.

Einfügen

Zum Einfügen arbeiten Sie am einfachsten durch Verschieben über die Maus:

1 Erstellen Sie eine neue Windows-Anwendung. Sie können zum Austesten der Verfahrensweise auch ein bereits geöffnetes Formular verwenden.

2 In der Standardeinstellung der Fenster ist die *Toolbox* noch geschlossen.
Bewegen Sie den Mauszeiger auf die angezeigte Lasche. Das Fenster wird angezeigt.

3 Wenn die einzelnen Bereichsknoten der *Toolbox* noch geschlossen sind, öffnen Sie den gewünschten, indem Sie auf das Pluszeichen klicken. Der ausgewählte Bereich wird dann geöffnet und seine Inhalte werden angezeigt. Wenn Sie gerade nur Steuerelemente aus einem bestimmten Bereich bearbeiten, können Sie die Anzeige der sonstigen ausblenden, um die Übersicht in der *Toolbox* zu erhöhen.

4 Sie klicken das gewünschte Steuerelement an, um es auszuwählen. Drücken Sie dann nochmals die Maustaste, halten Sie sie gedrückt und ziehen Sie das Element in das Hauptfenster. Sie sehen ein Symbol für das Steuerelement, während Sie die Maus über das Formular bewegen. Lassen Sie die Maustaste los, wenn Sie den Mauszeiger an die gewünschte Position bewegt haben.

Tipp

Außerdem können Sie noch andere Methoden verwenden, ein Steuerelement aus der *Toolbox* in ein Formular zu übertragen:

- Sie klicken das Element doppelt an. Dadurch wird das Element in der oberen linken Ecke des Formulars hinzugefügt. Anschließend können Sie das Element zum gewünschten Ort verschieben.
- Sie wählen das Element durch einen einfachen Klick aus und bewegen dann den Mauszeiger auf das Formular. Der Mauszeiger wird zu einem Fadenkreuz mit einem angehängten Symbol. Im Formular können Sie das Steuerelement gleich in der gewünschten Größe aufziehen.

Die Verwendung jeder dieser Methoden führt zum gleichen Ergebnis: Das Steuerelement wird auf dem Formular platziert.

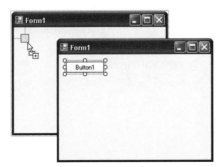

Der Großteil dieser Steuerelemente ist nach dem Einfügen auf dem Formular sichtbar, wenn Sie Ihr Projekt später ausführen. Darin liegt ja auch der Sinn dieser Elemente. Außerdem gibt es aber auch noch andere Steuerelemente, die in mancher Hinsicht den regulären Steuerelementen gleichen, außer dass sie zur Laufzeit keine sichtbare Schnittstelle auf dem Formular anzeigen. Diese Steuerelemente haben trotzdem Eigenschaften, Methoden und Ereignisse und sollen eine einfache modulare Möglichkeit bieten, besondere Funktionalität zu einem Formular hinzuzufügen. Wenn Sie ein solches Steuerelement in das Formular einfügen, wird es in einem neuen Abschnitt – dem so genannten *Komponentenfach* – der IDE angezeigt. Darauf werden wir gegen Ende dieses Kapitels und in den folgenden noch zu sprechen kommen.

> **Tipp**
>
> In jeder Gruppe der *Toolbox* finden Sie als ersten Eintrag den *Zeiger*. Dabei handelt es sich nicht um ein Steuerelement; durch Anklicken dieses Elements kehrt der Mauszeiger zu seiner üblichen Funktion zurück. Sie können ihn dann wieder zum Markieren einsetzen.

Anzeige im Code

Alle so eingefügten Steuerelemente finden Sie auch im Code zum Formular vermerkt. Sie können sie dort kontrollieren und sich auch einige Hinweise zur Einstellung der Eigenschaften im Code anschauen:

1 Lassen Sie nach dem Einfügen eines Steuerelements den Code zum Formular anzeigen, indem Sie *Code* im Menü *Ansicht* oder *Code anzeigen* aus dem Kontextmenü zum Formular wählen.

2 Im Codefenster wählen Sie im Listenfeld *Methodenname* den schon aus dem vorherigen Kapitel bekannten Bereich *Initialize-Component*. Navigieren Sie dann im Code etwas tiefer. Beachten Sie, dass zu allen Steuerelementen bereits bestimmte Standardeigenschaften gesetzt wurden.

Ausrichten

Damit die Fenster Ihrer Windows-Anwendung auch wirklich schön aussehen, werden Sie wahrscheinlich einen größeren Arbeitsaufwand in das Ausrichten der Steuerelemente auf der Formularfläche investieren müssen. Dabei können Ihnen einige Hilfswerkzeuge der IDE von Nutzen sein.

Achtung

Wenn Sie in der Standardeinstellung des Programms arbeiten, werden Sie beim Einfügen oder späteren Verschieben eines Steuerelements bemerken, dass es sich nicht an jede beliebige Stelle im Formular bewegen, sondern nur in bestimmten Abständen platzieren lässt. Verantwortlich dafür sind einige Eigenschaften, die Sie über das Dialogfeld zum Befehl *Optionen* im Menü *Extras* einstellen können. Wählen Sie in diesem Dialog die Seite *Allgemein* unter *Windows Forms-Designer*: Wenn hier *SnapToGrid* eingeschaltet ist, können Sie die Größe und Lage von Steuerelementen nur so wählen, dass deren Ränder auf einer Rasterlinie liegen. Über *GridSize* können Sie die Abstände der Rasterlinien einstellen. *ShowGrid* bewirkt, dass das Raster zur Entwurfszeit angezeigt wird, was die Arbeit erleichtern kann.

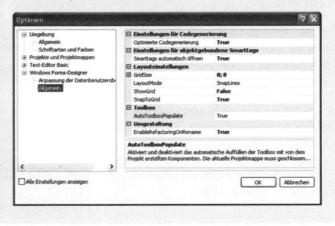

Beachten Sie, dass beim Einfügen eines Steuerelements Hilfsstriche auf dem Formular angezeigt werden. Diese helfen Ihnen bei der Positionierung.

1 Beim ersten Einfügen eines Elements symbolisieren Ihnen zwei kleine Striche, mit deren Hilfe Sie das erste Steuerelement in der oberen linken Ecke so anbringen können, dass es der Optik einer typischen Microsoft Windows-Anwendung entspricht.

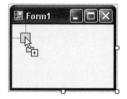

2 Wenn Sie nach dem Einfügen eines ersten Elements zusätzliche Steuerelemente hinzufügen, helfen diese Striche Ihnen auch, das neue einzufügende Steuerelement bündig zu den bereits vorhandenen zu positionieren.

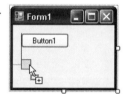

3 Einmal eingefügte Elemente können Sie natürlich später auch verschieben. Auch hierbei werden Hilfsstriche – teilweise in unterschiedlicher Farbe – angezeigt. Sie sollten damit etwas experimentieren, um die Bedeutung dieses Werkzeugs besser kennen zu lernen.

Außerdem helfen Ihnen die Schaltflächen der Symbolleiste *Layout* beim Ausrichten mehrerer Steuerelemente aneinander.

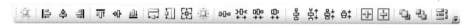

4 Bevor Sie diese Schaltflächen nutzen können, müssen Sie aber zuerst mindestens zwei Steuerelemente ausgewählt haben. Halten Sie dazu die Taste [Strg] gedrückt, während Sie alle auszuwählenden Elemente einzeln anklicken, oder ziehen Sie über die Maus um die gewünschten Elemente einen Rahmen. Dieser Rahmen muss die Elemente nur berühren. Beachten Sie, dass nach der gemeinsamen Auswahl immer eines der Elemente aktiv ist. Das aktive Element erkennen Sie an den schwarzen Punkten in der Umrandung.

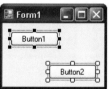

5 Anschließend klicken Sie auf eine geeignete Schaltfläche der Symbolleiste. Wenn Sie beispielsweise *Links ausrichten* benutzen, werden alle Steuerelemente am linken Rand des aktiven Elements ausgerichtet. Eine vertikale Bewegung findet nicht statt.

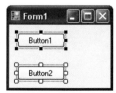

Typische Eigenschaften von Steuerelementen

Nachdem Sie nun wissen, wie man Steuerelemente in das Formular einfügt und darin anordnet, ist es Zeit, sich etwas mit den grundlegenden Eigenschaften dieser Steuerelemente zu beschäftigen. Welche Eigenschaften Sie für ein Steuerelement festlegen können, ist teilweise abhängig vom Typ des Steuerelements. Es gibt jedoch eine Reihe von Eigenschaften, die Sie für fast alle Typen auf dieselbe oder zumindest ähnliche Form festlegen können. Dazu gehören beispielsweise Größe und Lage, die Namensgebung, die Schriftart, die Farben usw. Damit wollen wir uns zuerst beschäftigen.

Steuerelement auswählen

Um sicherzustellen, welches Steuerelement bearbeitet werden soll, müssen Sie dieses zuerst markieren.

1 Zum Markieren eines einzelnen Steuerelements reicht es aus, wenn Sie es mit der Maustaste anklicken. Welches Steuerelement gerade angewählt ist, erkennen Sie an den acht um das Steuerelement herum gruppierten Ziehpunkten.

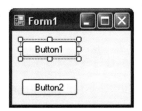

2 Oft ist es einfacher, zum Auswählen eines Elements das Listenfeld im oberen Bereich des Fensters *Eigenschaften* zu verwenden. Hier werden die momentan vorhandenen Objekte im aktiven Editor bzw. Designer angezeigt.

> **Tipp**
>
> Sie können aber auch – wie eben beschrieben – mehrere Steuerelemente gemeinsam markieren und damit auch gemeinsam bearbeiten. Dabei stehen Ihnen im Fenster *Eigenschaften* aber nur die Eigenschaften zur Verfügung, die die Elemente gemeinsam haben.

Die wichtigsten Eigenschaften

Bei der Mehrzahl der Steuerelemente wird nach dem Einfügen im Entwurf eine kleine Schaltfläche mit einer Pfeilspitze angezeigt. Wenn Sie auf dieses Element klicken, öffnet sich eine Liste, in der die wichtigsten Eigenschaften zu diesem Steuerelement aufgeführt sind. Sie können diese hierüber einstellen oder ändern, ohne das Fenster *Eigenschaften* bemühen zu müssen, dessen Vielfalt manchmal etwas verwirrend sein kann.

Die Anzahl der hierüber einstellbaren Eigenschaften variiert aber erheblich: Bei einem einfachen Steuerelement vom Typ *TextBox* finden Sie hier nur die Option *MultiLine*. Wenn Sie diese Option aktivieren, bewirken Sie, dass das Steuerelement seinen Inhalt in mehreren Zeilen anzeigen kann. Bei etwas komplizierteren Steuerelementen finden Sie hier bedeutend mehr Eigenschaften.

Größe und Lage

Ein Großteil der Arbeiten beim Erstellen eines Formulars besteht im Ändern von Größe und Lage der Steuerelemente. In der Praxis werden Sie diese beiden Parameter abwechselnd ändern, bis Sie ein Ihren Wünschen entsprechendes Layout erhalten haben. In allen Fällen müssen Sie das Steuerelement zuerst markieren. Im Allgemeinen werden Sie Größe und Lage eines Steuerelements direkt über die Maus ändern:

- Zum Ändern der Größe setzen Sie den Mauszeiger auf einen der acht Ziehpunkte und verschieben ihn in die gewünschte Richtung.

- Um ein Steuerelement zu verschieben, bewegen Sie den Mauszeiger auf das Steuerelement, bis ein Vierfachpfeil angezeigt wird. Verschieben Sie dann das Steuerelement bei gedrückt gehaltener Maustaste. Lassen Sie an der Zielstelle die Maustaste wieder los.

- Außerdem können Sie im Bereich *Layout* unter den *Eigenschaften* des gerade markierten Steuerelements über die Unterpunkte *Location* und *Size* die Lage und die Größe festlegen. Um Änderungen durchführen zu können, müssen Sie die jeweiligen Knoten vor diesen Eigenschaften zunächst öffnen. Anschließend können Sie für *X*, *Y*, *Width* und *Height* andere Werte eingeben.

> **Tipp**
>
> Da alle Änderungen, die Sie im Fenster *Eigenschaften* oder im Entwurf durchführen, auch automatisch im Code vermerkt werden, können Sie die Änderungen dort auch direkt durchführen.

Namen

Da Sie beim Schreiben von Code auf die Steuerelemente und deren Attribute mit den Steuerelementnamen zugreifen, sollten Sie sicherstellen, dass jedes Steuerelement einen aussagekräftigen Namen hat. Das ist besonders dann notwendig, wenn Sie es in einem Formular mit mehreren Steuerelementen desselben Typs zu tun haben. Wie beim Ändern des Namens eines Formulars müssen Sie darauf achten, dass es zwei Eigenschaften gibt, die mit dem Namen etwas zu tun haben. Die Eigenschaft *Text* im Bereich *Darstellung* betrifft nur den auf der Schaltfläche angezeigten Namen. Die Eigenschaft *(Name)* im Bereich *Entwurf* betrifft den Namen, unter dem das Element im Programm verwaltet wird und angesprochen werden muss. Ihre Änderungen werden im Code vermerkt.

Formate

In der Grundeinstellung werden die Werte von Eigenschaften, die das Format eines Steuerelements betreffen – also im Wesentlichen die Eigenschaften in der Gruppe *Darstellung* mit Ausnahme von *BackgroundImage* –, von den für das Formular vorgenommenen Einstellungen übernommen. Haben Sie beispielsweise die Eigenschaft *BackColor* für das Formular auf Red gesetzt, erscheinen auch die Steuerelemente im Formular in dieser Farbe. Sie können also diese Eigenschaften für alle Steuerelemente im Formular gemeinsam ändern, nachdem Sie vorher das Formular als Ganzes markiert haben. Das gilt allerdings nur für Steuerelemente, deren Eigenschaft Sie nicht schon individuell geändert haben.

- Das Format der im Steuerelement angezeigten Schrift regeln Sie über die Eigenschaften, die nach dem Öffnen des Knotens vor der Gruppe *Font* angezeigt werden. Die Ergebnisse Ihrer Einstellungen werden auch in der Eigenschaft *Font* zusammenfassend dargestellt. Über die Schaltfläche mit den drei Punkten in dieser Zeile können Sie das von anderen Windows-Anwendungen her bekannte Dialogfeld *Schriftart* anzeigen lassen und die gewünschten Einstellungen dort vornehmen. Abweichungen vom Standard werden – wie üblich – im Code vermerkt.

- Die in einem Steuerelement verwendeten Farben können Sie über die Eigenschaften *ForeColor* und *BackColor* festlegen. Die Techniken dazu entsprechen den schon im vorigen Kapitel für das Formular vorgestellten. Auch hier werden Änderungen im Code angegeben.

- Auch die Form, die der Mauszeiger annehmen soll, wenn er in einem oder auf das Steuerelement bewegt wird, können Sie ändern. Dazu verwenden Sie die Eigenschaft *Cursor* im Bereich *Darstellung* des Fensters *Eigenschaften*.

Ereignisbehandlung

Der interessanteste Teil der Arbeit mit Steuerelementen auf der Oberfläche des Formulars ist sicherlich wieder die Ereignisbehandlung. Immer wenn der Anwender mit dem Steuerelement etwas tut – beispielsweise eine Schaltfläche anklickt oder einen Wert in ein Textfeld eingibt –, wird das als *Ereignis* bezeichnet. Wenn Sie möchten, dass ein bestimmter Code ausgeführt wird, sobald ein bestimmtes Ereignis eintritt, müssen Sie für dieses Ereignis einen *Ereignisbehandler* erstellen. Die Prinzipien dafür entsprechen denen, die Sie bereits von dem vorherigen Kapitel her kennen.

Ein häufiges Ereignis, das mit Code behandelt werden sollte, ist das Anklicken einer Schaltfläche in Ihrem Formular. Es wird das Ereignis `Click` zum Steuerelement genannt.

1 Markieren Sie das Steuerelement, zu dem Sie einen Ereignisbehandler schreiben wollen. Doppelklicken Sie dann auf das Steuerelement.

2 Damit wechseln Sie in das Codebearbeitungsfenster und zu der verantwortlichen Subroutine – beispielsweise zu `Private Sub Button1_Click`, wenn Sie auf die Schaltfläche *Button1* doppelt geklickt haben. Der Name der Routine ist wiederum nicht so wichtig; wenn Sie die Schaltfläche umbenannt hätten, würde die Routine jetzt den neuen Namen tragen. Der wichtige Teil dieses Ereignisbehandlers ist der Abschnitt `Handles Button1.Click`, der am Ende der Deklaration eingefügt wurde. Diese Anweisung sagt Visual Basic .NET, dass diese Routine der Ereignisbehandler für das Ereignis *Click* ist.

3 Wenn Sie wünschen, dass beim Klicken auf die Schaltfläche Code ausgeführt wird, setzen Sie diesen zwischen die Zeilen `Private Sub` und `End Sub` ein. Soll ein Klick auf die Schaltfläche beispielsweise das Formular schließen, verwenden Sie `Me.Close()`.

Wollen Sie diesen Code später korrigieren, können Sie auch wieder von der Entwurfsansicht des Formulars durch einen Doppelklick auf das Steuerelement schnell zur entsprechenden Stelle der Codeansicht gelangen.

> **Tipp**
>
> Wenn Sie mit mehreren Steuerelementen im Formular arbeiten, sollten Sie möglichst früh darangehen, diese mit Namen zu versehen, die eine spätere Identifikation ihrer Wirkung einfacher macht. Beachten Sie nochmals, dass es zwei Eigenschaften gibt, die mit dem Namen etwas zu tun haben. Es empfiehlt sich, eine Änderung der Namen durchzuführen, bevor Sie die Subroutine für eine Ereignisbehandlung durch einen Doppelklick auf das Element erstellen. Nur so stellen Sie sicher, dass der Name des Elements auch automatisch im Namen der Subroutine verwendet wird. Wenn Sie die Änderung erst später durchführen, wird der Name zwar automatisch im wichtigsten Teil der Deklarationszeile – dem Teil `Handles Button1.Click` – geändert, der Name der Subroutine im Bereich `Private Sub Button1_Click` bleibt aber derselbe.

Wie schon von den Formularen als Hintergrundelement her bekannt, ist das Ereignis *Click* nicht das einzige, für das Sie einen Behandler schreiben können. Um einen Behandler für ein anderes Ereignis als *Click* zu formulieren, gehen Sie wie folgt vor:

4 Wenn die Codeansicht noch nicht angezeigt wird, markieren Sie das Formular oder das gewünschte Steuerelement im Entwurf und wählen *Code* im Menü *Ansicht* oder drücken [F7]. Das Codefenster wird angezeigt.

5 Wählen Sie im Listenfeld *Klassenname* links oben im Codefenster das Steuerelement, zu dem Sie einen Ereignisbehandler
schreiben möchten. Alle vorhandenen Steuerelemente werden
hier aufgelistet.

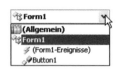

6 Wählen Sie dann im Listenfeld *Methodenname* rechts oben
im Fenster das Ereignis, zu dem Sie einen Behandler schreiben
wollen. Wollen Sie beispielsweise erreichen, dass etwas passiert,
sobald der Anwender zur Laufzeit den Mauszeiger über das Steuerelement bewegt, verwenden Sie das Ereignis *MouseHover*. Sie
könnten hier auch beispielsweise *KeyPress* wählen. Damit würden Sie den Fall ansprechen, in dem der Benutzer eine Taste
drückt, während das Steuerelement den Fokus besitzt.

7 Automatisch wird der Rahmen für eine Subroutine erstellt,
deren Inhalt zur Laufzeit ausgeführt wird, wenn das Ereignis eintritt.

Die Liste der möglichen Ereignisse ist für die meisten Typen von Steuerelementen recht lang. Auf die wichtigsten Ereignisse zu den einzelnen Steuerelementen werden wir in den nachfolgenden Ausführungen eingehen.

> **Tipp**
>
> Wenn Sie mehrere Ereignisbehandler nacheinander schreiben wollen,
> können Sie – anstatt zum Entwurfsfenster zurückzugehen und ein Steuer-
> element doppelt anzuklicken – direkt im Codefenster zu der Ereignisbe-
> handlungsroutine `Click` gehen. Wählen Sie zunächst den Objektnamen
> – beispielsweise `Button1` – aus der ersten Dropdown-Liste im Feld *Klas-
> senname* auf der linken Seite über dem Codeeditor und dann das
> gewünschte Ereignis – beispielsweise `Doubleclick` – aus dem zweiten
> Dropdown-Menü im Feld *Methodenname* aus.

Textfelder und Schaltflächen

Welche Steuerelemente Sie in einem Formular verwenden, hängt natürlich von den gewünschten Aufgaben ab. Zwei Typen von Steuerelementen werden Sie wahrscheinlich vordringlich einsetzen: das sind die für Textfelder und Schaltflächen im Formular – *TextBox* und *Button*. Diese beiden wollen wir zunächst etwas intensiver behandeln und anschließend gleich einige Beispiele für ihren Einsatz liefern.

Schaltflächen mit Button

Sie haben es wahrscheinlich schon gemerkt: Das Steuerelement *Button* fügt eine Schaltfläche in das Formular ein. Zur Laufzeit können Sie später eine Aktion durch einen Klick darauf bewirken. Die Schaltfläche, auf die geklickt wird, sieht dabei aus, als ob sie wie ein Knopf gedrückt und wieder losgelassen wird.

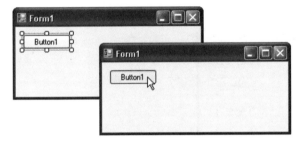

Beim Klicken auf eine Schaltfläche zur Entwurfszeit wird ein Rahmen für den Behandler des Ereignisses *Click* erstellt. Andere Ereignisbehandler können Sie wie oben beschrieben erstellen.

Beachten Sie aber auch die folgenden speziellen Eigenschaften zu diesem Steuerelement: Die wesentlichsten für den alltäglichen Gebrauch dieser Schaltfläche finden Sie im Bereich *Darstellung* des Fensters *Eigenschaften*:

- Der auf der Schaltfläche angezeigte Text ist in der Eigenschaft *Text* enthalten. Wenn der Text zu lang für die Schaltfläche ist, wird er in die nächste Zeile umbrochen. Sie können dann die Größe des Steuerelements über die Maus ändern, wenn der Text in einer Zeile gezeigt werden soll.

- Mit der Eigenschaft *BackgroundImage* können Sie ein Bild hinzufügen. Darauf werden wir noch zu sprechen kommen.

- Die Darstellung des Inhalts – also die Formatierung des Textes – wird durch die Eigenschaften *Font* und *TextAlign* gesteuert.

Tipp

Wenn die Schaltflächen – oder andere Steuerelemente – auch über die Tastatur anzuwählen sein sollen, können Sie sie mit Zugriffstasten versehen. Wenn der Anwender zur Laufzeit eine solche Taste zusammen mit der Taste [Alt] drückt, hat das denselben Effekt, als würde er auf die entsprechende Schaltfläche drücken. Standardmäßig werden solche Zugriffstasten unterstrichen angezeigt. Bei einem Steuerelement bewirken Sie eine solche Anzeige, indem Sie das Et-Zeichen (&) im Feld für die Eigenschaft *Text* unmittelbar vor den gewünschten Buchstaben setzen. Die gewünschte Funktionalität wird damit automatisch hinzugefügt.

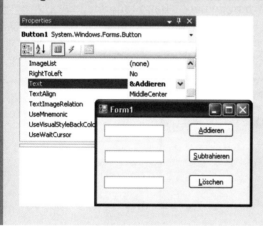

Textfelder mit TextBox

Das zweite wichtige Steuerelement ist die *TextBox*. Es dient zur Anzeige und Eingabe von Daten während der Laufzeit. Das Steuerelement enthält standardmäßig eine einzelne Textzeile, die 2048 Zeichen aufnehmen kann. Zur Laufzeit bietet eine *TextBox* automatisch ein einfaches Kontextmenü, über das der Anwender Funktionen wie *Ausschneiden*, *Kopieren* oder *Einfügen* nutzen kann.

Standardmäßig ist ein Steuerelement vom Typ *TextBox* zur Laufzeit leer und es werden keine Bildlaufleisten angezeigt. Beachten Sie aber die zusätzlichen Möglichkeiten zur Änderung des Verhaltens.

- Wenn Sie einen standardmäßigen Voreintrag – beispielsweise ⬚Nachname eine Eingabeaufforderung wie `Nachname` – in der Textbox wün- schen, geben Sie diesen über die Eigenschaft *Text* im Bereich *Darstellung* ein. Wollen Sie erreichen, dass das Steuerelement anfangs leer angezeigt wird, geben Sie hier keinen Wert ein.

- Sie können dafür sorgen, dass dem Benutzer bei der Eingabe ⬚xxxxxxxx während der Laufzeit statt einzelner Buchstaben nur Platzhal- terzeichen – beispielsweise Sternchen – angezeigt werden. Das eignet sich beispielsweise zur Eingabe eines Kennworts. Dazu legen Sie für die *Pass- wordChar*-Eigenschaft im Bereich *Verhalten* des Steuerelements ein bestimmtes Zeichen fest.

- Sie können eine *TextBox* auch schreibgeschützt gestalten. Dazu setzen Sie die *ReadOnly*-Eigenschaft des Steuerelements auf `true`. Dann kann der Benutzer weiterhin einen bereits angezeigten Text markieren, es sind jedoch keine Änderungen möglich.

- Die Darstellung des Inhalts – also die Formatierung des Textes ⬚Eva im Steuerelement – wird durch die Eigenschaften *Font* und *TextAlign* im Bereich *Darstellung* gesteuert. *Font* regelt das Zeichenformat, *TextAlign* die Ausrichtung.

- Das Element kann durch das Setzen der Eigenschaft *MultiLine* ⬚Das ist ein längerer Text im Bereich *Verhalten* auf `True` mehrzeilig gestaltet werden. Nachdem Sie diese Änderung vorgenommen haben, können Sie die Höhe des Elements über die Maus vergrößern. Solche mehrzeiligen Textfelder können bis zu 32 Kbyte Text aufnehmen. Zur Laufzeit kann der Benutzer durch Drücken von ⏎ mehrere Absätze erzeugen.

- Sie können im Textfeld auch Bildlaufleisten anzeigen lassen. Die Anzeigen von Bildlaufleisten regeln Sie über den für die *ScrollBars*-Eigenschaft im Bereich *Darstellung* gesetzten Wert. *Horizontal* erzeugt eine waagerechte Leiste, *Vertical* eine senkrechte und *Both* beide Formen. Die Leisten werden zur Laufzeit erst aktiv, wenn der eingegebene Text lang genug ist.

- Optional können Sie über die *MaxLength*-Eigenschaft im Bereich *Verhalten* festlegen, wie viele Zeichen in das Textfeld eingegeben werden können. Sobald die maximale Länge überschritten wird, gibt das System einen Signalton aus und das Textfeld nimmt keine weiteren Zeichen mehr auf.

Wie bei allen Steuerelementen können Sie diese und andere Eigenschaften auch während der Laufzeit der Anwendung durch einen entsprechenden Code einstellen lassen:

- Beispielsweise können Sie die Eigenschaft *Text* über eine Codezeile definieren – beispielsweise mit `TextBox1.Text = "Hallo!"`. Genauso können Sie auch den Wert einer Variablen in einer TextBox anzeigen lassen – etwa mit `TextBox1.Text = Variable1`. In vielen Fällen werden Sie in einer *TextBox* aber Ergebnisse anzeigen lassen, die etwas komplizierter sind.

- Den aktuellen Inhalt eines Textfelds können Sie zur Laufzeit durch Auslesen der *Text*-Eigenschaft über eine Zeile wie `Variable2 = TextBox1.Text` abrufen und einer Variablen zuweisen.

Mit dem in den vorherigen Abschnitten erlernten Wissen können wir bereits einige Beispiele abarbeiten. Wir werden uns dabei auf die Steuerelemente *Button* und *TextBox* in ihrer einfachsten Form beschränken und diese Beispiele finden Sie wegen ihrer Einfachheit nicht auf der Begleit-CD.

Einen Text anzeigen lassen

Beginnen wir mit einem ganz einfachen Beispiel: Ein Klick auf eine Schaltfläche soll einen Text in einer *TextBox* anzeigen lassen:

1 Erstellen Sie eine neue Windows-Anwendung und fügen Sie dem Formular ein Steuerelement vom Typ *TextBox* und eines vom Typ *Button* hinzu.

2 Doppelklicken Sie im Entwurf auf das Symbol für das Steuerelement *Button*. Sie erstellen damit den Rahmen für die Behandlung des Ereignisses *Click*.

3 Geben Sie eine Codezeile ein, die zur Laufzeit den Text Hallo in der *TextBox* anzeigt.

4 Testen Sie die Anwendung. Klicken Sie zur Laufzeit auf die Schaltfläche. Der Text wird in der *TextBox* angezeigt.

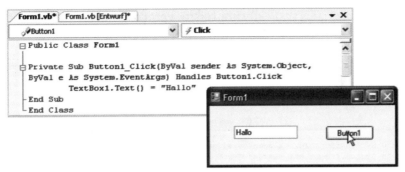

5 Wechseln Sie zurück zur IDE und beenden Sie die Ausführung.

Tipp

Sie können alternativ auch mehrere `Click`-Ereignisse mit nur einer Prozedur behandeln. Beispielsweise könnten Sie dem Code in der Subroutine eine weitere Zeile mit `TextBox2.Text = "Wie geht's?"` hinzufügen. Voraussetzung ist natürlich die Existenz einer *TextBox2* im Formular.

Das Change-Ereignis nutzen

Im nächsten Beispiel wollen wir das *Change*-Ereignis demonstrieren. Das ist das Standardereignis bei einer *TextBox*; es tritt ein, wenn Sie den in einem Textfeld angezeigten Text ändern.

1 Erstellen Sie eine neue Windows-Anwendung oder benutzen Sie die aus dem vorherigen Beispiel und löschen Sie die vorhandenen Steuerelemente darin. Fügen Sie dem Formular ein Steuerelement vom Typ *TextBox* hinzu.

2 Doppelklicken Sie im Entwurf auf das Symbol für das Steuerelement. Sie erstellen damit den Rahmen für die Behandlung des Ereignisses *Change*.

3 Geben Sie eine Codezeile ein, die zur Laufzeit dafür sorgt, dass nach dem Versuch der Änderung des Textes im Feld automatisch Dieser Text darf nicht geändert werden! in das Feld geschrieben wird. In Ihrer Praxis werden Sie das Ereignis aber wahrscheinlich dazu benutzen, etwas kompliziertere Aktionen auszuführen.

4 Testen Sie auch diese Anwendung. Klicken Sie zur Laufzeit in die *TextBox* und versuchen Sie, einen beliebigen Text einzugeben.

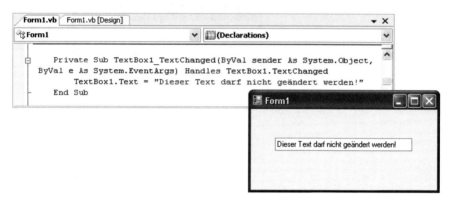

5 Wechseln Sie zurück zur IDE und beenden Sie die Ausführung wieder.

Ein Additionsrechner

Um die Ansprüche etwas zu steigern, wollen wir in einem dritten Beispiel einen einfachen Additionsrechner bauen. Der Anwender soll zwei Zahlenwerte in zwei Textfeldern TextBox1 und TextBox2 eingeben können. Wenn er auf eine Schaltfläche Button1 klicken, sollen diese beiden Zahlen addiert und das Ergebnis soll in einem dritten Textfeld TextBox3 angezeigt werden.

1 Erstellen Sie eine neue Windows-Anwendung oder benutzen Sie die aus dem vorherigen Beispiel und löschen Sie das vorhandene Steuerelement darin. Fügen Sie dem Formular drei Steuerelemente vom Typ *Text-Box* und eines vom Typ *Button* hinzu.

2 Doppelklicken Sie im Entwurf auf das Symbol für das Steuerelement *Button*. Sie erstellen damit den Rahmen für die Behandlung des Ereignisses *Click*.

3 Erstellen Sie einen Code, der die Eingaben in den Textfeldern *TextBox1* und *TextBox2* abfragt, addiert und im Textfeld *TextBox3* anzeigt. Wenn Sie sauberen Code schreiben möchten, sollten Sie berücksichtigen, dass Eingaben in eine *TextBox* zunächst als Texte angesehen werden. Bevor Sie sie in einer mathematischen Gleichung benutzen, sollten Sie sie von Zeichenketten in Zahlen konvertieren.

4 Testen Sie auch diese Anwendung. Geben Sie in die beiden ersten Textfelder Zahlenwerte ein und klicken Sie auf die Schaltfläche.

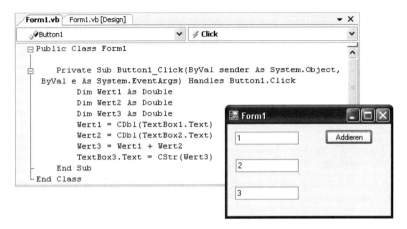

5 Wechseln Sie zurück zur IDE und beenden Sie die Ausführung wieder.

Exkurs zum Konvertieren von Datentypen

Wenn Sie die Umwandlung zu Zahlenwerten nicht durchgeführt hätten, hätte das Programm zwar durch die Deklaration der Variablen als `Double` die Konvertierung implizit durchgeführt – aber nur, solange `Option Strict` auf `Off` gesetzt ist. Ein verkürzter Code – wie etwa nur `TextBox3.Text = TextBox1.Text + TextBox2.Text` – führt zu einem reinen Verknüpfen der eingegebenen Zeichen. Das kann zum Zusammenfügen von Texten sinnvoll sein, addiert wird aber dabei nicht.

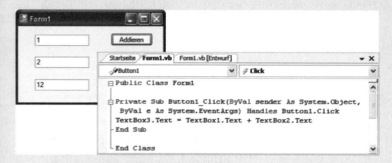

Visual Basic .NET enthält mehrere solcher Schlüsselwörter, die einen Ausdruck in Klammern für den gewünschten Datentyp erzwingen. Sie beginnen alle mit dem Buchstaben `C` (wie im englischen Wort *conversion* – für Umwandlung) und enden mit einer abgekürzten Form des neuen Typs.

- `Cbool` konvertiert einen beliebigen numerischen Typ in den Datentyp `Boolean`.
- `Cbyte` sorgt für eine Umwandlung in `Byte`.
- `Cdate` wandelt in ein Datum um.
- `Cint` liefert aus einem beliebigen Typ den Datentyp `Integer`.
- `CStr` erzeugt aus einem beliebigen numerischen Typ einen Textausdruck.

Zusätzlich gibt es eine generische Umwandlungsfunktion namens `CType`, die in fast jeden Typ umwandeln kann. Für `CType` werden zwei Argumente angewendet. Das erste Argument ist der zu konvertierende Ausdruck, das zweite der Zieldatentyp. Die mit einem Konvertierungsschlüsselwort verwendeten Werte müssen aber für den Zieldatentyp gültig sein. Anderenfalls tritt ein Fehler auf. Wenn Sie beispielsweise versuchen, *Long* in *Integer* zu konvertieren, muss der Wert von *Long* innerhalb des gültigen Bereichs für den *Integer*-Datentyp liegen.

Eine Datei kopieren lassen

Im folgenden etwas anspruchsvolleren Beispiel können Sie eine auf einem Datenträger vorhandene Datei kopieren. Und zwar wurden zwei Textfelder und zwei Schaltflächen in das Formular eingefügt. Die Textfelder wurden mit Quelle und Ziel benannt, die Schaltfläche mit Kopieren. Sowohl die Eigenschaft *Text* als auch die Eigenschaft *Name* wurde entsprechend geändert. Als Ereignisbehandler für die Schaltfläche wurde ein Code eingefügt, der die in Quelle angegebene Datei in die in Ziel angegebene Datei kopiert. Um das zu erreichen, müssen Sie mit den Namensraum System.IO arbeiten. Dieser Namensraum wird standardmäßig nicht verwendet, Sie müssen ihn erst verfügbar machen. Das erreichen Sie, indem Sie oben im Code Ihres Formulars die Anweisung Imports System.IO einfügen. Um eine Datei zu kopieren, können Sie die statische Methode Copy der Klasse *System.IO.File* verwenden, aber Sie benötigen zuerst die Namen der Quell- und der Zieldatei. Um auf den Inhalt eines Textfelds zuzugreifen, benutzen Sie seine Eigenschaft Text und verweisen mit seinem Namen auf das entsprechende Objekt.

Sobald die benötigten Werte in String-Variablen gespeichert sind, kann das tatsächliche Kopieren der Datei stattfinden. Da Copy eine statische Methode der Klasse File ist, müssen Sie keine Instanz erzeugen, sondern können einfach File.Copy aufrufen.

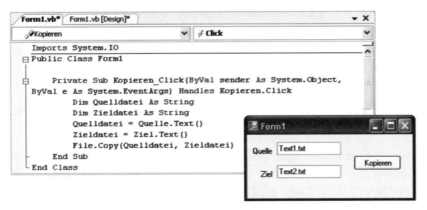

Bei einem professionellen Programm wäre dieser Code aber nicht ausreichend, da noch die passende Fehlerbehandlung hinzugefügt werden muss. Beim Kopieren einer Datei können viele verschiedene Fehler auftreten, die von *Die Zieldatei existiert bereits* bis zu *Nicht genug freier Speicher* reichen. Seien Sie also vorsichtig, wenn Sie dieses Beispiel einsetzen.

Weitere Steuerelemente zur Anzeige

Neben dem schon gerade angesprochenen Steuerelement *TextBox* beinhaltet die *Toolbox* weitere Elemente, mit denen Sie eine Anzeige von Daten bewirken können. Dazu gehören beispielsweise zusätzliche Beschriftungen, Hyperlinks und Bilder.

Beschriftungen mit Label

Das Steuerelement *Label* wird meist zusammen mit anderen Steuerelementen verwenden, um Informationen dazu zu liefern. Sie können damit den für ein Textfeld gewünschten Inhalt beschreiben oder aber auch allgemeine Hinweise zum Gebrauch eines Formulars liefern. Im Allgemeinen werden Sie es als beschreibendes Element vor ein anderes Steuerelement einsetzen. Benutzen Sie gleich beim Einfügen die Hilfsstriche zur Positionierung.

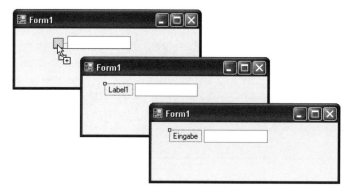

Legen Sie danach den Inhalt des Steuerelements mit *Text* im Bereich *Darstellung* fest. Darüber hinaus können Sie aber auch Code programmieren, durch den der in einem Bezeichnungsfeld angezeigte Text, der zur Laufzeit als Reaktion auf ein bestimmtes Ereignis ausgegeben wird, geändert wird. Sie können beispielsweise Text anzeigen lassen, wenn der Anwender zur Laufzeit auf die Schaltfläche klickt. Mit dieser Technik können Sie die Beschriftungen in Ihren Formularen so gestalten, dass ein Text eingespielt wird, dessen Inhalt von der aktuellen Situation abhängt. Seien Sie aber vorsichtig damit. Die Anzeige eines neuen Textes wird vom Anwender oft nicht bemerkt. Für wichtige Hinweise verwenden Sie besser ein separates Dialogfeld. Dies wird noch Thema in *Kapitel 10* sein.

Tipp

Da das *Label*-Steuerelement keinen Fokus erhalten kann, können mit diesem Steuerelement auch Zugriffstasten für andere Steuerelemente erstellt werden, bei denen zur Laufzeit kein Name angezeigt wird – wie beispielsweise solchen vom Typ *TextBox*. Da der Fokus nicht auf Bezeichnungsfeldern liegen kann, wird er automatisch zum nächsten Steuerelement in der Aktivierreihenfolge verschoben. Sie können dieses Verfahren auch verwenden, um Kombinationsfeldern, Listenfeldern und Datenblättern Zugriffstasten zuzuweisen. Um dem Bezeichnungsfeld eine Zugriffstaste zuzuweisen, verwenden Sie wieder in der *Text*-Eigenschaft des Bezeichnungsfelds das Et-Zeichen – &. Dabei müssen Sie auch auf eine richtige Aktivierreihenfolge achten: Setzen Sie die *TabIndex*-Eigenschaft des Bezeichnungsfelds auf einen Wert, der um 1 niedriger ist als der des anderen Steuerelements. Setzen Sie außerdem die *UseMnemonic*-Eigenschaft des Bezeichnungsfelds auf true.

Hyperlinks mit LinkLabel

Mit dem *LinkLabel*-Steuerelement können Sie in einem Formular ein Bezeichnungsfeld erstellen, das das Aussehen eines Webhyperlinks hat. Grundsätzlich hat dieses Steuerelement dieselben Funktionsmerkmale wie das *Label*-Steuerelement. Im Gegensatz dazu kann der Anwender durch Klicken auf ein solches Element eine Aktion bewirken. Hinsichtlich seiner Funktion steht *LinkLabel* also zwischen *Button* und *Label*.

Das Steuerelement kann an vielfältige Zwecke angepasst werden:

- Beachten Sie die Eigenschaften für die Hyper-
linkfarben. Um darauf hinzuweisen, dass auf
den Text geklickt werden kann, ist es üblich,
ihn mit einer bestimmten Farbe und einer
Unterstreichung zu versehen. Nachdem auf
den Text geklickt wurde, nimmt er eine andere
Farbe an. Mit den Eigenschaften *LinkColor*,
VisitedLinkColor und *ActiveLinkColor* regeln Sie die Farben für den Hyperlink.

- Mit der Eigenschaft *LinkArea* im Bereich *Verhalten* definieren Sie den Text,
über den der Hyperlink aktiviert wird. Es muss nämlich nicht der gesamte
Text unterstrichen dargestellt werden. Über das Dialogfeld zu dieser Eigenschaft können Sie im Text einen Bereich markieren, der nach der Bestätigung als Hyperlink angezeigt wird. Auch Änderungen im Text können Sie
hier durchführen.

- Über die Eigenschaft *LinkBehavior* im Bereich *Verhalten*
können Sie regeln, welche Form der Unterstreichung verwendet werden soll. Sie haben hier die Wahl zwischen
AlwaysUnderline, *HoverUnderline* oder *NeverUnderline*.
Lautet die Einstellung *HoverUnderline*, ist der durch *LinkArea* definierte
Teil der Beschriftung nur unterstrichen, wenn der Mauszeiger darauf posi-
tioniert wird.

Das *LinkClicked*-Ereignis legt fest, welche Aktion erfolgt, nachdem der Hyper-
linktext ausgewählt wurde. Sie erstellen eine Routine dafür, indem Sie zur Entwurfszeit auf das Steuerelement doppelklicken. Sie können beispielsweise mit
Hilfe des *LinkLabel*-Steuerelements eine Webseite im Standardbrowser anzeigen lassen. Dazu starten Sie im Code den Standardbrowser über die `Pro-
cess.Start`-Methode unter Angabe eines URLs. Um die `Process.Start`-
Methode zu verwenden, müssen Sie einen Verweis auf den `System.Diag-
nostics`-Namensraum hinzufügen.

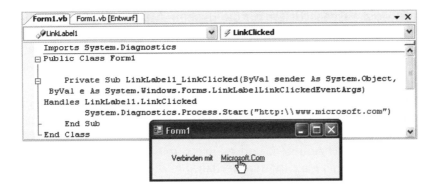

Formatierbarer Text mit RichTextBox

Mit dem Steuerelement *RichTextBox* kann zur Laufzeit formatierbarer Text angezeigt, eingegeben oder bearbeitet werden. Dieses Steuerelement verfügt über dieselben Funktionen wie das *TextBox*-Steuerelement. Zusätzlich können Sie damit Schriftarten, Farben und Links anzeigen, Text und eingebettete Bilder aus einer Datei laden, Bearbeitungsvorgänge rückgängig machen und wiederholen sowie nach bestimmten Zeichen suchen. Im Unterschied zur *TextBox* werden in der Standardeinstellung horizontale und vertikale Bildlaufleisten automatisch angezeigt, wenn der zur Laufzeit eingefügte Inhalt lang genug ist. Außerdem stehen zusätzliche Einstellungen für die Bildlaufleisten zur Verfügung.

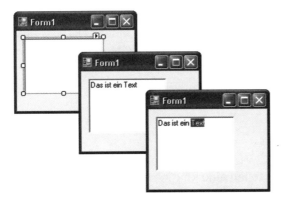

Der standardmäßig angezeigte Text wird – wie üblich – mit der *Text*-Eigenschaft im Bereich *Darstellung* festgelegt. Beachten Sie aber auch die wichtigen zusätzlichen Eigenschaften:

- Den Zeilenumbruch können Sie über die Eigenschaft *WordWrap* steuern. Wenn Sie diese auf true setzen – das ist auch die Standardeinstellung –, erreichen Sie, dass die Breite des Textes automatisch der Breite des Steuerelements angepasst wird. Es wird keine horizontale Bildlaufleiste angezeigt.

- Die Möglichkeiten zur Behandlung von Drag&Drop-Operationen mit dem *RichTextBox*-Steuerelement erfolgen durch Behandlung des *DragEnter*-Ereignisses. Solche Operationen sind mit dem *RichTextBox*-Steuerelement äußerst einfach durchzuführen, und es muss kein Ereignisbehandler für das *DragDrop*-Ereignis geschrieben werden. Um diese Operation zu aktivieren, legen Sie aber die Eigenschaft *EnableAutoDragDrop* des Steuerelements auf true fest.

- In der Standardeinstellung werden horizontale und vertikale Bildlaufleisten angezeigt, wenn der Inhalt es erfordert. Dazu muss die Eigenschaft *MultiLine* auf true festgelegt werden. Wenn *MultiLine* auf false festgelegt ist, werden keine Bildlaufleisten angezeigt. Die Bildlaufleisten können über den für die Eigenschaft *ScrollBars* eingestellten Wert weiter konfiguriert werden.

Durch einen entsprechenden Code können Sie zur Laufzeit interessante Änderungen am Inhalt einer *RichTextBox* vornehmen:

- Im *RichTextBox*-Steuerelement können *Nur-Text-*, *Unicode-Nur-Text-* oder *RTF*-Dateien (*Rich Text Format*) angezeigt werden. Wenn Sie zur Laufzeit eine Datei öffnen wollen, rufen Sie die *LoadFile*-Methode zum Element auf und geben optional einen Dateityp an. Wenn Sie die Methode mit einem Dateinamen als einziges Argument aufrufen, wird von einer *RTF*-Datei ausgegangen. Beispielsweise können Sie über einen Behandler eine Datei C:\Text.txt im Steuerelement anzeigen lassen.

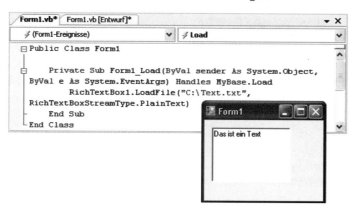

- Über die *SaveFile*-Methode können Sie entsprechend in unterschiedlichen Dateiformaten schreiben. Ein etwas umfangreicheres Beispiel dazu finden Sie später.

- Den Inhalt einer *RichTextbox* können Sie formatieren lassen. Wenn Sie nur einen vorher markierten Teilbereich formatieren lassen wollen, verwenden Sie dafür die Eigenschaft *SelectionFont* des Elements – beispielsweise in einem Ereignisbehandler zu einer Schaltfläche.

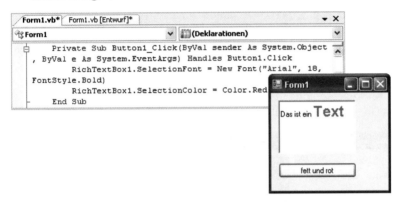

- Sie können die meisten Bearbeitungsvorgänge in einem *RichTextBox*-Steuerelement rückgängig machen oder wiederherstellen, indem Sie die Methode *Undo* und *Redo* aufrufen. Mit der *CanRedo*-Methode ermitteln Sie, ob der letzte rückgängig gemachte Vorgang für das Steuerelement wiederhergestellt werden kann.

Bilder mit PictureBox

Wenn Sie grafische Elemente in ein Formular einfügen wollen, können Sie mit *PictureBox* arbeiten. Angezeigt werden können darin beispielsweise Bilddateien im *Bitmap-*, *GIF-*, *JPEG-*, *Metadatei-* oder *Symbol-Format*.

Nach dem Erstellen eines solchen Steuerelements ist es zunächst noch leer. Das anzuzeigende Bild wird durch die Eigenschaft *Image* im Bereich *Darstellung* bestimmt, die zur Laufzeit oder während der Entwurfszeit festgelegt werden kann.

1 Wenn Sie diese Eigenschaft bereits zur Entwurfszeit festlegen möchten, klicken Sie auf die Schaltfläche mit den drei Auslassungspunkten neben *Image*. Sie können dann im Dialogfeld *Ressource auswählen* über *Lokale Ressource* oder *Importieren* eine Bilddatei öffnen. Beachten Sie die wichtigen Unterschiede zwischen diesen beiden Verfahrensweisen:

- Wenn Sie die Anwendung später auf einem anderen Rechner ausführen lassen wollen, sollten Sie die Bilddatei über die Option *Projektressourcendatei* in das Projekt importieren.
- *Lokale Ressource* empfiehlt sich beispielsweise dann, wenn die Anwendung auf dem Originalrechner bleibt und sich Pfade und Dateinamen ändern werden.

2 In beiden Fällen können Sie durch einen Klick auf die Schaltfläche *Importieren* das Dialogfeld *Öffnen* anzeigen lassen, dort zum entsprechenden Speicherort navigieren und die gewünschte Bilddatei öffnen. Das Bild wird in der Vorschau auf der rechten Seite des Dialogfelds in voller Größe wiedergegeben.

3 Bestätigen Sie den Import abschließend durch einen Klick auf *OK*.

4 Wenn Sie die Option unter *Projektressourcendatei* verwenden, können Sie auch gleich mehrere Bilddateien dem Projekt hinzufügen. Sie finden sie anschließend auch im *Projektmappen-Explorer* angezeigt. Ein Doppelklick darauf öffnet diese standardmäßig in *Microsoft Paint*. Wollen Sie bei mehreren eingefügten Bilddateien die in der *PictureBox* anzuzeigende wechseln, verwenden Sie wieder die Eigenschaft *Image*.

Beachten Sie auf jeden Fall auch andere wichtige Eigenschaften dieses Steuerelements:

- Die Eigenschaft *SizeMode* im Bereich *Verhalten* legt fest, auf welche Weise die Größe von Bild und Steuerelement aufeinander abgestimmt wird. Diese Eigenschaft kann auf Normal (Standard), AutoSize, CenterImage oder StretchImage gesetzt werden. Normal bedeutet, dass das Bild in der oberen linken Ecke des Steuerelements platziert wird. Falls das Bild größer als das Steuerelement ist, werden der untere und der rechte Rand abgeschnitten. CenterImage bedeutet, dass das Bild innerhalb des Steuerelements zentriert wird. Falls das Bild größer als das Steuerelement ist, werden die überstehenden Ränder des Bilds abgeschnitten. AutoSize bedeutet, dass die Größe des Steuerelements an die Bildgröße angepasst wird. StretchImage funktioniert entgegengesetzt, die Bildgröße wird an die Größe des Steuerelements angepasst. Zoom ist meist die beste Alternative und vorzuziehen, wenn die Bilddateien verschiedene Größen haben und vollständig und unverzerrt im Steuerelement angezeigt werden sollen.

- Über die Eigenschaft *BorderStyle* im Bereich *Verhalten* können Sie dafür sorgen, dass ein Rahmen um das Steuerelement gezeichnet wird. Oft wirkt ein solcher Rahmen aber eher störend, da dabei zwischen Rahmen und Bild Ränder auftauchen, wenn deren Größen nicht exakt aufeinander abgestimmt sind.

- Wenn Sie ein Bild, das einer *PictureBox* zugewiesen ist, entfernen möchten, klicken Sie auf den Wert der Eigenschaft *Image* in der Eigenschaftenseite und drücken dann (Entf), oder Sie benutzen wieder das Dialogfeld *Ressource auswählen* und stellen darin die Option (Kein) ein.

Zum Ausprobieren des programmgesteuerten Festlegens von Bildern könnten Sie sich einiger Schaltflächen bedienen, deren *Click*-Ereignis der *PictureBox* die Inhalte bestimmter Dateien zuweist. Wenn Sie die Grafik zur Laufzeit löschen wollen, legen Sie die *Image*-Eigenschaft fest, ohne einen Dateinamen anzugeben – beispielsweise mit PictureBox1.Image = Nothing. Auf diese

Weise wird das Bild selbst dann gelöscht, wenn eine Grafik während der Entwurfszeit in das Steuerelement geladen wurde.

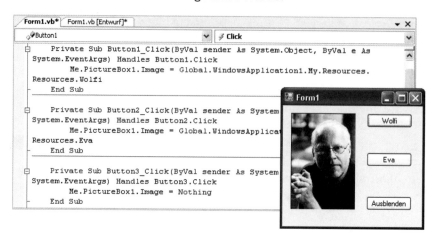

Tipp

Außerdem können Sie zum Einfügen von grafischen Elementen die eben schon angesprochenen Steuerelemente – wie *TextBox*, *Button* usw. – mit einem Bild versehen. Auch hier benutzen Sie die Eigenschaft *Image*.

Rahmenbildende Steuerelemente

Bevor wir uns anschließend mit weiteren Steuerelementen für spezielle Funktionen beschäftigen, wollen wir zunächst einige Worte über solche Elemente verlieren, innerhalb derer Sie weitere Steuerelemente einfügen können. Sie finden diese im Bereich *Container* der *Toolbox*. Besonders interessant sind hierin *GroupBox*, *TabControl* und *Split-Container*.

Panel als Arbeitsfläche

Das Steuerelement *Panel* ist ein recht einfaches Element. Es wird meist dazu verwendet, andere Steuerelemente darauf anzusiedeln. Durch einfache Befehle im Code kann zur Laufzeit eine solche Gruppe – also das Panel mit den darauf vorhandenen Steuerfunktionen – ein- oder ausgeblendet werden.

1 Erstellen Sie eine neue Windows-Anwendung oder verwenden Sie zum Testen die gerade geöffnete.

2 Setzen Sie ein Steuerelement vom Typ *Panel* auf das Formular und stellen Sie seine Größe ein.

3 Platzieren Sie auf dem Panel die Steuerelemente, die Sie wahlweise ein- und ausblenden wollen.

4 Fügen Sie außerhalb des Panels Steuerelemente ein, die das Anzeigen und Ausblenden des Panels regeln, und schreiben Sie den Code für die Ereignisroutinen.

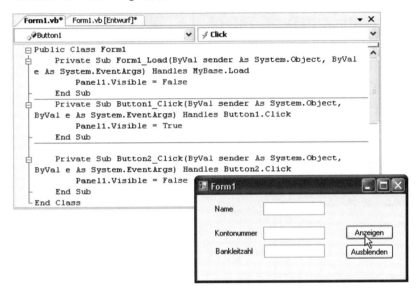

Ob das Panel mit seinen Inhalten beim Starten der Anwendung sichtbar sein soll, können Sie über das Ereignis *Load* des Formulars festlegen.

GroupBox zur Orientierungshilfe

GroupBox-Steuerelemente werden dazu verwendet, weitere Steuerelemente in identifizierbaren Gruppen zusammenzufassen. Normalerweise wird damit ein größeres Formular mit Hilfe von Gruppenfeldern nach Funktionsbereichen unterteilt. Durch das Gruppieren aller Optionen in einem Gruppenfeld erhält der Benutzer eine logische visuelle Orientierungshilfe. Wie man solche Steuerelemente beispielsweise zum Gruppieren von Optionen einsetzt, beschreiben wir etwas weiter unten.

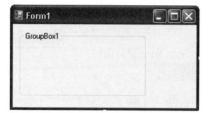

Die Beschriftung des Gruppenfelds wird durch die Eigenschaft *Text* definiert. Zusätzliche Eigenschaften zur Formatierung finden Sie im Bereich *Darstellung*.

Registerkarten mit TabControl

Mit dem Steuerelement *TabControl* im Bereich der *Toolbox* werden mehrere Registerkarten wie Karteireiter in einem Notizbuch oder Reiter in einem Satz von Ordnern einer Ablageregistratur angezeigt. Mit diesem Registerkarten-Steuerelement kann ein mehrseitiges Formular erzeugt werden, wie es an vielen Stellen im Windows-Betriebssystem eingesetzt wird. Die Registerkarten können weitere Steuerelemente enthalten. Dazu müssen Sie die entsprechende Karte im Entwurfsmodus zuerst anzeigen, indem Sie auf das entsprechende Register klicken. Ziehen Sie dann das Steuerelement auf die Seite.

Beachten Sie, dass das Fenster *Eigenschaften* nach dem Einfügen von *TabControl* die Eigenschaften des Steuerelements als Ganzes – nicht einer einzelnen Registerkarte – zeigt. Die wichtigste Eigenschaft darin ist *TabPages* im Bereich *Verhalten*. Darüber legen Sie die Anzahl, die Namen und sonstigen Eigenschaften der einzelnen Registerkarten fest:

1 Nachdem Sie diese Zeile markiert haben, können Sie durch einen Klick auf die Schaltfläche mit den drei Punkten das Dialogfeld *TabPage-Auflistungs-Editor* anzeigen lassen.

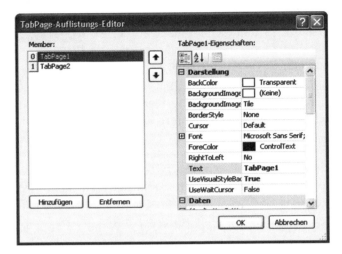

2 Im linken Bereich werden unter *Member* die bereits definierten Registerkarten aufgelistet. Über *Hinzufügen* können Sie eine weitere Registerkarte erstellen, *Entfernen* löscht die aktuell markierte.

3 Über die beiden Schaltflächen mit den Pfeilen können Sie die Reihenfolge der definierten Registerkarten ändern. Markieren Sie vorher zuerst die zu verschiebende Registerkarte.

4 Die Liste der Eigenschaften im rechten Bereich bezieht sich auf die im linken Bereich aktuell gewählte Registerkarte. Über *Text* im Bereich *Darstellung* geben Sie beispielsweise den Text ein, der in der Registerlasche erscheinen soll.

5 Bestätigen Sie eventuelle Änderungen abschließend durch einen Klick auf *OK*.

Sie finden im Fenster *Eigenschaften* zu einem *TabControl*-Steuerelement aber noch andere interessante Eigenschaften:

* Wenn Sie wünschen, dass die Registerkarten die gesamte Fläche des Formulars einnehmen sollen, setzen Sie die Eigenschaft *Dock* im Bereich *Layout* auf `Fill`. Das erreichen Sie, indem Sie nach dem Öffnen des Listenfelds zu dieser Eigenschaft auf die Schaltfläche im Zentrum klicken. Die anderen Optionen in dieser Liste setzen die Registerkarten an die einzelnen Ränder des Formulars.

- Wenn Sie Registerkarten an der Seite des Formulars anordnen wollen, legen Sie die *Alignment*-Eigenschaft im Bereich *Verhalten* auf Left oder Right fest. Sie können sie auch durch Wahl von Bottom unten anzeigen lassen.

- Wenn Sie Registerkarten als Schaltflächen anzeigen lassen wollen, legen Sie die *Appearance*-Eigenschaft im Bereich *Verhalten* auf Buttons oder FlatButtons fest.

- Standardmäßig werden Navigationsschaltflächen links neben den Registerlaschen eingefügt, wenn die zur Verfügung stehende Breite nicht zur Darstellung aller Laschen ausreicht. Um mehrere Reihen von Registerkarten zu erzeugen, fügen Sie zunächst die gewünschte Anzahl von Registerkarten dem Formular hinzu. Legen Sie die *MultiLine*-Eigenschaft der *TabControl* auf true fest. Wenn die Registerkarten noch nicht in mehreren Zeilen angezeigt werden, setzen Sie die *Width*-Eigenschaft der *TabControl* auf einen Wert, der kleiner als die gesamte Breite aller Registerkarten ist.

Jede einzelne Registerkarte stellt ein *TabPage*-Objekt dar. Wenn zur Laufzeit auf eine Registerkarte geklickt wird, wird deren Inhalt automatisch angezeigt. Sie können aber für jede einzelne Registerlasche einen eigenen Ereignishandler schreiben, der sonstige Aktionen auslöst. Dazu doppelklicken Sie – wie üblich – im Entwurf auf die Laschen und fügen den gewünschten Code in dem angezeigten Rahmen für das Click-Ereignis ein.

Teilfenster mit SplitContainer

Wenn Sie ein Formular in der Form des bekannten Windows-Explorers erstellen möchten, verwenden Sie das *SplitContainer*-Steuerelement. Damit teilen Sie die Fläche des Formulars standardmäßig in zwei Bereiche, deren Größe Sie anschließend im Entwurfsmodus über die Maus ändern können. Die Möglichkeit der Größenänderung ist beim Ausführen der Anwendung automatisch verfügbar. Diesen Bereichen können Sie dann weitere Steuerelemente hinzufügen.

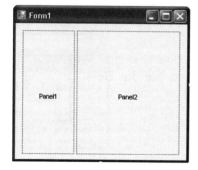

Sie können dem Formular auch mehrere *SplitContainer*-Steuerelemente hinzufügen. Auf diese Weise erhalten Sie größenveränderbare Bereiche innerhalb von Bereichen, wodurch Sie eine Anwendung erstellen können, die ähnlich wie Microsoft Outlook aussieht.

Auswahl von Optionen

Mit Optionsschaltern und Kontrollkästchen werden Einstellungen dargestellt, die entweder ein- oder ausgeschaltet sein können. Wahrscheinlich wissen Sie es bereits: Zwischen diesen beiden Steuerelementtypen besteht standardmäßig ein wesentlicher Unterschied. *Optionsschalter* können nur in Gruppen zu zwei oder mehreren verwendet werden und es kann immer nur ein Optionsschalter in einer Gruppe gleichzeitig ausgewählt sein. Durch das Anklicken wird ein Optionsschalter ausgewählt und die Auswahl des vorher markierten Schalters wird automatisch aufgehoben. *Kontrollkästchen* hingegen werden zwar auch durch Anklicken ein- und ausgeschaltet, aber in einer Gruppe kann eine beliebige Anzahl davon gleichzeitig ausgewählt sein.

Optionen festlegen mit RadioButton

Das Steuerelement *RadioButton* benutzen Sie zum Erstellen von Optionsfeldern. Diese bieten dem Benutzer zwei oder mehr Optionen, die sich gegenseitig ausschließen. Sobald der Benutzer ein Optionsfeld aktiviert, können in derselben Gruppe keine zusätzlichen Optionsfelder aktiviert werden. Damit ein solches Verhalten bereits beim Entwurf automatisch eingerichtet wird, sollten Sie eine gewisse Reihenfolge beachten:

1 Fügen Sie zunächst ein Steuerelement vom Typ *GroupBox* in das Formular ein und dimensionieren Sie es. Benennen Sie diesen Container wie gewünscht. Alle anschließend innerhalb dieser *GroupBox* angesiedelten Elemente bilden zusammen eine Gruppe, da sie alle im gleichen Gruppenfeld enthalten sind.

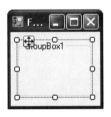

2 Fügen Sie dem Formular Steuerelemente vom Typ *RadioButton* hinzu. Legen Sie diese innerhalb der *GroupBox* ab. Wie viele Sie einfügen, wird durch den Zweck der Anwendung bestimmt. Benutzen Sie jeweils eine für eine der möglichen Alternativen.

3 Im Allgemeinen wird eine der vorhandenen Optionen zur Laufzeit standardmäßig aktiviert sein sollen. Um diejenige festzulegen, markieren Sie das gewünschte Steuerelement und stellen
seine Eigenschaft *Checked* im Bereich *Darstellung* auf True.

Zur Laufzeit wird beim Klicken auf ein *RadioButton*-Steuer-
element dessen *Checked*-Eigenschaft auf true gesetzt. Sobald sich der Wert der Eigenschaft Checked ändert, wird das
CheckedChanged-**Ereignis** ausgelöst. Außerdem wird beim Klicken auf ein
RadioButton-Steuerelement der Click-Ereignishandler für dieses Element
aufgerufen, den Sie für separate Aktionen benutzen können. Um die Wirkungsweise an einem Beispiel zu testen, könnten Sie den Namen des aktiven Radio-
Buttons in einem Textfeld anzeigen lassen.

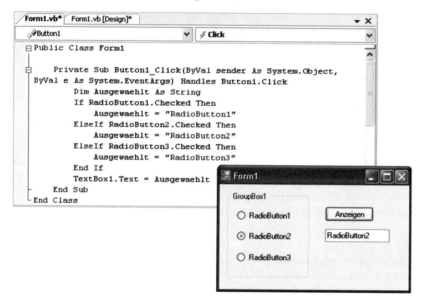

Viele wichtige Eigenschaften können Sie über den Bereich *Darstellung* regeln:

- Der Text innerhalb des Steuerelements wird mit Hilfe der Eigenschaft *Text*
  festgelegt, die zusätzlich Tastenkombinationen für Zugriffstasten enthalten kann.

- Wenn die *Appearance*-Eigenschaft auf *Button* gesetzt ist, kann das *RadioButton*-Steuerelement als Befehls-schaltfläche dargestellt werden. Ein aktiviertes Element wird dabei als gedrückte Schaltfläche angezeigt.
- Mit Hilfe der Eigenschaft *Image* können Optionsfelder mit einem Bild versehen werden.

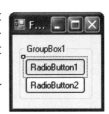

Die *AutoCheck*-Eigenschaft im Bereich *Verhalten* ist standardmäßig auf `true` gesetzt. Wenn das Optionsfeld zur Laufzeit aktiviert wird, werden damit alle übrigen Optionsfelder in der Gruppe automatisch deaktiviert. Diese Eigenschaft wird in der Regel nur auf `false` gesetzt, wenn eine Gültigkeitsüberprüfung mittels Code durchgeführt wird, um sicherzustellen, dass das aktivierte Optionsfeld eine zulässige Option darstellt.

Kontrollkästchen mit CheckBox

Das Steuerelement *CheckBox* ist insofern mit dem eben beschriebenen Steuerelement *RadioButton* vergleichbar, als dass beide Steuerelemente eine Benutzerauswahl ermöglichen. Der Unterschied besteht darin, dass jeweils nur ein Optionsfeld aus einer Gruppe aktiviert werden kann. Bei der *CheckBox* können dagegen beliebig viele Kontrollkästchen aktiviert werden. Verwenden Sie das Steuerelement *CheckBox* also für optionale Einträge. Sie können solche Steuerelemente auch gruppieren, um mehrere Optionen anzuzeigen, aus denen der Benutzer eine oder mehrere auswählen kann.

1 Fügen Sie dem Formular Steuerelemente vom Typ *CheckBox* hinzu. Sie können diese innerhalb der *GroupBox* ablegen, um den Überblick zu verbessern, müssen es aber nicht. Wie viele Steuerelemente Sie einfügen, wird wiederum durch den Zweck der Anwendung bestimmt.

2 Wenn eine der vorhandenen Optionen zur Laufzeit standardmäßig aktiviert sein soll, markieren Sie das gewünschte Steuerelement und stellen seine Eigenschaft *Checked* im Bereich *Darstellung* auf `True`.

3 Legen Sie die in den Steuerelementen anzuzeigenden Texte über ihre Eigenschaft *Text* im Bereich *Darstellung* fest. Dieser Text kann auch Zugriffstasten enthalten.

> **Tipp**
>
> Das anfängliche Erscheinungsbild eines Kontrollkäst-  chens können Sie auch über die *CheckState*-Eigenschaft im Bereich *Darstellung* festlegen. Sie können hierin zwischen `Checked` und `Unchecked` entscheiden. Ist die *ThreeState*-Eigenschaft im Bereich *Verhalten* jedoch auf `true` gesetzt, kann *CheckState* auch auf `Indeterminate` gesetzt werden. Das Steuerelement wird daraufhin zur Laufzeit anfangs mit einem kleinen Quadrat darin dargestellt. Dies weist den Benutzer darauf hin, dass die Option noch nicht bestimmt wurde.

Das Standardereignis dieses Steuerelements ist das *CheckedChanged*-Ereignis. Es wird ausgelöst, wenn der Benutzer den Zustand eines Kontrollkästchens ändert. Innerhalb oder außerhalb eines Behandlers zu diesem Ereignis können Sie beispielsweise über die *Checked*-Eigenschaft abfragen, ob das Steuerelement aktiviert ist. Diese Eigenschaft gibt `true` oder `false` zurück.

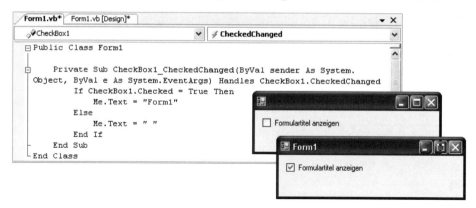

Listen- und Kombinationsfelder

Kommerzielle Windows-Anwendungen verfügen darüber hinaus oft über Steuerelemente, die etwas komplexer sind. Auch diese können Sie mit Visual Basic .NET erstellen.

Listenfelder mit ListBox

Mit dem Steuerelement *ListBox* können Sie eine Liste von Elementen anzeigen, aus denen der Benutzer ein oder mehrere Elemente auswählen kann.

1 Fügen Sie ein Steuerelement vom Typ *ListBox* in das Formular ein. Nach dem Einfügen verfügt es noch über keinerlei Inhalte.

2 Welche Optionen in der Liste angezeigt werden sollen, können Sie festlegen, nachdem Sie die Eigenschaft *Items* im Bereich *Daten* markieren und auf die Schaltfläche mit den drei Punkten klicken. Das öffnet den *Zeichenfolgen-Editor*.

3 Hier geben Sie die Namen der gewünschten Optionen ein. Benutzen Sie eine Zeile pro Option. Um die Reihenfolge in der Liste zu ändern, arbeiten Sie wie in einem normalen Texteditor.

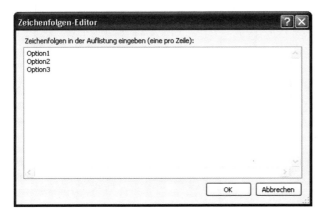

4 Nach der Bestätigung wird die Liste der Optionen in der *ListBox* angezeigt. Wenn nicht alle Elemente bei der eingestellten Größe gleichzeitig angezeigt werden können, wird dem Steuerelement automatisch eine Bildlaufleiste hinzugefügt.

Beachten Sie einige wichtige Eigenschaften im Bereich *Verhalten*:

- Lautet die *MultiColumn*-Eigenschaft `true`, werden die Elemente im Listenfeld in mehreren Spalten angezeigt und eine horizontale Bildlaufleiste wird eingeblendet. Lautet die *MultiColumn*-Eigenschaft `false`, werden die Elemente im Listenfeld in einer einzelnen Spalte aufgeführt.

- Die *SelectionMode*-Eigenschaft legt fest, wie viele Listenelemente gleichzeitig ausgewählt werden können. Zur Laufzeit kann der Anwender mehrere Optionen nacheinander anklicken, solange er die Taste `Strg` gedrückt hält.

Das standardmäßig erzeugte Ereignis ist `SelectedIndexChanged`. Es wird zur Laufzeit aktiviert, wenn Sie die Auswahl in der Liste ändern. Sie können den dazugehörenden Behandler beispielsweise dazu benutzen, die in der *List-Box* gewählte Option abzufragen – beispielsweise über `ListBox1.Selected-Item`.

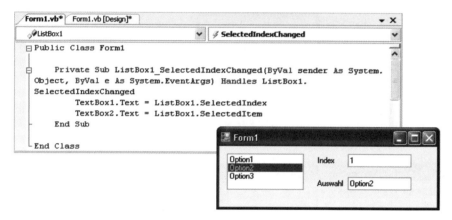

- Wollen Sie statt des Textes der Option deren Index ermitteln, benutzen Sie `ListBox1.SelectedIndex`. Beachten Sie, dass dieser Index mit dem Wert 0 beginnt. `ListBox1.Items.Count` gibt die Anzahl der Listenelemente wieder.

- Sie können das ausgewählte Element programmgesteuert ändern, indem Sie den Wert von *SelectedIndex* im Code modifizieren – beispielsweise mit `ListBox1.SelectedIndex = 3`.

- Um einem *ListBox*-Steuerelement zur Laufzeit Elemente hinzuzufügen bzw. Elemente daraus zu löschen, verwenden Sie die Methode `Items.Add` bzw. `Items.Remove`.

Kombinationslisten mit CheckedListBox

Ein weiteres Listenelement, das Sie sicherlich schon kennen, ist die *Checked-ListBox*. Dieses Steuerelement zeigt – wie das *ListBox*-Steuerelement – eine Liste von Elementen an und kann zusätzlich Häkchen neben Listeneinträgen anzeigen.

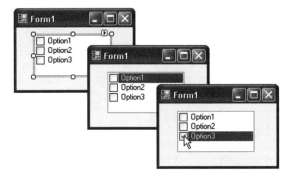

Die Verfahrensweisen zum Arbeiten mit diesem Steuerelement sind im Wesentlichen identisch mit denen für das Element *ListBox*.

Kombinationsfelder mit ComboBox

Das Kombinationsfeld-Steuerelement *ComboBox* kombiniert die Merkmale eines Textfeld-Steuerelements und eines Listenfeld-Steuerelements und besteht aus zwei Teilen. Der obere Bereich ist ein Textfeld, in das der Benutzer ein Listenelement eingeben kann. Der zweite Bereich ist ein Listenfeld mit einer Liste von Elementen, aus denen der Benutzer eines auswählen kann.

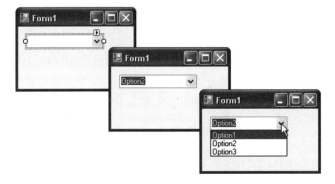

Die Optionen in der Dropdown-Liste können Sie wieder über die Eigenschaft *Items* in der Gruppe *Daten* festlegen. Damit rufen Sie den schon bekannten *Zeichenfolgen-Editor* auf den Bildschirm.

Die üblichen Eigenschaften zum optischen Erscheinungsbild finden Sie in den Bereichen *Darstellung* und *Verhalten*. Sie entsprechen im Wesentlichen denen der Steuerelemente vom Typ *ListBox* oder *CheckedListBox*.

Datums- und Zeitangaben

Mit Hilfe von mehreren Steuerelementen können Sie auf das Systemdatum und die Systemzeit zugreifen und die dort aktuellen Werte verarbeiten.

Datum und Uhrzeit wählen mit DateTimePicker

Das Steuerelement *DateTimePicker* ermöglicht es Benutzern, ein einzelnes Element aus einer Liste mit Datums- und Zeitangaben auszuwählen. Für die Datumsdarstellung besteht es zur Laufzeit aus zwei Teilen: einer Datumsangabe, die als Text dargestellt wird, und einem Datenblatt, das angezeigt wird, wenn Sie auf den Abwärtspfeil neben der Liste klicken. Der Benutzer kann zur Laufzeit Änderungen sowohl im Textfeld als auch im Kalender vornehmen.

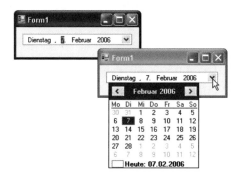

Über zwei Eigenschaften im Bereich *Darstellung* können Sie zusätzliche Verfeinerungen erzeugen:

- Die Werte können in vier Formaten angezeigt werden, die durch die *Format*-Eigenschaft festgelegt werden: `Long`, `Short`, `Time` oder `Custom`. Wenn ein benutzerdefiniertes Format ausgewählt wird, müssen Sie die *CustomFormat*-Eigenschaft auf eine geeignete Zeichenfolge setzen.

- Wenn die *ShowCheckBox*-Eigenschaft auf `true` gesetzt ist, wird im Steuerelement neben dem ausgewählten Datum ein Kontrollkästchen angezeigt. Wenn das Kontrollkästchen aktiviert ist, kann der ausgewählte Wert für das Datum aktualisiert werden. Wenn das Kontrollkästchen leer ist, ist eine Änderung nicht möglich und die Anzeige erscheint in abgeblendeter Form.

- Eine Alternative zum Datenblatt in Form eines Kalenders, die bei der Bearbeitung von Zeitangaben anstelle von Datumsangaben nützlich ist, sind die *Auf-* und die *Ab*-Schaltflächen. Diese Schaltflächen werden angezeigt, wenn die *ShowUpDown*-Eigenschaft auf `true` gesetzt wurde. Bei dieser

Darstellungsform markieren Sie zur Laufzeit zunächst ein Element in der Datumsangabe – beispielsweise den Tag – und benutzen dann die Schaltflächen zur Änderung.

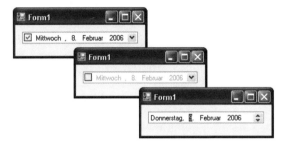

Einige weitere Eigenschaften im Bereich *Verhalten* sind für dieses Steuerelement besonders interessant:

- Die Eigenschaften *MaxDate* und *MinDate* des Steuerelements bestimmen den Bereich für Datum und Uhrzeit.
- Die *Value*-Eigenschaft enthält das aktuelle Datum und die aktuelle Uhrzeit, auf das bzw. die das Steuerelement eingestellt ist.

Ein Kalender mit MonthCalendar

Das Steuerelement *MonthCalendar* zeigt einen Monatskalender an, über dessen Oberfläche der Benutzer Datumsinformationen auswählen kann. Er kann einen anderen Monat oder ein anderes Jahr auswählen, indem er auf die Pfeilschaltflächen in der Titelleiste klickt. Ein Tag kann durch einen Klick auf das Datum im Kalender ausgewählt werden. Auch Datumsbereiche können hiermit markiert werden.

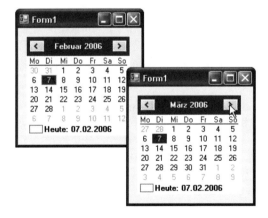

Das Steuerelement hat eine große Anzahl von Eigenschaften, die meisten wirken sich aber darauf aus, wie das Steuerelement angezeigt wird. Einige wichtige davon finden Sie im Bereich *Darstellung*:

- Wenn Sie die *CalendarDimensions*-Eigenschaft festlegen, können Sie mehrere Monate horizontal und vertikal anzeigen lassen. Standardmäßig wird der Sonntag als erster Tag der Woche angezeigt. Mit der *FirstDayOfWeek*-Eigenschaft kann aber auch jeder andere Tag als erster Tag festgelegt werden.

- Sie können auch das Farbschema des Monatskalenders ändern. Legen Sie Eigenschaften wie *TitleBackColor*, *TitleForeColor* und *TrailingForeColor* fest. Mit der *TitleBackColor*-Eigenschaft legen Sie auch die Schriftfarbe für die Wochentage fest. Die *TrailingForeColor*-Eigenschaft bestimmt die Farbe für die Datumsangaben, die dem bzw. den angezeigten Monaten vorangehen oder folgen.

Fast alles, was in dem Steuerelement sichtbar ist, kann angepasst werden – die Farben, ob die Wochentags- oder Monatsnamen abgekürzt werden usw. Beachten Sie dazu die Eigenschaften im Bereich *Verhalten*.

- Standardmäßig wird das aktuelle Datum im Kalender rot umrandet und zusätzlich am unteren Ende des Datenblatts angezeigt. Sie können dieses Merkmal ändern, indem Sie die Eigenschaften *ShowToday* und *ShowTodayCircle* auf `false` setzen. Indem Sie die *ShowToday*-Eigenschaft auf `true` setzen, zeigen Sie das aktuelle Datum am unteren Rand des Steuerelements an.

- Sie können auch Wochenzahlen zum Kalender hinzufügen, indem Sie die *ShowWeekNumbers*-Eigenschaft auf `true` setzen.

- Eine wichtige Schlüsseleigenschaft des Steuerelements ist eigentlich *SelectionRange*, die den im Steuerelement ausgewählten Datumsbereich angibt. Der *SelectionRange*-Wert darf die Höchstzahl der auswählbaren Tage nicht überschreiten, die in der *MaxSelectionCount*-Eigenschaft festgelegt ist.

- Das früheste und das späteste Datum, das vom Benutzer ausgewählt werden kann, wird mit den Eigenschaften *MaxDate* und *MinDate* bestimmt.

Zu den wichtigsten Ergebnissen, die dieser Kalender liefert, gehören `SelectedDate` – mit dem das ausgewählte Datum diesem Steuerelement zurückgegeben wird – und `VisibleDate` – das Datum, das in dem Steuerelement angezeigt wird. Obwohl es sich hierbei meistens um das gleiche Datum wie bei `SelectedDate` handelt, kann es unterschiedlich sein, besonders wenn Sie versuchen, das Datum über Code zu definieren.

Ticks mit Timer

Zum Themenbereich *Datum* und *Uhrzeit* gehört auch das Steuerelement *Timer*. Es kann es Ihnen ermöglichen, Code in bestimmten Zeitintervallen auszuführen. Im Gegensatz zu den bisher in diesem Kapitel besprochenen Steuerelementen wird ein *Timer* nach dem Einfügen nicht auf dem Formular, sondern darunter – im so genannten *Komponentenfach* – angezeigt.

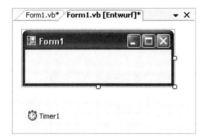

Sie müssen dieses Element dann markieren und seine Eigenschaften setzen:

- Setzen Sie *Enabled* auf `True`, um anzuzeigen, dass das Steuerelement aktiv sein soll. Wenn dieses Steuerelement aktiviert ist, löst es einfach in regelmäßigen Intervallen sein eigenes *Tick*-Ereignis aus. Indem Sie Code in einen Behandler für dieses *Tick*-Ereignis setzen, können Sie jede beliebige Aufgabe in regelmäßigen Abständen ausführen.
- Die Länge der Intervalle wird durch die Eigenschaft *Interval* definiert, deren Wert in Millisekunden angegeben wird.

Durch einen Doppelklick auf das Steuerelement erstellen Sie den Rahmen eines Ereignisbehandlers für das `Tick`-Ereignis. Wenn *Enabled* aktiviert ist, wird das *Tick*-Ereignis bei jedem Intervall ausgelöst. Der Code, den Sie im `Tick`-Ereignisbehandler platziert haben, wird einmal alle `Interval` Millisekunden ausgeführt.

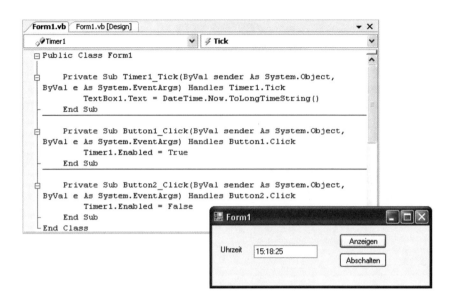

Zusammenfassende Beispiele

Abschließend wollen wir die wichtigsten der in diesem Kapitel vorgestellten Steuerelemente in einigen Beispielen vereinigen. Sie finden diese auch auf der Begleit-CD.

Ein Anmeldeformular

Unser erstes Beispiel, das Sie unter dem Namen *WindowsApplication2* auf der Begleit-CD finden, hat ein Anmeldeformular zum Inhalt:

- Die Anwendung startet mit einem kleinen Formular, in dem der Benutzer seinen Namen und sein Kennwort eingeben und diese Datei durch einen Klick auf *Anmelden* bestätigen kann.

- Hat er als Daten *Bond* und *007* gewählt, wird das Formular vergrößert, andernfalls wird die Anwendung beendet.

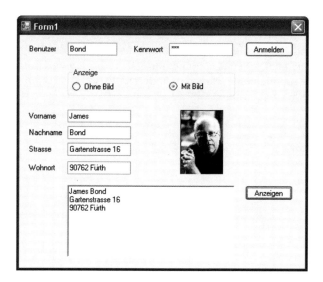

- Im voll angezeigten Formular kann er dann in den Textfeldern links Adressdaten eingeben und diese durch einen Klick auf *Anzeigen* zusammenfassend darstellen lassen. Wenn er die Option *Mit Bild* aktiviert hat, besteht zusätzlich die Möglichkeit, ein Bild aus der Zwischenablage in das Formular zu kopieren.

Wenn Sie dieses Beispiel nachbauen wollen, orientieren Sie sich an den folgenden Schritten:

1 Erstellen Sie eine neue Windows-Anwendung. Stellen Sie im Formular *Form1* die Anzeige der Schaltflächen *Maximieren* und *Minimieren* ab und sorgen Sie dafür, dass das Formular zur Laufzeit vom Benutzer in seiner Größe nicht verändert werden kann.

2 Erstellen Sie für das Ereignis *Load* einen Behandler, der die Maße des Formulars beim Öffnen anfangs auf (375, 50) einstellt.

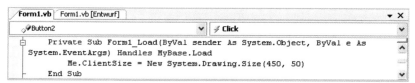

```
Private Sub Form1_Load(ByVal sender As System.Object, ByVal e As
System.EventArgs) Handles MyBase.Load
    Me.ClientSize = New System.Drawing.Size(450, 50)
End Sub
```

3 Fügen Sie dem Formular zwei Steuerelemente des Typs *TextBox* hinzu. Benennen Sie diese mit *Name* und *Kennwort*. Ergänzen Sie diese durch Bezeichnungen mit Hilfe von *Label*-Steuerelementen.

4 Fügen Sie eine Schaltfläche ein, benennen Sie sie mit *Anmelden* und erstellen Sie einen Ereignisbehandler dafür. Dieser soll das Folgende bewirken: Falls der Benutzer vor einem Klicken auf die Schaltfläche in die Textfelder *Name* und *Kennwort* die Eingaben Bond und 007 vorgenommen hat, soll das Formular auf (375, 350)vergrößert werden und so die restlichen Steuerelemente anzeigen. Anderenfalls soll das Formular kommentarlos vom Bildschirm verschwinden.

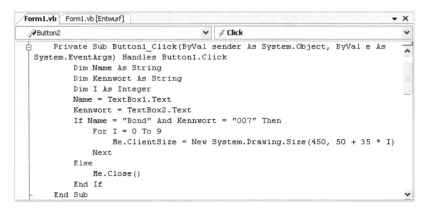

```vb
Private Sub Button1_Click(ByVal sender As System.Object, ByVal e As
System.EventArgs) Handles Button1.Click
    Dim Name As String
    Dim Kennwort As String
    Dim I As Integer
    Name = TextBox1.Text
    Kennwort = TextBox2.Text
    If Name = "Bond" And Kennwort = "007" Then
        For I = 0 To 9
            Me.ClientSize = New System.Drawing.Size(450, 50 + 35 * I)
        Next
    Else
        Me.Close()
    End If
End Sub
```

5 Geben Sie dann die Steuerelemente im unteren Teil des Formulars ein. Beginnen Sie mit vier Textfeldern mit dazugehörenden Listenfeldern. Benennen Sie diese mit *Vorname*, *Nachname*, *Strasse* und *Wohnort*.

6 Fügen Sie außerdem eine *PictureBox* hinzu und nennen Sie diese *Bild*. Stellen Sie die Eigenschaft *SizeMode* auf Zoom. Wenn Sie wollen, können Sie dafür eine Bilddatei auswählen, die angezeigt wird, solange der Anwender noch kein Bild eingefügt hat.

7 Zwei Optionsschaltflächen in der Mitte des Formulars sollen die Möglichkeit schaffen, die *PictureBox* aus- und einzublenden. Beginnen Sie mit dem Einfügen eines Steuerelements vom Typ *GroupBox* und fügen Sie darin zwei *RadioButtons* ein. Nennen Sie diese *Ohne Bild* und *Mit Bild*. Schreiben Sie für die beiden je einen Ereignisbehandler, die die Anzeige der *PictureBox* an- bzw. abschalten. Setzen Sie die Eigenschaft *Checked* des RadioButtons *Ohne Bild* auf True.

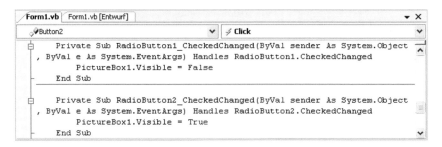

```vb
Private Sub RadioButton1_CheckedChanged(ByVal sender As System.Object
, ByVal e As System.EventArgs) Handles RadioButton1.CheckedChanged
    PictureBox1.Visible = False
End Sub

Private Sub RadioButton2_CheckedChanged(ByVal sender As System.Object
, ByVal e As System.EventArgs) Handles RadioButton2.CheckedChanged
    PictureBox1.Visible = True
End Sub
```

8 Fügen Sie eine *RichTextBox* hinzu, die Sie *Vorschau* nennen. Eine weitere Schaltfläche mit dem Namen *Anzeigen* soll dazu dienen, die Texte in den Eingabefeldern zu einer einzigen Information zusammenzufassen. Schreiben Sie für diese Schaltfläche einen Ereignisbehandler.

9 Testen Sie die Anwendung. Klicken Sie zur Laufzeit auf die Schaltfläche *Anzeigen*.

10 Wechseln Sie zurück zur IDE und beenden Sie die Ausführung.

Ein Rechner

In unserem zweiten Beispiel wollen wir einen Rechner für die Grundrechenarten erstellen. Sie finden diese Anwendung unter dem Namen *WindowsApplication3* auf der Begleit-CD. Der Anwender kann darin zwei Zahlenwerte eingeben und eine Rechenoperation auswählen. Nachdem er auf die Schaltfläche *Rechnen* geklickt hat, wird das Ergebnis angezeigt.

Wenn Sie das Beispiel nachbauen wollen, führen Sie die folgenden Schritte durch:

1 Erstellen Sie eine neue Windows-Anwendung. Fügen Sie dem Formular zwei Steuerelemente vom Typ *TextBox* und zwei vom Typ *Label* hinzu. Nennen Sie sie *Wert1* und *Wert2*.

2 Fügen Sie eine *GroupBox* hinzu und versehen Sie diese mit dem Namen *Rechenart*.

3 In die *GroupBox* setzen Sie vier Elemente vom Typ *RadioButton*, die Sie *Addieren*, *Subtrahieren*, *Multiplizieren* und *Dividieren* nennen.

4 Fügen Sie außerdem eine weitere *TextBox* mit einem dazu gehörenden *Label* – bezeichnet mit *Ergebnis* – und eine Schaltfläche mit dem Namen *Rechnen* hinzu.

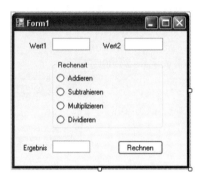

5 Doppelklicken Sie auf die Schaltfläche und erstellen Sie einen Behandler für das Ereignis Click. Dieser Behandler soll in Abhängigkeit von der gewählten Rechenoption im dritten Textfeld das Berechnungsergebnis anzeigen lassen. Stellen Sie auch sicher, dass keine Ausnahme eintritt, wenn durch den Wert 0 dividiert wird.

```
Public Class Form1
    Dim Wert1 As Double
    Dim Wert2 As Double
    Private Sub Button1_Click(ByVal sender As System.Object, ByVal e As
System.EventArgs) Handles Button1.Click
        Wert1 = CDbl(TextBox1.Text)
        Wert2 = CDbl(TextBox2.Text)
        If RadioButton1.Checked Then TextBox3.Text = Wert1 + Wert2
        If RadioButton2.Checked Then TextBox3.Text = Wert1 - Wert2
        If RadioButton3.Checked Then TextBox3.Text = Wert1 * Wert2
        If RadioButton4.Checked Then
            If Wert2 = 0 Then
                TextBox3.Text = "Unzulässig"
            Else
                TextBox3.Text = Wert1 / Wert2
            End If
        End If
    End Sub
End Class
```

6 Testen Sie die Anwendung. Klicken Sie zur Laufzeit auf die Schaltfläche *Rechnen*.

7 Wechseln Sie zurück zur IDE und beenden Sie die Ausführung.

Wenn Sie die Funktionalität des Formulars erweitern wollen, können Sie dies im Behandler festlegenden. Beispielsweise könnten Sie zuerst abfragen lassen, ob der Anwender numerische Werte eingegeben hat.

Eine kleine Erfolgskontrolle

Wie Sie sehen konnten, verfügt Visual Basic .NET über eine Vielzahl von Steuerelementen, mit deren Hilfe Sie einem Formular beibringen können, etwas einigermaßen Sinnvolles zu machen. Welche Sie davon benutzen, hängt von der geplanten Anwendung und manchmal auch von Ihren Vorlieben ab. Auch in den folgenden Kapiteln werden wir uns weiter mit Steuerelementen beschäftigen – dann aber mit solchen, die weniger für das optische Erscheinungsbild des Formulars, sondern vielmehr mit versteckter Funktionalität zu tun haben. Zum Abschluss dieses Kapitels sollten Sie noch einige Fragen beantworten.

- Über welches Fenster fügen Sie einem Formular Steuerelemente hinzu?
- In welchem Codeabschnitt werden die hinzugefügten Elemente vermerkt?
- Wie ändern Sie Größe und Lage eines eingefügten Steuerelements?
- Welche Bedeutungen haben die Eigenschaften *Text* im Bereich *Darstellung* und *Name* im Bereich *Entwurf*?
- Was versteht man unter dem Begriff *Ereignisbehandlung* im Zusammenhang mit Steuerelementen?
- Wozu dient das Steuerelement *Button*, wozu dient *TextBox*?
- Wie gehen Sie vor, wenn Sie eine Gruppe von Optionen in ein Formular einfügen wollen?
- Welches Steuerelement benutzen Sie zur Anzeige eines Datums?

Das lernen Sie in diesem Kapitel neu:

Kapitel 9

Verbindungen zu Datenbanken

Der Nachteil in den bisher gezeigten Beispielen lag darin, dass die in den Steuerelementen eingegebenen Daten verloren gehen, sobald das Programm beendet ist. Das ist in manchen Fällen sinnvoll, in vielen anderen aber nicht. Ein wichtiger Aspekt besteht also darin, die in einem Formular angezeigten Daten so aufzubewahren, dass sie später noch verfügbar sind. Eine einfache Möglichkeit dazu besteht in der Verwendung einer Datenbank im Projekt und damit wollen wir uns in diesem Kapitel beschäftigen.

Wenn Sie es nicht schon getan haben, dann öffnen Sie jetzt die *Express Edition* von *Microsoft Visual Basic 2005* wieder.

Dem Projekt eine Datenbank zuordnen

Wir werden zuerst zeigen, wie man eine bereits vorhandene Access-Datenbank in das Projekt einbindet. Diese sollte eine Tabelle enthalten, die geeignet ist, die entsprechenden Daten aufzunehmen: Wenn Sie beispielsweise die Inhalte von vier Textfeldern in einem Formular in einer Datenbank ablegen wollen, muss die Tabelle auch über vier Felder verfügen, die diese Texteingaben speichern können. Für den Fall, dass Sie über keine geeignete Access-Datenbank verfügen: Sie finden unter *Kontakte.mdb* auf der Begleit-CD eine solche mit vier Textfeldern.

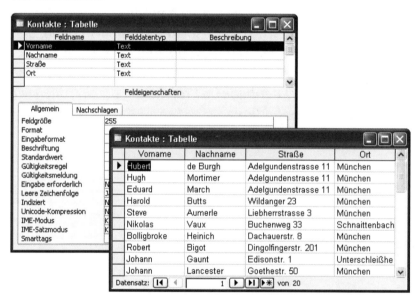

Zum Zuordnen einer solchen Datenbank zu einem *Visual Basic*-Projekt führen Sie die folgenden Schritte durch. Auf der Begleit-CD finden Sie ein Beispiel für das Ergebnis einer solchen Einbindung unter *WindowsApplication4*.

1 Öffnen Sie die Windows-Anwendung, der Sie eine Datenbank zuordnen möchten. Oder erstellen Sie eine neue Anwendung dieses Typs.

2 Wählen Sie im Menü *Daten* den Befehl *Neue Datenquelle hinzufügen*. Damit wird der *Assistent zum Konfigurieren von Datenbanken* gestartet.

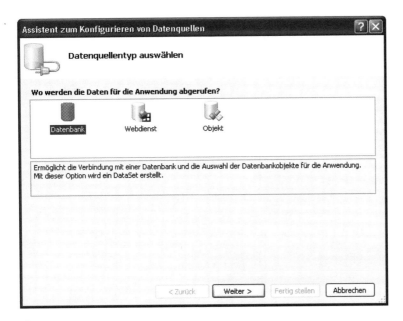

3 Wählen Sie auf der ersten Seite die Option *Datenbank* und klicken Sie auf *Weiter*. Auf der zweiten Seite müssen Sie die Datenverbindung festlegen.

4 Klicken Sie dazu auf die Schaltfläche *Neue Verbindung*. Das Dialogfeld *Verbindung hinzufügen* wird angezeigt. Hierin müssen Sie zunächst angeben, welche Art von Datenbank Sie benutzen wollen. Die Voreinstellung im Feld *Datenquelle* lautet hier *Microsoft SQL Server-Datenbankdatei (SqlClient)*.

5 Wenn Sie – wie wir jetzt – eine Microsoft Access-Datenbank benutzen wollen, klicken Sie auf *Ändern*. Wählen Sie dann im Dialog *Datenquelle ändern* den gewünschten Typ aus. Wählen Sie *Microsoft Access-Datenbankdatei*.

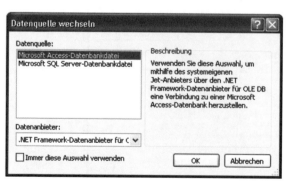

6 Bestätigen Sie Ihre Wahl durch einen Klick auf *OK*. Das Dialogfeld *Verbindung hinzufügen* wird wieder angezeigt. Klicken Sie darin auf *Durchsuchen*.

7 Im Dialogfeld können Sie – wie im wahrscheinlich schon bekannten *Öffnen*-Dialog – zum Speicherort der Datenbank navigieren, die Datei auswählen und öffnen.

8 Durch einen Klick auf *Testverbindung* können Sie die Funktionsfähigkeit der Verbindung testen.

9 Wenn die Testverbindung erfolgreich war, wechseln Sie dann durch Klicks auf *OK* zurück zum Assistenten. Der Pfad zur gewählten Datenbank wird jetzt dort angezeigt.

10 Wechseln Sie dann zur nächsten Seite. Sie können jetzt auswählen, ob Sie in Ihrem Projekt eine Kopie der Datenbank erstellen oder eine Verbindung zur Datenbankdatei an deren aktuellen Speicherort herstellen möchten.

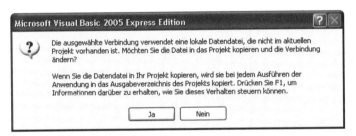

11 Ein Kopieren in das Projekt hat den Vorteil, dass sie später im Zusammenhang mit Ihrer Visual Basic-Anwendung zur Verfügung steht. Im Allgemeinen sollten Sie also über *Ja* bestätigen.

12 Auf der nächsten Seite können Sie festlegen, ob die mit dem vorherigen Schritt festgelegte Verbindungszeichenfolge im Projekt gespeichert werden soll. Ein solches Speichern hat diverse Vorteile und Sie sollten die Voreinstellung *Ja, Verbindung speichern unter* nicht deaktivieren. Wechseln Sie dann zur nächsten Seite des Assistenten.

13 Die letzte Seite zeigt dann die Objekte innerhalb der Datenbank an. Wenn die Datenbank Tabellen enthält, können sie hier angezeigt werden, indem Sie die entsprechenden Knoten öffnen. Aktivieren Sie das Kontrollkästchen vor der Tabelle, die Sie anbinden möchten. Sie können auch einzelne Felder in einer Tabelle auswählen.

14 Klicken Sie abschließend auf *Fertig stellen*, um den Assistenten zu beenden.

Mit der eben beschriebenen Arbeit im Assistenten haben Sie den Verweis auf eine lokale Datenbankdatei zu Ihrem Projekt hinzugefügt. Beachten Sie, dass im Fenster *Projektmappen-Explorer* jetzt zusätzliche Einträge angezeigt werden: Sie finden hier zumindest eine *Data-Set*-Datei, die diesen Verweis beinhaltet und das Projekt über die Struktur der Datenbank informiert. Wenn Sie vorher angegeben hatten, dass im Projekt eine Ko-

pie der Datenbank erstellt werden soll, finden Sie auch diese im *Projektmappen-Explorer* wieder.

Der nächste Schritt besteht darin, die Formularinhalte zur Anzeige der Datenbankfelder zu entwerfen. Darauf werden wir eingehen, nachdem wir das Prinzip des Erstellens einer SQL-Datenbank über die IDE beschrieben haben.

> **Tipp**
>
> Wenn Sie eine vorhandene SQL-Datenbank in das Projekt einbinden wollen, gehen Sie im Prinzip genauso vor wie eben beschrieben. Verwenden Sie aber im Dialogfeld *Verbindung hinzufügen* die Option *Microsoft SQL Server-Datenbankdatei (SqlClient)*. Weitere Hinweise dazu finden Sie weiter unten in diesem Kapitel.

Feldinhalte mit der Datenbank verknüpfen

Nachdem Sie eine Verbindung zu der lokalen Datenbankdatei hergestellt oder eine leere Datenbank in das Projekt integriert haben, besteht der nächste Schritt darin, dafür zu sorgen, dass die Steuerelemente – beispielsweise die Textfelder – im Formular die Inhalte der Felder in der Datenbank anzeigen. Dafür gibt es mehrere Möglichkeiten.

Inhalte in Textfeldern anzeigen lassen

Eine Möglichkeit besteht darin, die Inhalte der einzelnen Felder der Datenbank in separaten Textfeldern anzeigen zu lassen. Die Verfahrensweise dafür wollen wir Ihnen zuerst vorführen.

1 Wenn noch notwendig, fügen Sie zunächst so viele Felder als Steuerelemente vom Typ *TextBox* in das Formular ein, wie Sie zur Anzeige der Felder der Datenbank benötigen. Eine zusätzliche Kennzeichnung der Feldinhalte über Elemente vom Typ *Label* ist natürlich sinnvoll. Sie sollten die Techniken dazu schon vom vorherigen Kapitel her kennen.

2 Öffnen Sie dann für das erste eingefügte Textfeld im Fenster *Eigenschaften* den Knoten *(DataBindings)* im Bereich *Daten*. Sie finden darin mehrere Unterpunkte. Markieren Sie darin die Eigenschaft *Text*. Öffnen Sie das zu dieser Eigenschaft gehörende Listenfeld.

3 Navigieren Sie in der dann angezeigten Struktur über *Weitere Datenquellen*, *Projektdatenquellen*, das *DataSet* usw. bis zum Namen des Datenfelds, das in der gewählten *TextBox* angezeigt werden soll – beispielsweise *Vorname*, wenn Sie das Textfeld mit diesem Datenbankfeld verbinden möchten. Doppelklicken Sie auf diese Feldbezeichnung. Der gewählte Name wird anschließend in der Eigenschaft *Text* vermerkt.

4 Nach dieser Wahl werden automatisch drei Steuerelemente im Komponentenfach angesiedelt – *DataSet*, *BindingSource* und *TableAdapter*. Diese dienen zur Steuerung der Verbindung.

5 Zur Bindung der weiteren Datenfelder an die Felder der Datenbank gehen Sie ähnlich vor, nur wählen Sie hier den Feldnamen unterhalb von *BindingSource*. Wenn Sie – wie eben beschrieben *Weitere Datenquellen*, *Projektdatenquellen*, das *DataSet* usw. zu einem solchen Feld navigieren, würden weitere Steuerelemente vom Typ *DataSet*, *BindingSource* und *TableAdapter* im Komponentenfach angesiedelt werden.

6 Das ist eigentlich schon alles: Sie können einen Testlauf durchführen. Zur Laufzeit werden im Formular die Feldinhalte angezeigt.

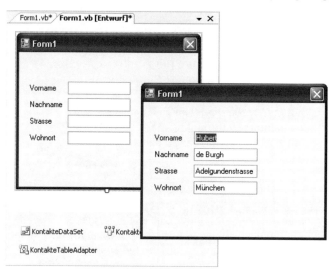

7 Beenden Sie nach dieser Kontrolle die Anwendung durch einen Klick auf die Schaltfläche *Schließen* in der Titelleiste oder beenden Sie das Debugging über die IDE.

Ein dabei automatisch eingefügter Code sorgt dafür, dass die Inhalte der Datenbank in das DataSet kopiert und im Formular wiedergegeben werden. Sie können die Daten dann editieren oder erweitern. Speichern können Sie diese Änderungen noch nicht; darauf werden wir noch eingehen.

```
Form1.vb   Form1.vb [Entwurf]                          ▼ ✕
Form1                            ∨   (Deklarationen)        ∨
     Private Sub Form1_Load(ByVal sender As System.Object,
  ByVal e As System.EventArgs) Handles MyBase.Load
        'TODO: Diese Codezeile lädt Daten in die Tabelle
  "KontakteDataSet.Kontakte". Sie können sie bei Bedarf
  verschieben oder entfernen.
        Me.KontakteTableAdapter.Fill(Me.KontakteDataSet.
  Kontakte)

     End Sub
```

Eine Navigationsleiste benutzen

Wenn Sie das Formular nach den eben beschriebenen Schritten ausführen, werden Sie merken, dass nur der erste Satz der Datenbank angezeigt werden kann. Um weitere Sätze einsehen oder auch um neue anlegen zu können, benötigen Sie ein Werkzeug, das diese Aufgaben für Sie durchführt. Der Einsatz dieses Werkzeugs wurde im Beispiel *WindowsApplication5* realisiert.

1 Öffnen Sie das Projekt mit der vorhandenen Datenbindung. Wenn Sie die Aufgabe selbst nachvollziehen wollen, gehen Sie von *WindowsApplication4* aus. Lassen Sie das darin vorhandene Formular im Entwurf anzeigen.

2 Öffnen Sie die Toolbox und – wenn noch notwendig – den Kno-  ten *Daten* darin. Fügen Sie aus diesem Bereich ein Steuerelement vom Typ *BindingNavigator* dem Formular hinzu, indem Sie es darauf ziehen. Es wird wieder automatisch im Komponentenfach abgelegt. Außerdem wird oben im Formular eine Navigationsleiste angezeigt. Unter Umständen müssen Sie einige Korrekturen hinsichtlich der Lage der vorher im Formular vorhandenen Steuerelemente vornehmen.

3 Für diese Navigationsleiste müssen Sie noch festlegen, welche Daten Sie damit steuern wollen. Das erreichen Sie im Fenster *Eigenschaften* über *BindingSource* unter *(DataBindings)* im Bereich *Daten*. Geben Sie hier die *BindingSource* an, die die Verbindung zur Datenbank beschreibt. Sie können sie über das dazugehörende Listenfeld auswählen.

4 Nachdem Sie diese Eigenschaft festgelegt haben, können Sie zur Laufzeit zwischen den einzelnen Sätzen der Datenbank navigieren.

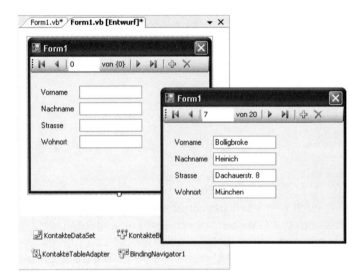

5 Beenden Sie auch nach dieser Kontrolle die Anwendung durch einen Klick auf die Schaltfläche *Schließen* in der Titelleiste oder beenden Sie das Debugging über die IDE.

> **Hinweis**
>
> Sie werden feststellen, dass in der Navigationsleiste nur bestimmte Schaltflächen angezeigt werden. Sie können weitere hinzufügen, indem Sie im Fenster *Eigenschaften* zu diesem Steuerelement auf *Items* im Bereich *Daten* klicken. Die Arbeit mit dem dann angezeigten *Elementauf-listungs-Editor* wird etwas ausführlicher in *Kapitel 11* beschrieben.

Inhalte im Raster anzeigen

Statt für jedes Datenfeld ein separates Steuerelement vom Typ *TextBox* zu verwenden, können Sie die Feldspalten und -zeilen im Formular auch in einem Raster anzeigen lassen. Diese Form der Anzeige wurde in unserem Beispiel *WindowsApplication5* im Formular *Form2* benutzt.

Zum Nachbau orientieren Sie sich an den folgenden Schritten:

1 Öffnen Sie ein Projekt, in dem bereits eine Datenbank angesiedelt wurde. Sie können zum Ausprobieren das Projekt *WindowsApplication4* verwenden. Es beinhaltet bereits ein noch leeres Formular *Form2*.

2 Lassen Sie das gewünschte Formular im Entwurf anzeigen und fügen Sie ihm ein Steuerelement vom Typ *DataGridView* aus dem Bereich *Daten* der *Toolbox* hinzu. Positionieren Sie das Steuerelement nach Ihren Wünschen auf dem Formular, am besten in der Mitte.

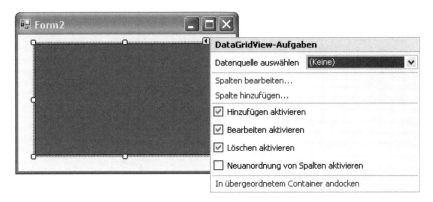

Tipp

Wenn Sie die Eigenschaft *Dock* im Bereich *Layout* auf Fill festlegen, sorgen Sie dafür, dass das Steuerelement das Formular vollständig ausfüllt.

3 Auch hier müssen Sie angeben, welche Daten angezeigt werden sollen. Klicken Sie im Fenster *Eigenschaften* für das Steuerelement auf die Schaltfläche mit den drei Auslassungspunkten neben der Eigenschaft *DataSource* und navigieren Sie in der dann angezeigten Struktur über *Weitere Datenquellen*, *Projektdatenquellen* usw. bis zum Namen der Tabelle, deren Daten angezeigt werden sollen. Doppelklicken Sie auf diesen Eintrag.

4 Nach dieser Wahl werden wieder automatisch die drei Steuerelemente *DataSet*, *BindingSource* und *TableAdapter* im Komponentenfach angesiedelt. Ein spezielles Steuerelement zur Navigation brauchen Sie in diesem Fall nicht, können es aber nach Wunsch hinzufügen.

5 Das ist schon wieder alles: Sie können einen Testlauf durchführen. Sorgen Sie aber vorher dafür, dass das Formular *Form2* als Startobjekt benutzt wird. Starten Sie dann das Debugging. Zur Laufzeit werden die Daten im Raster angezeigt.

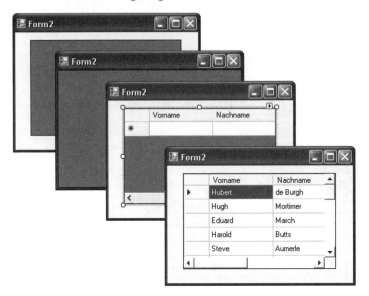

6 Beenden Sie nach dieser Kontrolle die Anwendung durch einen Klick auf die Schaltfläche *Schließen* in der Titelleiste oder beenden Sie das Debugging über die IDE.

Neue Daten speichern

Bei den im Formular angezeigten Daten handelte es sich genau genommen nur um eine Kopie der Datenbankdaten, die in einem lokalen *DataSet* gespeichert wurde. Bei jedem Programmstart werden die Daten dieses DataSets aus der Datenbank abgerufen. Änderungen, die im DataSet vorgenommen werden, haben keine Auswirkungen auf die Datenbank.

Wenn Sie erreichen wollen, dass alle im *DataSet* vorgenommenen Änderungen in die Datenbank zurückgespeichert werden sollen, benötigen Sie noch eine Ergänzung. Dazu doppelklicken Sie auf das Formular, um den Codeeditor dafür zu öffnen. Wählen Sie dann über die Dropdown-Liste *Methodenname* das Ereignis *FormClosing* und geben Sie im Ereignisbehandler zwei weitere Codezeilen ein.

```
Me.AdressenBindingSource.EndEdit()
Me.AdressenTableAdapter.Update(Me.Database1DataSet.Adressen)
```

Durch den Code wird veranlasst, dass der *AdressenTableAdapter* alle an dem Datensatz vorgenommenen Änderungen zurück in die lokale Datenbank speichert.

Eine SQL-Datenbank verwenden

Wenn Sie *Microsoft SQL Server 2005 Express Edition* oder die Vollversion dieses Programms auf Ihrem Rechner installiert haben, können Sie fast dieselben Techniken zum Einbinden einer bereits vorhandenen SQL-Datenbank benutzen. Dazu müssen Sie aber die *SQL Server Express Edition* auf Ihrem Rechner installiert haben. Wenn Sie Interesse an diesem Themenbereich haben und noch nicht über diese Voraussetzung verfügen, sollten Sie die Installation nachholen. Wie man zur Installation dieser und anderer zusätzlicher Komponenten von Visual Basic .NET Express Edition vorgeht, wurde bereits in *Kapitel 1* angesprochen. Sie können sogar eine solche Datenbank auch über die IDE erstellen.

Eine SQL-Datenbank erstellen

Das Erstellen einer SQL-Datenbank über die IDE ist eine allgemein nutzbare Aufgabe. Das empfiehlt sich beispielsweise dann, wenn Sie die im Formular eingegebenen Feldinhalte später nur in Ihrer Anwendung verfügbar haben möchten. Zum Anlegen einer SQL-Datenbank führen Sie die folgenden Schritte durch. Das Ergebnis finden Sie unter *WindowsApplication6* auf der Begleit-CD:

1 Öffnen Sie die Windows-Anwendung, der Sie eine Datenbank zuordnen möchten. Oder erstellen Sie eine neue Anwendung dieses Typs.

2 Wählen Sie über das Menü *Projekt* den Befehl *Neues Element hinzufügen* und im gleichnamigen Dialogfeld die Option *SQL-Datenbank*. Wenn Sie wollen, können Sie diesem Element einen Namen geben. Bestätigen Sie durch einen Klick auf *Hinzufügen*.

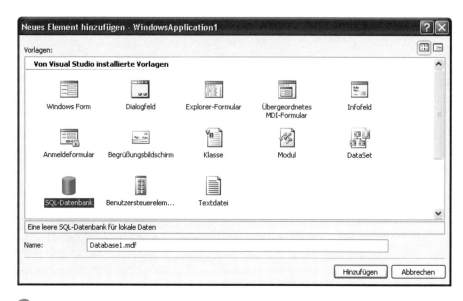

3 Der schon bekannte *Assistent zum Konfigurieren von Datenbanken* wird gestartet. Da Sie hier aber eine neue SQL-Datenbank erst erstellen wollen, benötigen Sie die weiteren Schritte des Assistenten nicht – Sie können ihn durch einen Klick auf *Abbrechen* beenden.

4 Als Ergebnis wird der Eintrag für eine noch zu spezifizierende Datenbank – standardmäßig mit *Database1.mdf* bezeichnet – im *Projektmappen-Explorer* angezeigt. Zu diesem Zeitpunkt beinhaltet diese Datenbank aber noch keinerlei Inhalte.

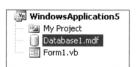

5 Wenn Sie die Datenbank benutzen wollen, müssen Sie darin zumindest erst eine Tabelle erzeugen, die Inhalte – beispielsweise Adressdaten – aufnehmen kann. Dazu wählen Sie im Menü *Ansicht* den Befehl *Datenbank-Explorer*. Links auf dem Bildschirm wird ein gleichnamiges Fenster angezeigt, in dem die Datenbanken im Projekt – bei unserem Beispiel ist es nur eine – aufgelistet werden. Öffnen Sie den Knoten dazu.

6 Wählen Sie im Menü *Daten* den Befehl *Neu hinzufügen* und im dann angezeigten Untermenü den Befehl *Tabelle*. Im Hauptbereich der IDE wird ein neues Fenster geöffnet, über das Sie die Tabelle definieren können.

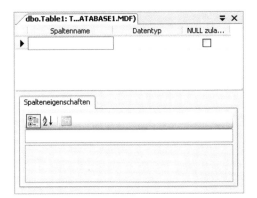

7 Geben Sie der Tabelle einen Namen, unter dem die neue Tabelle verwaltet werden soll. Dazu können Sie in der IDE das Feld *Name* im Bereich *Identität* im Fenster *Eigenschaften* benutzen. Falls Sie eine Adressdatenbank aufbauen möchten, könnte dieser Name *Kontakte* lauten.

8 Definieren Sie dann die Feldnamen der Tabelle: Wählen Sie das Feld *Spaltenname* oben links im Fenster und geben Sie den Ausdruck *Vorname* ein.

9 Für das Feld *Datentyp* wählen Sie *nvarchar(50)* aus der Liste. Damit legen Sie die Feldlänge auf 50 Zeichen fest. Über dieses Listenfeld steht Ihnen eine Vielzahl von Optionen zur Verfügung, mit der Sie die Felder an die Art der aufzunehmenden Inhalte anpassen können. Die bei einigen Optionen angezeigte Zahl beschreibt immer die Länge des Felds.

10 Wiederholen Sie diese Schritte für die weiteren Felder der Tabelle. Benutzen Sie beispielsweise die Feldnamen *Nachname*, *Strasse* und *Wohnort*. Verwenden Sie auch für diese Felder *nvarchar(50)* als *Datentyp*. Diese Eigenschaften können Sie auch im unteren Bereich des Fensters korrigieren.

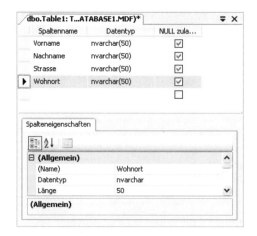

11 Speichern Sie die Eingaben über das Menü *Datei* mit dem Befehl *Kontakte speichern*. Wenn Sie Ihre Tabelle anders benannt haben, lautet der Name dieses Befehls entsprechend.

Tipp

Wenn Sie vermeiden wollen, dass später Duplikate in der Datenbank auftauchen, sollten Sie noch einen Schlüssel definieren. Als Schlüsselfelder könnten Sie beispielsweise die Felder *Vorname* und *Nachname* gemeinsam benutzen.

- Dazu deaktivieren Sie im *Tabellendesigner* die Kontrollkästchen *NULL zulassen* für die Felder *Vorname* und *Nachname*. Schlüsselfelder dürfen nämlich nicht leer sein.

- Markieren Sie dann die beiden Felder gemeinsam mit gedrückt gehaltener ⌴Strg⌴-Taste und wählen Sie im Menü *Tabellen-Designer* den Befehl *Primärschlüssel festlegen*. Für beide Felder wird ein kleines Schlüsselsymbol angezeigt.

- Speichern Sie die Änderungen über das Menü *Datei* mit dem Befehl *Kontakte speichern*.

	Spaltenname	Datentyp	NULL zula.
🔑	Vorname	nvarchar(50)	☐
▶🔑	Nachname	nvarchar(50)	☐
	Strasse	nvarchar(50)	☑
	Wohnort	nvarchar(50)	☑
			☐

12 Das Fenster zum Tabellenentwurf im Hauptbereich der IDE können Sie jetzt schließen. Auch das Fenster *Datenbank-Explorer* benötigen Sie für den Augenblick nicht mehr.

Ihre Datenbank verfügt jetzt über eine Tabelle. Sie können das kontrollieren, indem Sie im *Datenbank-Explorer* den Knoten für die Datenbank und darin den Knoten für die *Tabellen* öffnen. Sie finden darunter die eben angelegte Tabelle unter dem von Ihnen vergebenen Namen. Die Tabelle enthält aber noch keinerlei Daten, was oft sinnvoll ist, wenn nur Daten aus einem Formular darin aufgenommen werden sollen.

> **Tipp**
>
> Wenn Sie bereits an dieser Stelle Daten hinzufügen wollen, wählen Sie im *Datenbank-Explorer* den Knoten *Adressen* und benutzen dann im Menü *Daten* den Befehl *Tabellendaten anzeigen*. Die Tabelle wird geöffnet. Geben Sie darin einige Daten ein.

SQL-Datenbank an das Projekt binden

Anschließend können Sie die Datenbank an Elemente Ihres Projekts binden. Dazu gehen Sie ähnlich wie beim oben beschriebenen Binden einer Access-Datenbank vor:

1 Wählen Sie im Menü *Daten* den Befehl *Neue Datenquelle hinzufügen*. Damit wird der *Assistent zum Konfigurieren von Datenbanken* gestartet.

2 Wählen Sie auf der ersten Seite die Option *Datenbank* und klicken Sie auf *Weiter*.

3 Auf der zweiten Seite müssen Sie die Datenverbindung festlegen. Die von Ihnen gerade erstellte SQL-Datenbank wird bereits angezeigt. Sie können auf *Weiter* klicken.

4 Auf der nächsten Seite können Sie wählen, ob die mit dem vorherigen Schritt festgelegte Verbindungszeichenfolge im Projekt gespeichert werden soll. Ein solches Spei-

chern hat diverse Vorteile und Sie sollten die Voreinstellung *Ja, Verbindung speichern unter* nicht deaktivieren. Wechseln Sie dann zur nächsten Seite des Assistenten.

5 Die letzte Seite zeigt dann die Objekte innerhalb der Datenbank an. Wenn die Datenbank Tabellen enthält, können sie hier angezeigt werden, indem Sie die entsprechenden Knoten öffnen. Aktivieren Sie das Kontrollkästchen vor der Tabelle, die Sie anbinden möchten. Sie finden in unserem Beispiel nur eine.

6 Klicken Sie abschließend auf *Fertig stellen*, um den Assistenten zu beenden.

Nach der endgültigen Bestätigung über *Fertig stellen* wird der Assistent beendet. Im *Projektmappen-Explorer* finden Sie nun die oben schon erwähnten weiteren Eintragungen: Einerseits ist hier die Datenbank selbst vermerkt, andererseits eine *DataSet*-Datei.

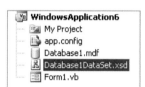

Formularfelder verknüpfen

Auch zum Einsatz einer SQL-Datenbank für die Aufnahme der Daten in das Formular und deren spätere Anzeige können Sie wie oben beschrieben vorgehen. Wir wollen Ihnen aber noch eine weitere Methode zum Verknüpfen demonstrieren:

1 Wählen Sie im Menü *Daten* den Befehl *Datenquellen anzeigen*. Daraufhin wird ein frei positionierbares Fenster geöffnet, das Inhalte zur verknüpften Datenquelle anzeigt. Sie können tiefer liegende Inhalte durch Öffnen der entsprechenden Knoten sichtbar machen.

2 Sie können einzelne Elemente aus diesem Fenster direkt auf ein Formular im Entwurfsmodus ziehen. Wenn Sie beispielsweise einen Feldnamen auf das Formular ziehen, wird damit automatisch ein Steuerelement vom Typ *TextBox* mit einer dazugehörenden Beschriftung erstellt, das direkt mit dem Datenbankfeld verknüpft ist. Automatisch werden Steuerelemente vom Typ *DataSet*, *TableAdapter*, *BindingSource* und *BindingNavigator* hinzugefügt.

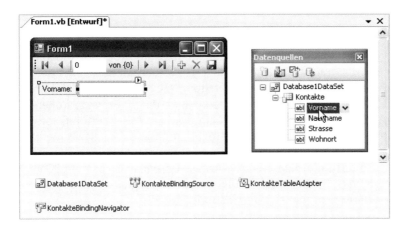

3 Wenn Sie die gesamte Tabelle mit allen darin enthaltenen Feldern auf das Formular ziehen, wird darin automatisch ein Steuerelement vom Typ *DataGridView*, in dem die Inhalte im Raster angezeigt werden.

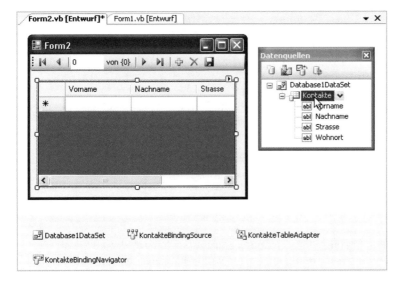

Exkurs zum Datenbank-Explorer

Wir wollen Ihnen noch einige Bemerkungen über die Arbeit im Fenster *Datenbank-Explorer* liefern. Dieses dient dazu, von Visual Basic .NET aus Datenbanken zu betrachten und zu verwalten. Eine solche Verbindung ist Bestandteil der IDE und beeinflusst eventuell geöffnete Projekte in keiner Weise. Aber auch wenn keinerlei Wirkung auf ein Projekt erfolgt, sollten Sie die Arbeit damit einmal austesten, damit Sie dabei gleich mehr über die grundlegenden Techniken der Arbeit mit Datenbanken erfahren. Sie benötigen dazu nur eine einfache Access-Datenbank. Falls Sie über keine geeignete Datei dieser Art verfügen – auf der Begleit-CD finden Sie eine solche unter dem Namen *Kontakte.mdb*.

1 Erstellen Sie eine neue Windows-Anwendung.

2 Wenn Sie noch keine Datenverbindung eingerichtet haben, ist das Fenster bis auf den Eintrag *Datenverbindungen* noch leer. Sie können eine Verbindung zu einer Datenbank herstellen, unabhängig davon, ob Sie ein Projekt in der IDE geöffnet haben.

3 Zum Herstellen einer neuen Verbindung wählen Sie *Verbindung hinzufügen* aus dem Kontextmenü zu *Datenverbindungen*. Damit öffnen Sie das gleichnamige Dialogfeld.

4 Wählen Sie darin den zu verwendenden Typ der Datenquelle aus, indem Sie gegebenenfalls auf die Schaltfläche *Ändern* klicken.

5 Nach der Wahl des Typs und einem Klick auf *OK* müssen Sie im wieder eingeblendeten Dialogfeld *Verbindung hinzufügen für* im Feld *Name der Datenbank* nur den Pfad zu der Datei eingeben, zu der eine Verbindung hergestellt werden soll. Gegebenenfalls müssen Sie aber auch Angaben zum Kennwort machen, wenn die Datei ein solches fordert.

6 Nachdem Sie diese Informationen eingegeben haben, klicken Sie die Schaltfläche *Testverbindung* an, um die Verbindung auszuprobieren. Wenn nun ein Dialogfeld angezeigt wird, das besagt, dass die Verbindung erfolgreich getestet wurde, können Sie *OK* anklicken, den Dialog schließen und weiterarbeiten.

Anschließend sollte die Verbindung zur Datenbank im Abschnitt *Datenverbindungen* des *Datenbank-Explorer* erscheinen. Je nach Typ der Datenbank hat der Eintrag mehrere Abschnitte, die Sie durch Klicks auf die entsprechenden Knoten ein- und ausblenden können.

Eine kleine Erfolgskontrolle

In diesem Kapitel haben Sie gelernt, wie man die in den Steuerelementen ein-gegebenen Inhalte mit Hilfe einer Datenbank zur späteren Wiederverwendung bewahrt. Sie sollten jetzt in der Lage sein, die folgenden Fragen zu beantworten:

- Welche Typen von Datenbanken können Sie mit der Express-Version von Visual Basic .NET mit Formularen verknüpfen?
- Über welchen Befehl starten Sie den *Assistenten zum Konfigurieren von Datenbanken*?
- Wie verknüpfen Sie die Felder einer im Projekt vorhandenen Datenbank mit den Steuerelementen eines Formulars?
- Welche Steuerelemente zur Anbindung von Formularinhalten an Datenbanken kennen Sie?

Das lernen Sie in diesem Kapitel neu:

Kapitel 10

Dialogfelder

Ein wichtiger Aspekt der Arbeit mit Windows-Anwendungen besteht im Einsatz von Dialogfeldern. Sie können solche Dialogfelder wie jedes andere Windows-Formular selbst erstellen. Meistens benötigen Sie dafür gar nichts Komplexes. Für umfangreichere Aufgaben – wie beispielsweise das Öffnen oder Speichern von Dateien – hält Visual Basic .NET außerdem Standarddialogfelder in Form von Steuerelementen bereit, was das Arbeiten erheblich vereinfacht. Wir wollen Ihnen in diesem Kapitel beide Techniken vorstellen und Ihnen Beispiele für die Anwendung liefern.

Wenn Sie es nicht schon getan haben, dann öffnen Sie jetzt die *Express Edition* von *Microsoft Visual Basic 2005* wieder.

Die MessageBox

Eingangs wurde es schon angesprochen: Meistens benötigen Sie in einem Dialogfeld keine komplexen Strukturen. Oft möchten Sie nur eine einfache Frage stellen, die der Anwender beispielsweise mit *Ja/Nein* oder *OK/Abbrechen* beantworten kann, oder dem Benutzer eine Nachricht anzeigen. Eine Methode dafür besteht in der Verwendung der Klasse *MessageBox*. Dabei handelt es sich um ein nützliches Werkzeug, das eine Nachricht zusammen mit einer Vielzahl von Schaltflächenkombinationen – beispielsweise *Ja/Nein*, *OK/Abbrechen*, *Abbrechen/Wiederholen/Ignorieren* – anzeigen kann. Diese Klasse enthält eine einzelne statische Methode namens *Show*, über die Sie das Dialogfeld anzeigen und auch – wie nachfolgend beschrieben – wie gewünscht konfigurieren können.

Das Grundprinzip

Um die Wirkungsweise dieser Klasse einmal auszutesten, können Sie zunächst einen Ereignisbehandler für eine Schaltfläche benutzen. Später können Sie dann diese Methodik in anderen Techniken anwenden:

1 Erstellen Sie eine neue Windows-Anwendung und fügen Sie dem Formular ein Steuerelement vom Typ *Button* hinzu. Sie können es mit dem Namen *Anzeigen* versehen.

2 Doppelklicken Sie im Entwurf auf dieses Steuerelement und schreiben Sie als Code für das Ereignis *Click* die Codezeile `Message-Box.Show("Hallo!")`.

3 Führen Sie die Anwendung aus. Zur Laufzeit bewirkt ein Klick auf *Anzeigen* die Anzeige eines kleinen Dialogfelds mit der Aufschrift *Hallo!*. Standardmäßig wird auch eine mit *OK* bezeichnete Schaltfläche eingeblendet. Ein Klick darauf schließt das Dialogfeld.

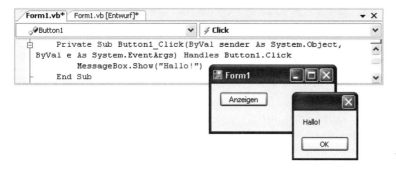

4 Beenden Sie die Anwendung durch einen Klick auf die Schaltfläche *Schließen* in der Titelleiste von *Form1*.

Schließen

Verfeinerungen

Diese einfache Form der Anzeige eines Dialogfelds können Sie verfeinern, indem Sie der Methode *Show* verschiedene weitere Parameter hinzufügen. Die allgemeine Syntax dafür lautet:

```
MessageBox.Show(text, caption, buttons, icon, _ defaultBut-
ton, options, displayHelpButton, _ helpFilePath)
```

Sie müssen die Parameter der Reihe nach eingeben. Wenn Sie einen dieser Parameter nutzen wollen, die vorigen aber nicht, setzen Sie einfach ein Komma ein. Während der Eingabe hilft Ihnen die IDE bei der Formulierung.

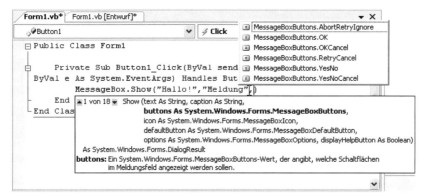

- *text* ist der Text, der in der *MessageBox* erscheinen soll. Er muss als *String* eingegeben werden. Dies ist der einzige Parameter, der immer angegeben werden muss.

- *caption* bestimmt, welche Beschriftung in der Titelleiste der *MessageBox* angezeigt wird. Auch dieser Parameter muss als *String* eingegeben werden.

- *buttons* steuert, welche Schaltflächen in der *MessageBox* gezeigt werden sollen. Standardmäßig wird nur *OK* angezeigt. Wenn Sie den Eintrag *Abort-Retry|Ignore* dafür wählen, lässt das Dialogfeld die Schaltflächen *Abbrechen*, *Wiederholen* und *Ignorieren* anzeigen, *YesNo* zeigt *Ja-* und *Nein-* Schaltflächen an usw.

- *icon* sorgt für die Anzeige einer zusätzlichen Grafik in der *MessageBox*. Die Grafiken werden durch das Betriebssystem festgelegt.

- *defaultButton* gibt an, welche der angezeigten Schaltflächen bei Aufruf der *MessageBox* den Fokus haben soll. Diese wird ausgeführt, wenn der Anwender auf $\boxed{\leftarrow}$ drückt. Dieser Parameter kann auf *Button1*, *Button2* oder *Button3* gesetzt werden, die jeweils einer der entsprechenden Schaltflächen zugeordnet sind.

- *options* steuert das Aussehen der *MessageBox* und ist besonders nützlich, wenn Ihre Anwendung für ein anderes Land lokalisiert wird.

- *displayHelpButton* zeigt die Hilfeschaltfläche in der Titelleiste der Box an.

- *helpFilePath* gibt den Pfad zu einer Hilfedatei an, die angezeigt wird, wenn der Benutzer auf die Hilfeschaltfläche klickt.

Wenn Sie mehr als nur die *OK*-Schaltfläche in der *MessageBox* anzeigen lassen, muss das Programm meist unterschiedliche Aktionen ausführen. Welche Schaltfläche der Anwender zur Laufzeit anklickt, wird von der Methode *Show* als *DialogResult*-Wert zurückgegeben. Sie können diesen Wert in einer Variablen speichern oder auch direkt in einem Ausdruck oder einer Bedingung verwenden. Wenn Sie beispielsweise dem Anwender bestätigen wollen, auf welche Schaltfläche er geklickt hat, können Sie ihm das durch die Anzeige einer weiteren *MessageBox* anzeigen lassen.

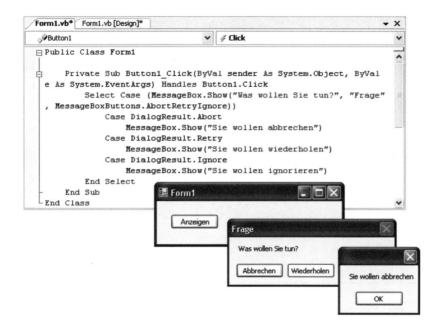

Formulare als Dialogfelder

Es kommt aber auch vor, dass Sie ein Dialogfeld mit komplexeren Fähigkeiten benötigen, als Ihnen *MessageBox* bietet. Sie können dazu jedes Windows-Formular in ein Dialogfeld verwandeln und es in Ihrem Programm verwenden. Ein kleines Beispiel, das nur das Prinzip der Technik demonstriert, finden Sie unter *WindowsApplication7* auf der Begleit-CD. Wenn Sie es nachbauen wollen, führen Sie die nachfolgend beschriebenen Schritte durch.

Zusätzliche Formulare einfügen

Wenn Sie ein Windows-Formular als Dialogfeld benutzen wollen, müssen Sie dem Entwurf der Anwendung zuerst ein weiteres Formular hinzufügen.

1 Lassen Sie die Windows-Anwendung im Entwurf anzeigen oder erstellen Sie eine neue Anwendung.

2 Wählen Sie im Menü *Projekt* den Befehl *Windows-Form hinzufügen*. Das Dialogfeld *Neues Element hinzufügen* wird angezeigt.

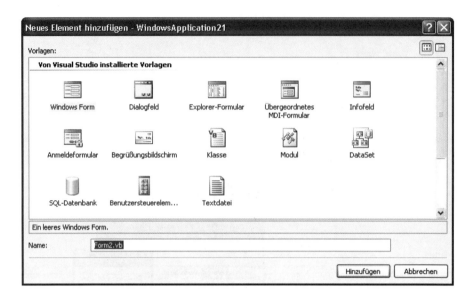

3 Belassen Sie es hier bei der Voreinstellung *Windows-Form*. Sie können dem neuen Formular einen eigenen Namen geben, müssen es für diese Demonstration aber nicht.

4 Bestätigen Sie über *Hinzufügen*. Das neue Formular wird im Entwurf angezeigt und auch im *Projektmappen-Explorer* aufgelistet.

Ein Formular anzeigen lassen

Zur Laufzeit werden Sie das zusätzliche Formular vom Standardformular der Anwendung her anzeigen lassen wollen. Dazu verwenden Sie die Methode *Show*. Diese Technik können wir einmal über einen Ereignisbehandler zu einer Schaltfläche demonstrieren.

1 Aktivieren Sie in der eben erstellten Anwendung mit den zwei Formularen im Hauptfenster den Entwurf von *Form1* und fügen Sie dem Formular ein Steuerelement vom Typ *Button* hinzu. Sie können es wieder mit dem Namen *Anzeigen* versehen.

2 Doppelklicken Sie im Entwurf auf dieses Steuerelement und schreiben Sie als Code für das Ereignis *Click* die Codezeile Form2.Show().

3 Aktivieren Sie im Hauptfenster den Entwurf von *Form2* und fügen Sie dem Formular ein Steuerelement vom Typ *Button* hinzu. Sie können es wieder mit dem Namen *Ausblenden* versehen.

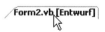

4 Doppelklicken Sie im Entwurf auf dieses Steuerelement und schreiben Sie als Code für das Ereignis *Click* die Codezeile `Me.Close()`.

5 Führen Sie die Anwendung aus, indem Sie das Debuggen der Anwendung starten. Anfangs wird *Form1* angezeigt.

6 Zur Laufzeit bewirkt ein Klick auf *Anzeigen* die Anzeige von *Form2*. Testen Sie das aus.

7 Ein Klick auf *Ausblenden* darin blendet *Form2* wieder aus. Testen Sie auch das.

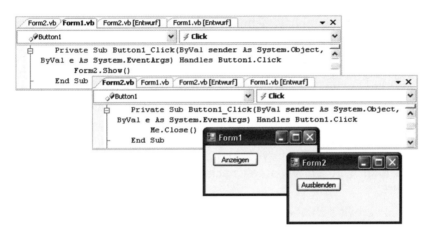

8 Beenden Sie die Anwendung durch einen Klick auf die Schaltfläche *Schließen* in der Titelleiste von *Form1*.

Formulargestaltung für Dialogfelder

Nachdem die Methoden zum Anzeigen und Ausblenden von Formularen als Dialogfelder jetzt klar sein dürften, sollten wir uns etwas mit dem Unterschied zwischen *modalen* und *nicht modalen* Formularen oder Fenstern beschäftigen.

• Im eben gezeigten Beispiel wurde das Formular *Form2* in einer *nicht modalen* Form aufgerufen. Das bedeutet, dass der Anwender zur Laufzeit den Fokus von *Form2* zu *Form1* zurückverschieben kann, ohne *Form2* vorher geschlossen haben zu müssen. Der Benutzer kann damit die Arbeit an einer beliebigen Stelle in der Anwendung fortsetzen, während die Formulare geöffnet bleiben. Er kann auch in einer anderen Anwendung arbeiten. Das wahrscheinlich von vielen Windows-Anwendungen her bekannte Dialogfeld *Suchen* ist ein Beispiel für solch ein nicht modales Dialogfeld. Nicht modale Formulare sind im Allgemeinen schwerer zu programmieren, da sie vom Benutzer in nicht vorhersehbarer Reihenfolge aufgerufen werden können. Der Zustand einer Anwendung muss aber bei allen Aktionen des Benutzers konsistent bleiben. Wenn Sie ein Formular als nicht modales Dialogfeld anzeigen wollen, rufen Sie – wie eben gezeigt – die *Show*-Methode auf. Um *Form2* auf diese Weise anzeigen zu lassen, benutzen Sie `Form2.Show()`. Der auf die *Show*-Methode folgende Code wird gleichzeitig mit der Anzeige des Formulars ausgeführt.

- Dialogfelder sind aber im Allgemeinen *modale* Fenster. Darunter versteht man ein Formular, in dem der Anwender nach dessen Anzeige zumindest eine Bestätigung über Schaltflächen wie *OK* oder *Abbrechen* durchführen muss, bevor er mit einem anderen Teil der Anwendung weitermachen kann. Ein Beispiel hierfür ist das allseits bekannte Fenster, das fragt, ob Sie die Änderungen an einem Dokument speichern möchten. Der Anwender muss diese Frage auf die eine oder andere Weise beantworten, bevor er weiterarbeiten kann. Wenn Sie ein Formular als modales Dialogfeld anzeigen lassen wollen, rufen Sie es über die *ShowDialog*-Methode auf. Wollen Sie beispielsweise ein definiertes Formular *Formular2* aufrufen, benutzen Sie `Formular2.ShowDialog()`. Der Code, der der *ShowDialog*-Methode folgt, wird übrigens erst nach dem Schließen des Dialogfelds ausgeführt.

Ein Dialogfeld verhält sich aber nicht nur anders als ein reguläres Windows-Formular, es sieht im Allgemeinen auch anders aus. Einige Elemente sind besonders typisch:

- Beispielsweise kann es zur Laufzeit nicht skaliert werden. Das erreichen Sie über die Eigenschaft *FormBorderStyle* im Bereich *Appearance*, die Sie auf `FixedDialog` setzen.

- Da es auch keine Notwendigkeit gibt, ein Dialogfeld zu minimieren oder zu maximieren, setzen Sie die Eigenschaften *MaximizeBox* und *MinimizeBox* im Bereich *Window Style* beide auf `False`.

- Die Überschrift des Dialogfelds in der Titelleiste stellen Sie mit *Text* im Bereich *Appearance* ein.

Noch ein interessanter Punkt, der die Verwendung von Formularen als Dialogfelder betrifft: Formulare verfügen meist über eine oder zwei Standardschaltflächen – eine zum Akzeptieren der Eingaben im Formular und eine zum Verwerfen der Eingaben und Schließen des Formulars. Nachdem Sie Schaltflächen mit den entsprechenden Ereignisbehandlern in das Formular eingefügt haben, können Sie solche für diese Standardaufgaben wählen.

- Sie können in einem Formular ein *Button*-Steuerelement als *Annehmen*-Schaltfläche definieren. Den mit dem *Click*-Ereignis dieser Schaltfläche verbundenen Behandler können Sie dann durch Drücken der Taste ⏎ aktivieren, und zwar selbst dann, wenn sich der Fokus auf einem anderen Steuerelement befindet. Dies ist jedoch nicht möglich, wenn der Fokus auf einem

mehrzeiligen Textfeld oder einem benutzerdefinierten Steuerelement liegt, das die Eingabetaste auffängt. Zum Definieren einer *Annehmen*-Schaltfläche im Designer wählen Sie zunächst das Formular aus, in dem sich die Schaltfläche befindet. Legen Sie dann im Eigenschaftenfenster den Namen des *Button*-Steuerelements als *AcceptButton*-Eigenschaft im Bereich *Sonstiges* des Formulars fest. Zum programmgesteuerten Definieren legen Sie das entsprechende *Button*-Steuerelement als *AcceptButton*-Eigenschaft des Formulars fest – beispielsweise mit `Me.AcceptButton = Bottom1`.

- Entsprechend können Sie in einem Formular ein *Button*-Steuerelement als *Abbrechen*-Schaltfläche definieren. Eine solche Schaltfläche ermöglicht es dem Benutzer normalerweise, eine Operation schnell zu beenden, ohne eine Aktion auszuführen. Sobald er die Taste `Esc` drückt, hat das dieselbe Wirkung, als würde er direkt auf diese *Abbrechen*-Schaltfläche klicken. Dies geschieht unabhängig davon, auf welchem anderen Steuerelement im Formular sich der Fokus befindet. Im Designer definieren Sie eine solche *Abbrechen*-Schaltfläche, indem Sie im Eigenschaftenfenster den Namen des *Button*-Steuerelements als *CancelButton*-Eigenschaft festlegen. Zum programmgesteuerten Definieren einer *Abbrechen*-Schaltfläche legen Sie das entsprechende *Button*-Steuerelement als *CancelButton*-Eigenschaft des Formulars fest – beispielsweise mit `Me.CancelButton = Bottom1`.

Ein Beispiel

Diese Fakten wollen wir jetzt in einem Beispiel praktisch umsetzen. Angenommen, Sie brauchen ein Dialogfeld, in dem der Anwender aufgefordert wird, einen Benutzernamen und ein Kennwort einzugeben. Sie finden dieses Beispiel übrigens auch unter *WindowsApplication8* auf der Begleit-CD. Wenn Sie es nachbauen möchten, orientieren Sie sich an den folgenden Schritten:

1 Erstellen Sie eine neue Windows-Anwendung. Im automatisch ange- zeigten Formular *Form1* erstellen Sie zwei Textfelder, die mit *Benutzer-name* und *Kennwort* bezeichnet sind, zwei Beschriftungen für die Textfelder und eine Schaltfläche mit dem Namen *Anmelden*.

2 Für das Textfeld *Kennwort* setzen Sie die Eigenschaft  *PasswordChar* auf das Zeichen *. Damit bewirken Sie, dass jeder Text, der in das Feld eingegeben wird, als Zeichenkette von *-Zeichen angezeigt wird.

3 Zur Laufzeit sollen die Eingaben des Benutzers ausgewertet wer-den. Im Allgemeinen wird man mit dieser Auswertung warten, bis der Anwender eine Schaltfläche angeklickt hat. Dazu dient hier die Schaltfläche *Anmel-den*. Doppelklicken Sie darauf und schreiben Sie den Code für das Ereignis *Click* zu dieser Schaltfläche.

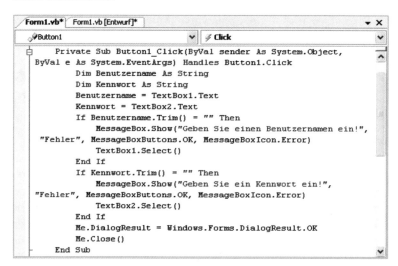

```vb
Private Sub Button1_Click(ByVal sender As System.Object, _
ByVal e As System.EventArgs) Handles Button1.Click
        Dim Benutzername As String
        Dim Kennwort As String
        Benutzername = TextBox1.Text
        Kennwort = TextBox2.Text
        If Benutzername.Trim() = "" Then
            MessageBox.Show("Geben Sie einen Benutzernamen ein!", _
"Fehler", MessageBoxButtons.OK, MessageBoxIcon.Error)
            TextBox1.Select()
        End If
        If Kennwort.Trim() = "" Then
            MessageBox.Show("Geben Sie ein Kennwort ein!", _
"Fehler", MessageBoxButtons.OK, MessageBoxIcon.Error)
            TextBox2.Select()
        End If
        Me.DialogResult = Windows.Forms.DialogResult.OK
        Me.Close()
    End Sub
```

- Definieren Sie zwei Variablen *Benutzername* und *Kennwort* von Typ *String* und weisen Sie ihnen die Inhalte der beiden Textfelder zu.

- Der Code muss zunächst prüfen, ob der Benutzer Eingaben in den Fel-dern *Benutzername* und *Kennwort* vorgenommen hat. Falls festgestellt wird, dass keine Zeichen oder nur Leerzeichen eingegeben wurden, wird der Benutzer mit Hilfe einer *MessageBox* auf diesen Fehler hinge-wiesen. Die Methode *Trim* sorgt dafür, dass Leerzeichen ausgeblendet werden. Über die Methode *Select* wird anschließend gleich das Feld mit der falschen Eingabe markiert.

● Sind Eingaben in den Feldern *Benutzername* und *Kennwort* vorhanden, kommt die Codezeile `Me.DialogResult = Windows.Forms.Dialo-gResult.OK` zur Wirkung. Dazu müssen Sie wissen, dass ein selbst erstelltes Dialogfeld eine Formulareigenschaft *DialogResult* zurückgibt. Durch die Codezeile wird bewirkt, dass der Klick auf *Anmelden* als Bestätigung akzeptiert wird. In Ihren echten Programmen werden Sie diese Werte wahrscheinlich anhand irgendeiner Sicherheitsliste oder Datenbank überprüfen.

Um ein solches selbst erstelltes Dialogfeld zu nutzen, müssen Sie es anzeigen lassen. Dieses Formular als Startobjekt Ihres Projekts einzurichten wäre nicht sinnvoll, da dann zwar das Dialogfeld ausgeführt, aber die Anwendung enden würde, nachdem der Anwender eine Benutzerkennung und ein Passwort eingegeben und diese Eingabe bestätigt hat. Sie müssen es aufrufen, bevor Sie das eigentliche Formular anzeigen lassen, das das Startobjekt für dieses Projekt sein soll und die eigentliche Benutzeroberfläche enthält.

1 Fügen Sie der Anwendung ein weiteres Formular hinzu. Benutzen Sie – wie schon bekannt – den Befehl *Windows-Form hinzufügen* im Menü *Projekt*.

2 Sorgen Sie dafür, dass dieses Formular als Startobjekt verwendet wird. Doppelklicken Sie im *Projektmappen-Explorer* auf *My Project* und stellen Sie im Register *Anwendung* die Option *Startformular* auf *Form2*. Schließen Sie anschließend das Fenster für *My Project* wieder.

3 Doppelklicken Sie auf das Formular *Form2* im Entwurf. Damit erstellen Sie den Coderahmen für das Formularereignis *Load*. Dieses ist für unseren Zweck perfekt geeignet, da es aufgerufen wird, bevor das Formular angezeigt wird.

4 Schreiben Sie hierin einen Code, der dafür sorgt, dass *Form1* modal angezeigt wird. Durch die Verwendung von *ShowDialog* wird die nächste Codezeile in dieser Prozedur nicht ausgeführt, bis das Formular verborgen oder geschlossen wird. Wenn *Show* allein verwendet worden wäre, wäre das Formular nicht modal angezeigt und die Ausführung des Codes wäre fortgesetzt worden, bevor der Anwender den Vorgang der Anmeldung abgeschlossen hätte.

5 Führen Sie die Anwendung aus, indem Sie das Debuggen der Anwendung starten. Anfangs wird *Form1* angezeigt.

6 Geben Sie einen Benutzernamen und ein Kennwort ein. Bestätigen Sie diese Daten durch einen Klick auf *Anmelden*. *Form1* verschwindet und das Formular *Form2* wird angezeigt. In diesem würde bei einer richtigen Anwendung die eigentliche Oberfläche angezeigt werden.

7 Beenden Sie die Anwendung durch einen Klick auf die Schaltfläche *Schließen* in der Titelleiste von *Form1*.

Sie kennen jetzt die Grundtechniken dafür, wie man einfache Dialogfelder mit Hilfe der Klasse *MessageBox* oder einem Formular einsetzt. Je komplexer die Aufgaben werden, die über ein Dialogfeld abgewickelt werden müssen, desto umfangreicher wird der Code, den Sie dafür schreiben müssen. Für viele Aufgaben hält darum *Visual Basic .NET* Standarddialogfelder in Form von Steuerelementen bereit, was das Arbeiten erheblich vereinfacht. Auf diese wollen wir in den folgenden Abschnitten eingehen.

Steuerelemente zum Öffnen und Speichern

Aufwendige Arbeiten beim Schreiben von Code müssten Sie beispielsweise leisten, wenn Sie Dialogfelder wie die von üblichen Windows-Anwendungen her bekannten Aufgaben *Öffnen* oder *Speichern unter* nachvollziehen wollen. Sie können es sich dabei viel einfacher machen und für diese und andere Zwecke bereits vorgefertigte Steuerelemente verwenden. Sie finden diese in der

Toolbox im Bereich *Dialogfelder*. Diese Auswahl reicht von Dialogfeldern zum Öffnen und Speichern von Dateien bis zu solchen für die Auswahl von Schriftarten und Farben. Wenn Sie diese Standarddialogfelder verwenden, haben Sie den zusätzlichen Vorteil, dass die Basisfunktionen dem Benutzer sofort vertraut sind.

Nach dem Einfügen eines solchen Steuerelements wird dieses wiederum im Komponentenfach zum Formular angezeigt. Um zu bewirken, dass ein Dialogfeld zur Laufzeit angezeigt wird, benutzen Sie im Allgemeinen einen Ereignisbehandler – beispielsweise zu einer Schaltfläche.

Allerdings bewirken diese rudimentären Codebestandteile nur die Anzeige des entsprechenden Dialogfelds. Eine Eingabe in einem solchen Dialogfeld – beispielsweise die Auswahl einer Datei aus dem Dialogfeld *Öffnen* und eine nachfolgende Bestätigung – bewirkt noch überhaupt nichts. Damit etwas passiert, müssen wir noch Code hinzufügen. Was dieser Code bewirken soll, ist natürlich abhängig von der Funktion des jeweils verwendeten Dialogfelds. Die nachfolgenden Abschnitte liefern einige Beispiele. Sie finden diese auch im Beispiel *WindowsApplication8* auf der Begleit-CD.

Dateien öffnen mit OpenFileDialog

Durch die Verwendung der Komponente *OpenFileDialog* können Sie den Prozess des Öffnens einer Datei leicht in Ihre Anwendung integrieren. Der Aufruf zeigt das bekannte Dialogfeld *Öffnen* in der durch das Betriebssystem eingestellten Sprache. Sie finden auf der Begleit-CD unter *WindowsApplication9* ein Beispiel dafür. Wenn Sie es nachbauen wollen, führen Sie die folgenden Schritte durch:

1 Erstellen Sie eine neue Windows-Anwendung. Das Formular *Form1* wird wie immer automatisch im Entwurf angezeigt.

2 Damit der Inhalt der zu öffnenden Datei angezeigt werden kann, benötigen Sie im Formular ein geeignetes Steuerelement. Wenn Sie beispielsweise Grafikdateien öffnen wollen, können Sie dafür eine *PictureBox* benutzen. Fügen Sie ein solches Element ein, bringen Sie es auf eine sinnvolle Größe und stellen Sie seine Eigenschaft *SizeMode* auf Zoom. Damit erreichen Sie, dass die Inhalte unverzerrt und in voller Größe angezeigt werden.

3 Fügen Sie ein Steuerelement vom Typ *OpenFileDialog* aus dem Bereich *Dialogfelder* der *Toolbox* hinzu. Es wird als *OpenFileDialog1* im Komponentenfach angezeigt.

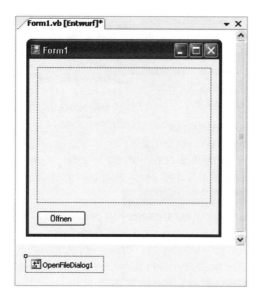

4 Erstellen Sie eine Schaltfläche mit dem Namen *Öffnen*. Doppelklicken Sie darauf und schreiben Sie einen Code für das Ereignis *Click*.

```
Private Sub Button1_Click(ByVal sender As System.Object,
ByVal e As System.EventArgs) Handles Button1.Click
        With OpenFileDialog1
            If .ShowDialog = Windows.Forms.DialogResult.OK Then
                PictureBox1.Image = Image.FromFile(.FileName)
            End If
        End With
    End Sub
```

- Dieser Code sorgt dafür, dass das Dialogfeld *Öffnen* angezeigt wird. Das könnten Sie auch erreichen, indem Sie eine Zeile wie `OpenFileDialog1.ShowDialog` benutzen. Da wir anschließend noch einiges mit `OpenFileDialog1` tun wollen, können wir uns Eingabearbeit sparen und mit `With OpenFileDialog1` einen Rahmen setzen, innerhalb dessen die Methoden des Steuerelements nur noch aufgeführt werden müssen. Dieser Rahmen wird durch `End With` abgeschlossen.

- Innerhalb dieses Rahmens wird der Inhalt einer Datei der Eigenschaft *Image* der *PictureBox* zugewiesen, sobald der Anwender die Auswahl im Dialogfeld zum Öffnen bestätigt hat.

5 Testen Sie die Anwendung aus. Zur Laufzeit wird das Formular
Form1 mit einer noch leeren *PictureBox* angezeigt.

6 Wenn der Anwender auf die Schaltfläche *Öffnen* klickt, wird das
aus anderen Windows-Anwendungen her bekannte Dialogfeld angezeigt,
über das zwischen verschiedenen Speicherorten navigiert und eine Datei
ausgewählt werden kann. Stellen Sie sicher, dass Sie zum Testen in diesem Zustand
eine Grafikdatei benutzen.

7 Nach einem Klick auf *Öffnen* in diesem Dialogfeld wird die Grafikdatei in der
PictureBox angezeigt.

8 Beenden Sie die Anwendung durch einen Klick auf die Schaltfläche
Schließen in der Titelleiste von *Form1*. Oder beenden Sie das Debugging.

Erweiterungen zum Dialogfeld Öffnen

Standardmäßig zeigt das Dialogfeld *Öffnen* keinerlei Einschränkungen. Über
die Eigenschaften des Steuerelements *OpenFileDialog* können Sie aber bestimmte Voreinstellungen für das Dialogfeld festlegen. Wenn Sie beispielsweise nur Textdateien öffnen wollen, können Sie die Eigenschaft *Filter* im Bereich
Verhalten dazu benutzen, dass nur Textdateien angezeigt werden. Entsprechend können Sie über *InitialDirectory* im Bereich *Daten* den Ordner festlegen,
dessen Inhalt beim Öffnen des Dialogfelds angezeigt werden soll.

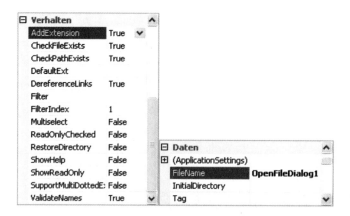

Einige wichtige Eigenschaften finden Sie im Bereich *Verhalten*. Beachten Sie die folgenden interessanten Möglichkeiten:

- *CheckFileExists* legt fest, ob im Dialogfeld eine Warnung angezeigt wird, wenn der Benutzer den Namen einer nicht vorhandenen Datei angibt.

- *CheckPathExists* bestimmt, ob im Dialogfeld eine Warnung angezeigt wird, wenn der Benutzer einen nicht vorhandenen Pfad angibt.

- *DefaultExt* legt die Standarddateinamenerweiterung fest.

- *DereferenceLinks* gibt an, ob das Dialogfeld den Speicherort der Datei, auf die die Verknüpfung verweist, oder den Speicherort der Verknüpfung anzeigen soll.

- *Filter* gibt die aktuelle Filterzeichenfolge für *Dateinamen* an, die die im Dialogfeld im Feld *Speichern unter* oder *Dateityp* angezeigte Auswahl bestimmt.

- *FilterIndex* bestimmt den Index des derzeit im Dateidialogfeld ausgewählten Filters.

- *Multiselect* legt fest, ob im Dialogfeld mehrere Dateien ausgewählt werden können.

- *ReadOnlyChecked* bewirkt, dass das Kontrollkästchen für den Schreibschutz aktiviert ist.

- *RestoreDirectory* ist dafür verantwortlich, dass das Dialogfeld vor dem Schließen das aktuelle Verzeichnis wiederherstellt.

- *ShowHelp* gibt an, ob im Dialogfeld die Hilfeschaltfläche angezeigt wird.

- *ShowReadOnly* bestimmt, ob das Dialogfeld ein Kontrollkästchen zum Einschalten des Schreibschutzes enthalten soll.

Zusätzliche – vielleicht für Sie wichtige – Eigenschaften finden Sie im Bereich *Daten* des Fensters.

- *FileName* dient zur Eingabe einer Zeichenfolge, die den im Dateidialogfeld ausgewählten Dateinamen enthält. Kann zum Speichern des gewählten Dateinamens benutzt werden.

- *InitialDirectory* beinhaltet das *Ausgangsverzeichnis*, das im Dialogfeld beim ersten Aufruf angezeigt werden soll.

Wenn Sie das Dialogfeld in einer Anwendung mit unterschiedlichen Voreinstellungen öffnen möchten, ist es natürlich sinnvoll, die Parameter programmgesteuert zu setzen. Das lässt sich wieder am besten an einem Beispiel erklären und dafür wollen wir das Öffnen einer Textdatei über das Dialogfeld benutzen. Sie finden es unter *WindowsApplication10* auf der Begleit-CD. Wenn Sie es nachbauen möchten, führen Sie die folgenden Schritte durch.

1 Erstellen Sie eine neue Windows-Anwendung. Das Formular *Form1* wird wie immer automatisch im Entwurf angezeigt.

2 Damit der Inhalt einer Textdatei angezeigt werden kann, benötigen Sie im Formular ein geeignetes Steuerelement. Dafür benutzen Sie am besten eine *RichTextBox*. Fügen Sie ein solches Element ein und bringen Sie es auf eine sinnvolle Größe.

3 Fügen Sie wieder ein Steuerelement vom Typ *OpenFileDialog* aus dem Bereich *Dialogfelder* der *Toolbox* hinzu. Es wird als *OpenFileDialog1* im Komponentenfach angezeigt.

4 Wie im vorherigen Beispiel erstellen Sie eine Schaltfläche mit dem Namen *Öffnen*. Doppelklicken Sie darauf und schreiben Sie einen Code für das Ereignis *Click*. Dabei wird gleich durch Einsatz einiger der oben angesprochenen Eigenschaften für bestimmte Einstellungen im Dialogfeld *Öffnen* gesorgt.

```
Form1.vb [Entwurf]   Form1.vb                                    ▾ ✕
Form1                              ▾   (Deklarationen)            ▾
     Private Sub Button1_Click(ByVal sender As System.Object, ByVal e As
  System.EventArgs) Handles Button1.Click
         Dim Inhalt As IO.StreamReader
         With OpenFileDialog1
             .Filter() = "Text-Dateien (*.txt)|*.txt"
             .AddExtension = True
             .CheckFileExists = True
             .CheckPathExists = True
             .InitialDirectory = IO.Path.GetDirectoryName("Eigene Dateien")
             .FileName = "*.txt"
             If .ShowDialog = Windows.Forms.DialogResult.OK Then
                 Inhalt = New IO.StreamReader(.FileName)
                 RichTextBox1.Text = Inhalt.ReadToEnd()
                 Inhalt.Close()
             End If
         End With
     End Sub
```

- Dabei wird ein *Filter* definiert, um die Dateitypen auf Textdateien zu beschränken. Die Filterbedingung muss eine Beschreibung des Filters, gefolgt von einem vertikalen Strich (|) und dem Filtermuster, enthalten. Die Zeichenfolgen für andere Filteroptionen müssen ebenfalls durch einen vertikalen Strich getrennt werden.

- Das Dialogfeld soll außerdem zusammen mit dem Dateinamen die Namenserweiterung zurückgeben. Das erreichen Sie mit `AddExtension = True`.

- Mit `CheckFileExists = True` und `CheckPathExists = True` wird überprüft, ob der Pfad und die Datei existieren.

- Über `InitialDirectory = IO.Path.GetDirectoryName("Eigene Dateien")` sorgen Sie dafür, dass im Ordner *Eigene Dateien* begonnen wird.

- Bei einer Bestätigung über `OK` wird die gewählte Datei dann in das Steuerelement `RichTextBox1` des Formulars eingelesen.

- Außerdem können Sie mit der `ShowReadOnly`-Eigenschaft festlegen, ob im Dialogfeld ein Kontrollkästchen für schreibgeschützten Zugriff angezeigt wird. Die `ReadOnlyChecked`-Eigenschaft würde angeben, ob dieses Kontrollkästchen aktiviert ist. In einer kommerziellen Anwendung sollte hier noch eine Fehlerbehandlung eingefügt werden, da das Öffnen von Dateien wegen Sicherheitsberechtigungen und aus anderen Gründen eine häufige Fehlerquelle ist.

5 Zum Einlesen der Textdatei wird eine Instanz der Klasse *StreamReader* aus dem Namensraum *System.IO* verwendet. Diese – sowie die nachfolgend verwendete Klasse *StreamWriter* aus demselben Namensraum – ermöglicht synchrones sowie asynchrones Lesen und Schreiben auf *Datenstreams* und Dateien sowie damit zusammenhängende Aufgaben. Jedes Mal, wenn Sie eine Datei oder einen Strom öffnen, daraus lesen, etwas hineinschreiben oder etwas anderes damit machen, benötigen Sie diesen Namensraum.

6 Testen Sie die Anwendung aus. Sie können damit eine *.txt*-Datei öffnen. Wenn der Anwender auf die Schaltfläche *Öffnen* klickt, wird das Dialogfeld *Öffnen* angezeigt, das den Inhalt des Ordners *Eigene Dateien* widerspiegelt. Die Auswahl ist auf *.txt*-Dateien beschränkt. Sie können aber manuell diese Voreinstellungen ändern.

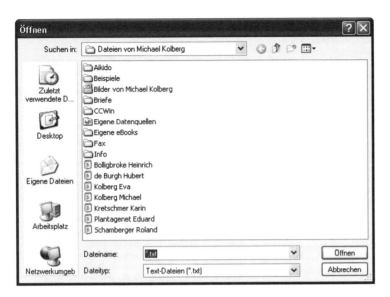

7 Nach dem Markieren einer geeigneten Datei und einem Klick auf *Öffnen* wird deren Inhalt in der *RichTextBox* wiedergegeben.

8 Beenden Sie die Anwendung durch einen Klick auf die Schaltfläche *Schließen* in der Titelleiste von *Form1*. Oder beenden Sie das Debugging.

Exkurs zu Datenstreams

Nachdem Sie eine Datei geöffnet haben, müssen Sie aus ihr lesen und in sie schreiben können. Dabei wird Ihnen immer irgendein Stream übergeben. Ein *Stream* ist ein Informationsfluss, der sequenziell verläuft. Wenn Sie sich die Dateien abstrakt als einen Stream vorstellen, wird es einfacher, mit Dateien und den darin vorhandenen Daten zu arbeiten, da Sie alle Dateien auf dieselbe Art behandeln, ob sie nun binär sind oder Text enthalten. Mehrere grundlegende Operationen – wie Lesen, Schreiben und Suchen – können mit Streams ausgeführt werden und diese verwenden im Prinzip immer dieselben Methoden. Abhängig von der zugrunde liegenden Datenquelle unterstützen Streams aber möglicherweise nur einige dieser Funktionen.

Zwischen einer Datei und einem Stream bestehen aber einige Unterschiede: Eine Datei ist eine geordnete, mit einem Namen versehene Sammlung einer bestimmten Sequenz von dauerhaft gespeicherten Bytes. Daher sind mit einer Datei immer Begriffe wie Verzeichnispfad, Datenträger oder Datei- und Verzeichnisnamen verbunden. Im Gegensatz dazu können mit Streams Bytes in einen Sicherungsspeicher übertragen oder von dort gelesen werden, wobei verschiedene Arten von Speichermedien in Frage kommen. Jeder einzelne Sicherungsspeicher implementiert seinen eigenen Stream als eine Implementierung der Stream-Klasse und jeder Streamtyp schreibt Bytes in seinen jeweiligen Sicherungsspeicher bzw. liest sie daraus. Dank dieser isolierten Speicherung benötigt Ihr Code keine eindeutigen Pfade zur Festlegung sicherer Speicherplätze im Dateisystem. Außerdem werden die Daten vor anderen Anwendungen geschützt, die nur über Zugriff auf isolierte Speicherplätze verfügen. Fest kodierte Daten, die den Speicherbereich einer Anwendung angeben, sind nicht erforderlich.

Speichern mit SaveFileDialog

Wenn der Anwender eine Datei unter einem bestimmten Zieldateinamen speichern muss, können Sie das Steuerelement *SaveFileDialog* verwenden. Auch dieses ist Teil des Betriebssystems und kann durch die Verwendung des Steuerelements *SaveFileDialog* angesprochen werden. Zur Demonstration verwenden wir ein weiteres Beispiel, das Sie unter *WindowsApplication11* auf der Begleit-CD finden. Dieses baut auf dem im vorherigen Abschnitt gezeigten Beispiel auf, beinhaltet aber noch zusätzliche Elemente. Wenn Sie es selbst nachvollziehen wollen, führen Sie die folgenden Schritte durch:

1 Öffnen Sie das vorher benutzte Beispiel *WindowsApplication10*. Das Formular darin beinhaltet bereits eine *RichTextBox* und eine Schaltfläche mit einem Behandler zum Öffnen einer *.txt*-Datei.

2 Fügen Sie ein Steuerelement vom Typ *SaveFileDialog* aus dem Bereich *Dialogfelder* der *Toolbox* hinzu. Es wird als *SaveFileDialog1* im Komponentenfach angezeigt. Auch hier müssen Sie die Logik zum Speichern selbst verfassen. *SaveFileDialog* stellt aber einige Eigenschaften zur Verfügung, die Sie dafür nutzen können.

3 Fügen Sie dem Formular ein weiteres Steuerelement vom Typ *Button* hinzu. Sie können es mit dem Namen *Speichern* versehen.

4 Doppelklicken Sie im Entwurf auf dieses Steuerelement und schreiben Sie den Code für das Ereignis *Click*. Der Code funktioniert ähnlich wie der zum Speichern. Auch hier können Sie bereits gewisse Voreinstellungen für das Dialogfeld fordern, indem Sie die Eigenschaften festlegen. Beispielsweise könnten Sie mit *OverwritePrompt* festlegen, ob im Dialogfeld *Speichern unter* eine Warnung angezeigt wird, wenn der Benutzer einen bereits vorhandenen Dateinamen angibt.

5 Zum Schreiben der Textdatei wird wiederum eine Instanz der Klasse *StreamReader* aus dem Namensraum *System.IO* verwendet. Diese ermöglicht synchrones sowie asynchrones Schreiben.

```
Form1.vb   Form1.vb [Entwurf]                                          ▾ ✕
⌒Button2                              ▾   ⚡ Click                       ▾
      Private Sub Button2_Click(ByVal sender As System.Object, ByVal e As
   System.EventArgs) Handles Button2.Click
          Dim Inhalt As IO.StreamWriter
          With SaveFileDialog1
              .Filter() = "Text-Dateien (*.txt|*.txt)"
              .AddExtension = True
              .CheckPathExists = True
              .InitialDirectory = IO.Path.GetDirectoryName("Eigene Dateien")
              If .ShowDialog = Windows.Forms.DialogResult.OK Then
                  Inhalt = New IO.StreamWriter(.FileName)
                  Inhalt.Write(RichTextBox1.Text)
                  Inhalt.Close()
              End If
          End With
      End Sub
```

6 Testen Sie die Anwendung aus. Wenn Sie im Formular auf die schon bekannte Schaltfläche *Öffnen* klicken, wird das Dialogfeld *Öffnen* angezeigt, über das Sie eine *.txt*-Datei anzeigen lassen können. Sie können auch einfach einen Text in der *RichTextBox* eingeben.

7 Klicken Sie anschließend auf *Speichern*. Das Dialogfeld *Speichern unter* wird angezeigt. Hierüber können Sie wie gewohnt den Inhalt der *RichTextBox* als Datei ablegen.

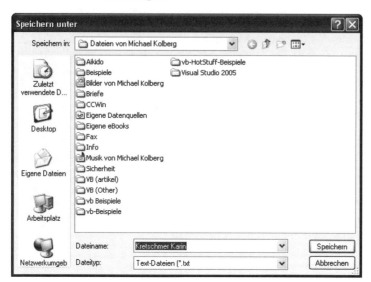

8 Beenden Sie die Anwendung durch einen Klick auf die Schaltfläche *Schließen* in der Titelleiste von *Form1*. Oder beenden Sie das Debugging über die IDE.

Damit dürften Sie auch den Vorgang des Speicherns kontrollieren können. Sie können noch ein Übriges tun und eine Schaltfläche zum Löschen des Inhalts der *RichTextBox* einfügen. Erstellen Sie ein weiteres Steuerelement vom Typ *Button*, bezeichnen Sie es mit *Löschen* und schreiben Sie den Code nach einem Doppelklick auf das Steuerelement.

```
Private Sub Button3_Click(ByVal sender As System.Object
, ByVal e As System.EventArgs) Handles Button3.Click
    RichTextBox1.Text = ""
End Sub
```

Dialogfelder zum Formatieren

Sie finden im Bereich *Dialogfelder* der *Toolbox* auch zwei weitere Steuerelemente, über die Sie Formateinstellungen regeln können. Darüber wollen wir in dem jetzt folgenden Abschnitt sprechen. Nachdem wir die Komponenten *Font-*

Dialog und *ColorDialog* vorgestellt haben, werden wir ihren Einsatz an einem Beispiel demonstrieren.

Schriftarten mit FontDialog

Die Namen, die verfügbaren Größen und der Schnitt der Schriften auf dem Rechner eines Anwenders können eine recht große Informationsmenge bilden. Um aus diesen Elementen ein Schriftformat zu wählen, sollten Sie sich darum des Steuerelements *FontDialog* bedienen. Damit erzeugen Sie das wohl allgemein bekannte Windows-Standarddialogfeld *Schriftart*, in dem die auf dem System installierten Schriftarten angezeigt werden. Dieses Dialogfeld erledigt die gewünschten Formatierungsaufgaben für Sie.

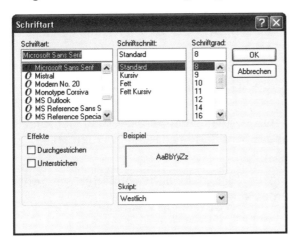

Die Arbeit mit diesem Dialogfeld kennen Sie bestimmt schon: Standardmäßig zeigt das Dialogfeld Listenfelder für *Schriftart*, *Schriftschnitt* und *Schriftgrad*, Kontrollkästchen für Effekte wie *Durchgestrichen* und *Unterstrichen*, eine Dropdown-Liste für Skripts sowie ein *Beispiel* dafür, wie die Schriftart aussehen wird. *Skript* bezieht sich auf verschiedene Zeichenskripts, die für eine bestimmte Schriftart, beispielsweise Hebräisch oder Japanisch, verfügbar sind.

Um das Dialogfeld anzuzeigen, müssen Sie seine *ShowDialog*-Methode aufrufen. Die Komponente besitzt eine Reihe von Eigenschaften, über die sich deren Voreinstellung konfigurieren lässt. Besonders interessant sind hier die Bereiche *Verhalten* und *Daten*. Im Letzteren werden mit *Font* und *Color* die Eigenschaften festgelegt, die den Auswahlmöglichkeiten im Dialogfeld entsprechen. Die *Font*-Eigenschaft legt Schriftart, Schriftschnitt, Schriftgrad, Skript und Effekte fest – beispielsweise mit `Arial, 10pt, style=Italic, Strikeout`.

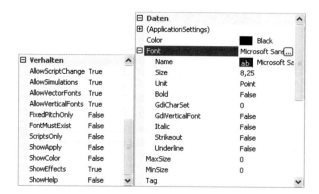

Die folgende Aufzählung fasst einige interessante Eigenschaften zusammen:

- *AllowScriptChange* gibt an, ob der Benutzer den im Kombinationsfeld *Script* angegebenen Zeichensatz ändern kann, so dass anstelle des aktuellen ein anderer Zeichensatz angezeigt wird.

- *AllowVectorFonts* bestimmt, ob Vektorschriftarten im Dialogfeld ausgewählt werden können.

- *AllowVerticalFonts* gibt an, ob im Dialogfeld vertikale und horizontale Schriftarten oder nur horizontale Schriftarten angezeigt werden sollen.

- *Color* legt die ausgewählte Schriftfarbe fest.

- *FixedPitchOnly* bestimmt, ob im Dialogfeld nur Schriftarten mit fester Schriftbreite ausgewählt werden können.

- *Font* bestimmt die ausgewählte Schriftart.

- *FontMustExist* gibt an, ob im Dialogfeld eine Fehlerbedingung angegeben wird, wenn der Benutzer eine nicht vorhandene Schriftart oder ein nicht vorhandenes Format auswählt.

- *MaxSize* und *MinSize* legen den größten und den kleinsten Schriftgrad fest, den der Benutzer auswählen kann.

- *ShowApply* bestimmt, ob das Dialogfeld die Schaltfläche *Übernehmen* enthält.

- *ShowColor* gibt an, ob im Dialogfeld die Farbauswahl angezeigt wird.

- *ShowEffects* regelt, ob das Dialogfeld Steuerelemente enthält, mit denen der Benutzer Optionen zum Durchstreichen, Unterstreichen und für die Textfarbe angeben kann.

Farben mit ColorDialog

Wenn Sie nicht gerade eine fortgeschrittene Funktionalität benötigen, ist das Steuerelement *ColorDialog* genau das, was Sie brauchen, damit der Anwender eine Farbe auswählen kann. Der Anwender kann mit dieser Komponente eine Farbe aus einer Palette auswählen und dieser Palette benutzerdefinierte Farben hinzufügen. Es ist mit dem Dialogfeld identisch, das in anderen Windows-Anwendungen zum Auswählen von Farben angezeigt wird. Außerdem können Sie in diesem Dialogfeld eine vordefinierte Standardfarbe auswählen oder eine eigene Farbe mischen.

Um das Dialogfeld anzuzeigen, müssen Sie seine *ShowDialog*-Methode aufrufen. Die im Dialogfeld ausgewählte Farbe wird durch die *Color*-Eigenschaft zurückgegeben.

Auch hier finden Sie wieder im Bereich *Verhalten* eine Reihe von Eigenschaften, über die Sie das Verhalten steuern können: Wenn die *AllowFullOpen*-Eigenschaft auf `false` festgelegt wird, wird die Schaltfläche *Benutzerdefinierte Farben* deaktiviert, und es stehen nur die vordefinierten Farben in der Palette zur Verfügung. *AnyColor* legt fest, ob im Dialogfeld bei den Grundfarben alle verfügbaren Farben angezeigt werden sollen. Wenn die *SolidColorOnly*-Eigenschaft auf `true` festgelegt wird, können keine Mischfarben ausgewählt werden.

Ein Beispiel

Um diese beiden Komponenten zum Steuern von Formatangaben zu verdeutlichen, wollen wir das vorher entwickelte Beispiel erweitern. Sie finden das Ergebnis auch unter *WindowsApplication12* auf der Begleit-CD. Wenn Sie die Arbeiten selbst nachvollziehen möchten, führen Sie die nachstehend genannten Schritte durch:

1 Öffnen Sie das vorher benutzte Beispiel *WindowsApplication11*. Das Formular darin enthält bereits eine *RichTextBox* und eine Schaltfläche mit einem Behandler zum Öffnen und Speichern von *.txt*-Dateien.

2 Fügen Sie dem Formular je ein Steuerelement vom Typ *FontDialog* und vom Typ *ColorDialog* aus dem Bereich *Dialogfelder* der *Toolbox* hinzu. Sie werden als *FontDialog1* und *ColorDialog1* im Komponentenfach angezeigt.

3 Fügen Sie dem Formular zwei weitere Steuerelemente vom Typ *Button* hinzu. Versehen Sie sie mit den Namen *Schriftart* und *Farbe*.

4 Erneut müssen Sie die Logik dazu selbst verfassen. Schreiben Sie zuerst den Code zum Ereignis *Click* für das Ereignis *Schriftart*. Die Elemente dafür sollten Sie schon kennen.

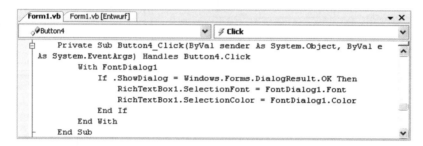

```
Private Sub Button4_Click(ByVal sender As System.Object, ByVal e
As System.EventArgs) Handles Button4.Click
    With FontDialog1
        If .ShowDialog = Windows.Forms.DialogResult.OK Then
            RichTextBox1.SelectionFont = FontDialog1.Font
            RichTextBox1.SelectionColor = FontDialog1.Color
        End If
    End With
End Sub
```

5 Anschließend können Sie den Code für das Ereignis *Click* zur Schaltfläche *Farbe* schreiben. Wenn Sie *Kapitel 8* gelesen haben, enthält auch dieser Code für Sie nichts Neues.

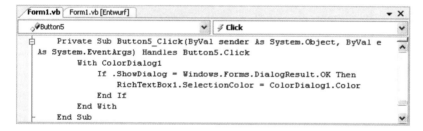

```
Private Sub Button5_Click(ByVal sender As System.Object, ByVal e
As System.EventArgs) Handles Button5.Click
    With ColorDialog1
        If .ShowDialog = Windows.Forms.DialogResult.OK Then
            RichTextBox1.SelectionColor = ColorDialog1.Color
        End If
    End With
End Sub
```

6 Damit ist auch dieser Teil fertig gestellt. Testen Sie die Anwendung aus. Öffnen Sie zur Laufzeit eine *.txt*-Datei.

7 Markieren Sie einen Bereich darin und klicken Sie auf die Schaltfläche *Schriftart*. Das Dialogfeld wird angezeigt. Ändern Sie einige Einstellungen darin und bestätigen Sie über *OK*. Die geänderten Schriftparameter werden im vorher markierten Bereich übernommen.

8 Auf entsprechende Weise können Sie auch die Farbe der Schrift für einen vorher markierten Bereich ändern.

9 Beenden Sie die Anwendung durch einen Klick auf die Schaltfläche
Schließen in der Titelleiste von *Form1*. Oder beenden Sie das Debugging
über die IDE.

Eine kleine Erfolgskontrolle

Sie haben in diesem Kapitel gelernt, wie man Dialogfelder in einer Anwendung
benutzt. Bitte beantworten Sie jetzt die folgenden Fragen zu diesem Themenbereich:

- Welche Möglichkeiten kennen Sie, ein Dialogfeld in der Anwendung anzei-
  gen zu lassen?
- Was versteht man unter einer *MessageBox*?
- Wie gehen Sie vor, wenn Sie mehrere Schaltflächen in einer *MessageBox*
  anzeigen wollen?
- Was versteht man unter *modalen* und unter *nicht modalen* Formularen?
- Über welches Steuerelement können Sie das Dialogfeld *Öffnen* anzeigen
  lassen, über welches das Dialogfeld *Speichern unter*?
- Über welches Steuerelement können Sie die Schriftart regeln?

Das lernen Sie in diesem Kapitel neu:

Kapitel 11

Programmoberflächen

In diesem letzten Arbeitskapitel wollen wir uns mit Steuerelementen beschäftigen, über die Sie die Optik und Verhaltensweise ganzer Programmoberflächen bestimmen können. Für Windows-Anwendungen typisch ist beispielsweise deren Steuerung über Menüs, Kontextmenüs und Symbolleisten. Auch verschiedene Oberflächenstile – wie die so genannten Single Document- *und* Multiple Document-Interfaces *und* modale *bzw.* nicht modale *Fensterzustände werden hier angesprochen.*

Menüleisten mit MenuStrip

Um einer Windows-Anwendung ein Menü hinzuzufügen, verwenden Sie das Steuerelement *MenuStrip*. Nachdem Sie die Komponente in das Formular übernommen haben, können Sie die Struktur des Hauptmenüs im Menü-Designer visuell anpassen.

Menüstruktur definieren

Das anschließend vorgestellte Beispiel finden Sie in der endgültigen Version unter *WindowsApplication13* auf der Begleit-CD. Wenn Sie dieses Beispiel selbst nachvollziehen wollen, orientieren Sie sich an den folgenden Schritten:

1 Erstellen Sie eine neue Windows-Anwendung.

2 Fügen Sie dem Formular ein Steuerelement vom Typ *MenuStrip* hinzu. Es wird im Komponentenfach abgelegt. Außerdem erscheint oben im Formular ein Balken mit einem Eingabefeld, in dem der Text Hier einge-ben angezeigt wird.

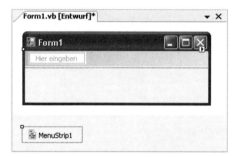

3 Klicken Sie in das Eingabefeld und geben Sie den gewünschten Namen für das erste Menü – beispielsweise *Datei* – ein. Den vergebenen Menünamen finden Sie nach der Bestätigung auch im Eigenschaftenfenster in der Eigenschaft *Text* vermerkt. Während der Eingabe wird die Struktur erweitert. Unter und rechts vom bisherigen Eingabefeld tauchen zwei weitere Eingabefelder auf.

4 Geben Sie im unteren Eingabefeld den ersten Menübefehl des Menüs ein – beispielsweise *Neu*. Wiederum wird die Struktur erweitert. Unterhalb finden Sie ein Eingabefeld für den zweiten Befehl des Menüs, rechts das Eingabefeld für den Fall, dass der Menübefehl über ein Untermenü verfügen soll.

5 Fahren Sie mit der Eingabe der weiteren Befehle des ersten Menüs fort. Fügen Sie beispielsweise den Befehl *Öffnen* hinzu.

6 Wenn Sie Separatoren – das sind horizontale Linien, mit denen zusammengehörende Blöcke von Befehlen innerhalb eines Menüs voneinander abgegrenzt werden – in ein Menü einfügen wollen, öffnen Sie die Liste zum Eingabefeld und wählen *Separator*. Sie können stattdessen im Eingabefeld auch einfach einen waagerechten Trennstrich eingeben. Sobald Sie diese Zeile wieder verlassen, wird dieser in eine Linie mit der Breite des Menüs umgewandelt.

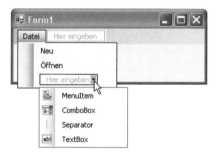

7 Fahren Sie mit der Eingabe zusätzlicher Befehle für das erste Menü fort.

8 In dem Textbereich daneben können Sie anschließend den Namen des zweiten Menüs eingeben – beispielsweise *Fenster*. Während Sie an einem Menü arbeiten, sind die anderen geschlossen. Falls Sie weitere Elemente darin hinzufügen möchten, können Sie darauf klicken, um es wieder zu öffnen.

Außerdem stehen Ihnen zwei zusätzliche Möglichkeiten zur Verfügung, um den Benutzerkomfort zu erhöhen:

- Sie können jedem Menüelement *Zugriffstasten* hinzufügen. Dazu setzen Sie – wie auch bei anderen Steuerelementen üblich – das Et-Zeichen (&) vor den Buchstaben, der unterstrichen angezeigt werden soll. Diese Änderung können Sie nach Eingabe der Namen entweder im Formular selbst durchführen, nachdem Sie das Menüelement zweimal (langsam) ange-klickt haben. Auch im Fenster *Eigenschaften* können Sie unter *Text* diese Ergänzung durchführen.

- Sie können auch eine Tastaturunterstützung durch die Verwendung von *Tastenkombinationen* hinzufügen. Dazu benutzen Sie die Eigenschaft *Shortcutkeys* im Bereich *Sonstiges*. Wenn Sie die Eigenschaft *ShowShort-cutKeys* auf `False` setzen, bleiben die definierten Tastenkombinationen zwar weiterhin wirksam, werden aber im Menü zur Laufzeit nicht ange-zeigt.

Tipp

Wenn Sie sich die Arbeit des Eingebens der einzelnen Menüpositionen ersparen möchten, können Sie nach dem Einfügen des Steuerelements den Befehl *Standardelemente einfügen* aus dem Kontextmenü dazu wählen. Damit werden die für ein Windows-Programm typischen Menüs *Datei*, *Bearbeiten*, *Extras* und *Hilfe* inklusive der dafür üblichen Befehle – zusammen mit Zugriffstasten und Tastenkombinationen – in das Formular eingefügt.

Sie können die nicht benötigten Elemente nach dem Erstellen einer solchen Leiste löschen. Markieren Sie den Namen und drücken Sie Entf .

Normalerweise fügen Sie das Steuerelement *MenuStrip* einem Formular nur einmal hinzu, da Sie darüber eine ganze Menüzeile mit entsprechenden Befehlen aufbauen können. Sie können in einem Formular zwar mehrere Menüsätze verwenden, aber es kann immer nur eines aktiv sein. Wenn Sie mehrere Menü-Steuerelemente benutzen – beispielsweise zwei mit den Namen *MenueStrip1* und *MenueStrip2* –, können Sie zwischen beiden wechseln, indem Sie im Code das gewünschte Element aktivieren. `Me.Menu = MenueStrip1` aktiviert `MenueStrip1`, `Me.Menu = MenueStrip2` aktiviert `MenueStrip2`. Dies ist in Fällen angebracht, in denen Sie ein Formular für verschiedene Aufgaben verwenden, beispielsweise wenn Sie verschiedene Dateitypen in ein Steuerelement des Formulars laden.

Ereignisbehandler schreiben

Das Einfügen einer solchen Menüstruktur bewirkt noch keine weitere Funktionalität. Aber sowohl die Elemente der Menüleiste als auch die jeweils darunter liegenden Menübefehle unterstützen eine Reihe von Ereignissen. Normalerweise verwenden Sie davon aber nur das Ereignis *Click*.

1 Zur Eingabe dieses Codes klicken Sie in der Entwurfsansicht ein Menüelement doppelt an. Im Codefenster wird das Fragment einer neuen Routine angezeigt. Geben Sie im Bereich vor End Sub den gewünschten Code ein.

2 Die einzelnen Ereignisbehandler sollen später sowohl über Menübefehle als auch über Befehle aus Kontextmenüs oder die anschließend angesprochenen Schaltflächen einer Symbolleiste aufgerufen werden können. Darum empfiehlt es sich, die Logik in separaten Subroutinen anzulegen und diese von dem Ereignisbehandler zum Menübefehl anzusprechen. Für den Menübefehl *Beenden* können Sie aber beispielsweise einfach Me.Close() verwenden.

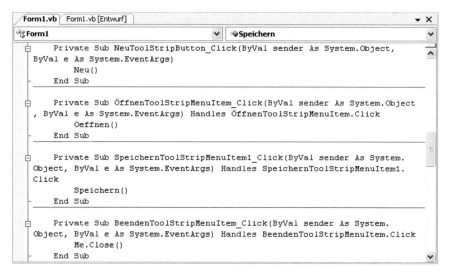

3 Anschließend müssen Sie die eigentliche Logik in Subroutinen anlegen. Wir haben dafür dieselbe Technik verwendet, die wir im vorherigen Kapitel in *WindowsApplication12* eingesetzt haben. Zum Öffnen benutzen Sie beispielsweise wieder ein *StreamReader*-Objekt.

```
Form1.vb   Form1.vb [Entwurf]                                              ▼ ✕
🕯Form1                                    ∨   🍛Speichern                    ∨
  ⊟      Sub Oeffnen()                                                      ▲
              Dim Inhalt As IO.StreamReader
              With OpenFileDialog1
                  .Filter() = "Text-Dateien (*.txt)|*.txt"
                  .AddExtension = True
                  .CheckFileExists = True
                  .CheckPathExists = True
                  .InitialDirectory = IO.Path.GetDirectoryName("Eigene Dateien")
                  .FileName = "*.txt"
                  If .ShowDialog = Windows.Forms.DialogResult.OK Then
                      Inhalt = New IO.StreamReader(.FileName)
                      RichTextBox1.Text = Inhalt.ReadToEnd()
                      Dateiname = .FileName
                      Me.Text = Dateiname
                      Pfad = .InitialDirectory
                      Inhalt.Close()
                  End If
              End With
  └      End Sub                                                            ▼
```

4 Zum Speichern wurde ein *StreamWriter*-Objekt eingesetzt. Auch hier wurde dieselbe Technik wie in *WindowsApplication12* verwendet.

```
Form1.vb   Form1.vb [Entwurf]                                              ▼ ✕
🕯Form1                                    ∨   🍛Speichern                    ∨
  ⊟      Sub Speichern()                                                    ▲
              Dim Inhalt As IO.StreamWriter
              With SaveFileDialog1
                  .Filter() = "Text-Dateien (*.txt)|*.txt)"
                  .AddExtension = True
                  .CheckPathExists = True
                  .InitialDirectory = IO.Path.GetDirectoryName("Eigene Dateien")
                  If .ShowDialog = Windows.Forms.DialogResult.OK Then
                      Inhalt = New IO.StreamWriter(.FileName)
                      Inhalt.Write(RichTextBox1.Text)
                      Inhalt.Close()
                  End If
              End With
  └      End Sub                                                            ▼
```

5 Auch die Ereignisbehandler für die Befehle des Menüs *Format* wurden auf dieselbe
Weise abgearbeitet. Den Code für den Ereignisbehandler des Menübefehls ruft
zunächst nur eine Subroutine auf.

6 Diese Subroutine besorgt dann die eigentliche Logik.

7 Nachdem Sie alle Menübefehle auf diese Weise mit geeigneten Ereignisbehandlern versorgt haben, können Sie die Anwendung austesten. Probieren Sie, ob die Menüs wie gewünscht funktionieren.

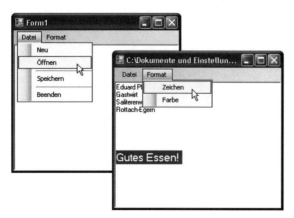

8 Nach dem Test können Sie die Anwendung wie üblich beenden. Sie können hier auch den selbst erstellten Befehl *Beenden* im Menü *Datei* benutzen.

Menüs editieren

Es wird sicherlich Fälle geben, in denen Sie eine vorher als fertig angesehene Menüstruktur erweitern oder korrigieren wollen. Sie können diese Arbeiten direkt im Entwurfsfenster erledigen, ein anderes Vorgehen ist aber bequemer.

1 Markieren Sie das für die Anzeige des Menüs verantwortliche Steuerelement – also beispielsweise *MenueStrip1*.

2 Klicken Sie dann im Fenster *Eigenschaften* auf die kleine Schaltfläche mit den drei Auslassungspunkten in der Zeile *Items* im Bereich *Daten*. Das Dialogfeld *Elementauflistungs-Editor* wird angezeigt, über das alle Elemente der Menüstruktur bearbeitet werden können.

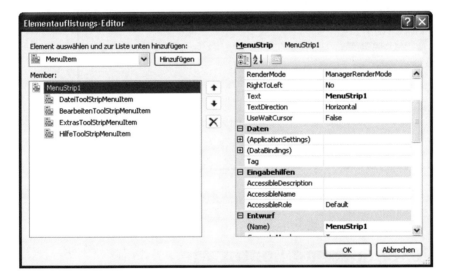

3 Um ein neues Menü hinzuzufügen, klicken Sie auf *Hinzufügen*. Das neue Menü wird der Liste auf der linken Seite hinzugefügt.

4 Wenn Sie als neues Element kein normales *MenuItem*, sondern eine *ConboBox* oder eine *TextBox* wünschen, wählen Sie den gewünschten Typ vorher aus der Liste aus.

5 Um die Reihenfolge der Anzeige der Menüs zu ändern, markieren Sie das zu
verschiebende Menü in der Liste links und benutzen zum Verschieben die Schaltflächen mit den Pfeilen.

6 Um ein Menü zu entfernen, markieren Sie es in der Liste links und klicken auf
die Schaltfläche mit dem Kreuz.

7 Wenn Sie die Befehle zu einem Menü bearbeiten wollen, markieren Sie zuerst in
der Liste links das Menü und klicken dann auf die kleine Schaltfläche mit den drei Auslassungspunkten in der Zeile *DropDownItems* im Bereich *Daten*. Das Dialogfeld *Elementauflistungs-Editor* zeigt dann die Elemente des vorher gewählten Menüs an. Sie
können sie auf die gleiche Weise bearbeiten wie die einzelnen Menüs.

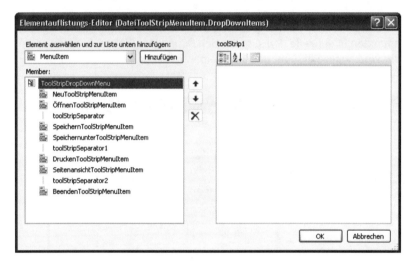

8 Bestätigen Sie Ihre Änderungen in der Menüstruktur durch einen Klick
auf die Schaltfläche *OK*.

Kontextmenüs mit ContextMenuStrip

Mit *ContextMenuStrip* kann dem Benutzer ein leicht zugängliches Menü der
häufig verwendeten Befehle bereitgestellt werden, die zum markierten Objekt
gehören. Sie sind also meist mit anderen Steuerelementen verknüpft. Bei den
Optionen eines Kontextmenüs handelt es sich oftmals um einen Teil der Optionen aus Hauptmenüs, die an einer anderen Stelle der Anwendung zu finden
sind. Sie finden ein Beispiel für den Einsatz unter *WindowsApplication14* auf
der Begleit-CD.

1 Öffnen Sie die gewünschte Windows-Anwendung oder erstellen Sie eine neue. Sie können zum Austesten von dem eben erstellten Beispiel *WindowsApplication13* ausgehen.

2 Fügen Sie dem Formular ein Steuerelement vom Typ *Context-MenuStrip* hinzu. Es wird wiederum im Komponentenfach abge-legt. Außerdem erscheint oben im Formular ein Balken mit einem Eingabefeld mit dem Text Hier eingeben.

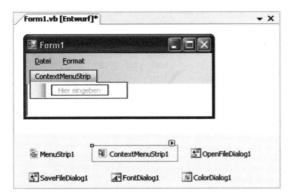

3 Die einzelnen Positionen des Kontextmenüs geben Sie wie oben für die normalen Menübefehle beschrieben ein. Der einzige Unterschied besteht darin, dass ein Kontextmenü nur eine einzige Befehlsliste und keine Überschrift besitzt. Auch hier können Sie mit Untermenüs arbeiten. Geben Sie beispielsweise die Befehle *Neu*, *Öffnen* und *Speichern* ein.

> **Tipp**
>
> Diese Anzeige für die Eingabe der Befehle des Kontextmenüs verschwin-det, wenn Sie im Entwurf ein anderes Steuerelement markieren. Sie kön-nen sie wieder anzeigen lassen, indem Sie das Steuerelement im Komponentenfach markieren.

4 Auch die Ereignisbehandler für die Befehle eines Kontextmenüs schreiben Sie wie schon von normalen Menübefehlen her gewohnt. Sie brauchen in unserem Beispiel nur noch einen Code zu schreiben, der die schon vorher definierten Routinen aufruft. Doppelklicken Sie auf die Befehlszeile und vervollständigen Sie den dann angezeigten Code.

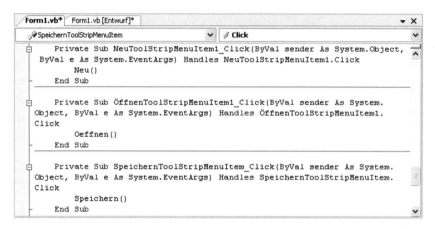

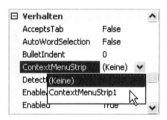

5 Anschließend müssen Sie das so definierte Kontextmenü dem Steuerelement zuordnen, zu dem es angezeigt werden soll. Dazu markieren Sie das gewünschte Steuerelement – beispielsweise die *RichTextBox* – und verwenden die Eigenschaft *ContextMenuStrip* in der Gruppe *Verhalten* des vorher markierten Steuerelements. Denken Sie daran, dass Sie bei Formularen mit vielen gleichartigen Steuerelementen dasselbe Kontextmenü oft für mehrere Steuerelemente einsetzen können. Ein einzelnes Kontextmenü kann also mit mehreren Steuerelementen verknüpft werden, jedes Steuerelement kann jedoch nur ein Kontextmenü besitzen.

6 Anschließend können Sie den Erfolg wieder austesten. Sie sollten in der Lage sein, das Kontextmenü durch einen Klick auf die rechte Maustaste in der *RichTextBox* aufzurufen. Testen Sie die Wirkung der Menübefehle darin.

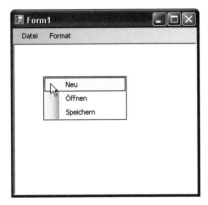

7 Nach dem Test können Sie die Anwendung wie üblich beenden. Sie kön- nen hier auch wieder den selbst erstellten Befehl *Beenden* im Menü *Datei* benutzen.

Symbolleiste mit ToolStrip

Eine Symbolleiste enthält in der Regel Schaltflächen und Menüs, die den Optionen in der Menüstruktur einer Anwendung entsprechen und einen schnellen Zugriff auf die am häufigsten verwendeten Funktionen und Befehle einer Anwendung ermöglichen. In den Schaltflächen einer solchen Leiste können zur leichteren Identifizierung durch Benutzer grafische Symbole angezeigt werden.

Symbolleiste einfügen

Das Steuerelement *ToolStrip* kann in Formularen benutzt werden, um solche Steuerleisten zu erstellen. Sie finden auf der Begleit-CD das Beispiel *WindowsApplication15*, das diese Technik benutzt.

1 Öffnen Sie die gewünschte Windows-Anwendung oder erstellen Sie eine neue. Sie können zum Ausprobieren von der gerade beschriebenen *WindowsApplication14* ausgehen, die bereits die Logik für die Arbeit mit Menüs und Kontextmenüs enthält.

2 Fügen Sie dem Formular ein Steuerelement vom Typ *ToolStrip* hinzu. Es wird im Komponentenfach abgelegt. Außerdem erscheint oben im Formular ein Balken mit einer symbolischen Schaltfläche.

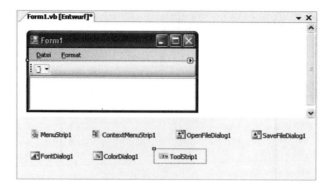

3 Ein Klick auf das darin angezeigte Symbol öffnet ein Listenfeld, über das Sie aus unterschiedlichen Typen von Schaltflächen den gewünschten auswählen können. Beispielsweise liefert der Typ *Button* eine ganz normale Schaltfläche, *DropDownButton* erzeugt eine Schaltfläche, über die Sie zur Laufzeit ein Menü öffnen können. In der Mehrzahl der Fälle werden Sie hier wahrscheinlich die Option *Button* verwenden.

4 Nachdem Sie den Typ der Schaltfläche festgelegt haben, wird eine symbolische Schaltfläche dieses Typs erstellt. Auf dieselbe Weise können Sie anschließend weitere symbolische Schaltflächen festlegen. Die eingefügten Schaltflächen zeigen anfangs immer dasselbe Symbol, was natürlich nicht Sinn einer Symbolleiste ist.

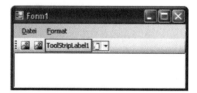

5 Zum Ersetzen des Standards durch andere Symbole bedienen Sie sich am besten der Eigenschaft *Image* im Bereich *Darstellung*, nachdem Sie die zu bearbeitende Schaltfläche markiert haben. Über die Schaltfläche mit den drei Punkten zu dieser Eigenschaft öffnen Sie ein Dialogfeld, über das Sie der Schaltfläche eine Grafik zuweisen können. Die Arbeit damit haben wir bereits in *Kapitel 8* im Abschnitt zum Steuerelement *PictureBox* angesprochen. Besonders dann, wenn Sie dieses Bild mehrfach im Projekt verwenden wollen, empfiehlt sich aber die Verwendung der zweiten Option – *Projektressourcendatei*. Im Gegensatz zur Option *Lokale Ressource* steht das Bild dann auch für andere Symbolleisten des Projekts in einer *Projektressourcendatei* zur Verfügung, die im Fenster mit Ihren Elementen im *Projektmappen-Explorer* angezeigt wird. Dasselbe Bild kann also mit mehreren Steuerelementen verbunden werden und Sie können Bilder zentral austauschen.

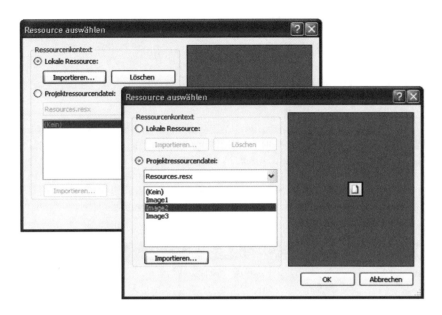

Auf die eben beschriebene Weise können Sie die Elemente einer Symbolleiste Stück für Stück aufbauen.

> **Tipp**
>
> Ähnlich wie beim Erstellen eines Menüs können Sie sich auch hier die Arbeit vereinfachen: Wählen Sie nach dem Einfügen des Steuerelements *ToolStrip* den Befehl *Standardelemente einfügen* aus dem Kontextmenü dazu. Damit werden die für ein Windows-Programm typischen Schaltflächen in das Formular eingefügt. Diese werden bereits mit den bei Windows üblicherweise verwendeten Symbolen versehen. Entfernen Sie wieder die nicht benötigten und fügen Sie weitere hinzu. In unserem Beispiel wurden nur die Schaltflächen *Neu*, *Öffnen* und *Speichern* benutzt.
>
>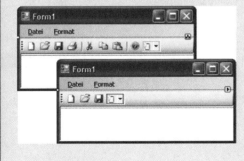

Symbolleisten bearbeiten

Symbolleisten können Sie ähnlich bearbeiten wie Menüs:

1 Markieren Sie das für die Anzeige der Symbolleiste verantwortliche Steuerelement.

2 Klicken Sie im Fenster *Eigenschaften* für das Steuerelement *ToolStrip* auf *Items* im Bereich *Daten* und anschließend auf die Schaltfläche mit den Auslassungspunkten, um den *Elementauflistungs-Editor* zu öffnen. In der Liste *Member* finden Sie als ersten Eintrag das für die Leiste als Ganzes verantwortliche Steuerelement *ToolStrip*, darunter die Steuerelemente für die bereits eingefügten Schaltflächen. Über die Liste der Eigenschaften auf der rechten Seite können Sie die gesamte Symbolleiste oder die momentan markierte Schaltfläche konfigurieren.

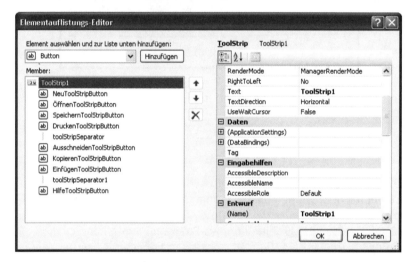

3 Über die Schaltfläche *Hinzufügen* können Sie dem Steuerelement weitere Schaltflächen unterschiedlicher Art hinzufügen, deren Form Sie über die Liste links davor wählen können. Die ausgewählten Schaltflächen werden zur Liste *Members* hinzugefügt.

4 Sie können auch vor dem Hinzufügen den Typ der Schaltfläche auswählen. Öffnen Sie dazu die Liste links neben der Schaltfläche *Hinzufügen* und wählen Sie den gewünschten Typ aus.

5 Die Reihenfolge der Schaltflächen in der Leiste können Sie ändern, indem Sie die zu verschiebende Schaltfläche markieren und dann auf eines der Symbole mit den nach unten oder nach oben zeigenden Pfeilen klicken.

6 Unterhalb dieser Pfeile finden Sie auch die Möglichkeit, die aktuell markierte Schaltfläche aus der Liste zu entfernen.

7 Bestätigen Sie Ihre Änderungen in der Struktur durch einen Klick auf die Schaltfläche *OK*.

Ereignisbehandler schreiben

Auch die Elemente einer Symbolleiste unterstützen eine Reihe von Ereignissen. Wie bei Menübefehlen verwenden Sie davon aber meist nur eines und das heißt hier wiederum *Click*.

1 Zur Eingabe dieses Codes klicken Sie eine Schaltfläche im Entwurf doppelt an. Im Codefenster wird das Fragment einer neuen Routine angezeigt.

2 Geben Sie im Bereich vor End Sub den gewünschten Code ein. In unserem Beispiel existiert die Logik dafür bereits in Form von Subroutinen. Sie müssen die entsprechende Routine nur noch über den Behandler aufrufen.

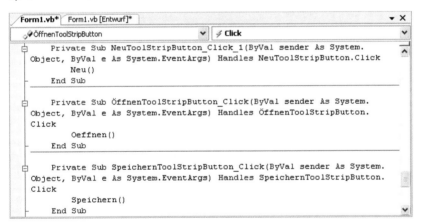

3 Sie können jetzt den Erfolg wieder austesten. Sie sollten in der Lage sein, die entsprechenden Dialogfelder auch durch einen Klick auf die Schaltflächen anzeigen zu lassen.

4 Nach dem Test können Sie die Anwendung wie üblich beenden. Sie können hier auch wieder den selbst erstellten Befehl *Beenden* im Menü *Datei*
benutzen.

Die Zwischenablage

Hier ist noch Platz für einen weiteren interessanten Aspekt: das Arbeiten mit
der Zwischenablage. Diese kann – wie ja allgemein bekannt – zum Speichern
von Daten wie Text und Bildern verwendet werden. Mit dem Objekt *My.Compu-
ter.Clipboard* können Sie ohne Probleme darauf zugreifen. In unserem Beispiel
WindowsAplication16 haben wir das genutzt. Wenn Sie dieses Beispiel nachvollziehen wollen, führen Sie die folgenden Schritte durch:

1 Öffnen Sie die gewünschte Windows-Anwendung oder erstellen Sie eine neue. Sie
können zum Austesten von dem eben erstellten Beispiel *WindowsApplication15* ausgehen.

2 Sorgen Sie dafür, dass in der Symbolleiste die Schaltflächen *Ausschneiden*, *Kopieren* und *Einfügen* angezeigt werden. Am einfachsten geht das, indem Sie den Befehl *Standardelemente einfügen* aus dem Kontextmenü zum Steuerelement *ToolStrip* wählen und die nicht benötigten Schaltflächen löschen.

3 Schreiben Sie dann die Ereignisbehandler zu diesen Schaltflächen. Wenn Sie die jeweilige Funktion anschließend auch über die Befehle eines *Bearbeiten*-Menüs steuern möchten, empfiehlt es sich wieder, den Code in separaten Routinen abzulegen.

- Zum *Kopieren* können Sie die Methode *SetText* des Objekts *My.Computer.Clipboard* benutzen. Sorgen Sie dafür, dass der vorher markierte Text verwendet wird.
- Zum *Ausschneiden* benutzen Sie dieselbe Verfahrensweise, sorgen aber anschließend dafür, dass die Auswahl gelöscht wird.
- Für das Einfügen benutzen Sie die Methode *SetText*.

4 Nachdem Sie diese Routinen geschrieben haben, können Sie die Ereignisbehandler für die Schaltflächen schreiben. Wechseln Sie zum Entwurf, doppelklicken Sie auf eine Schaltfläche und ergänzen Sie den Code durch den Aufruf der jeweiligen Routine.

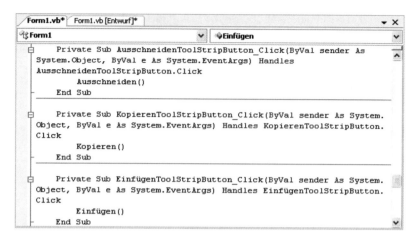

5 Sie können ein Übriges tun und der Menüleiste noch ein Menü *Bearbeiten* hinzufügen. Gehen Sie wie üblich vor und fügen Sie dem Menü die Befehle *Ausschneiden*, *Kopieren* und *Einfügen* hinzu.

6 Wenn Sie das Menü *Bearbeiten* an die im Allgemeinen übliche Stelle rechts neben dem Menü *Datei* setzen möchten, markieren Sie das Steuerelement *MenuStrip1* und doppelklicken auf die Schaltfläche mit den drei Auslassungspunkten zur Eigenschaft *Items* im Bereich *Daten*. Markieren Sie im *Elementauflistungs-Editor* das Menü *Bearbeiten* und schieben Sie es über die Schaltfläche mit dem nach oben zeigenden Pfeil um eine Zeile nach oben. Bestätigen Sie abschließend.

7 Schreiben Sie dann noch den Code für die Ereignisbehandler der Menübefehle. Dazu benutzen Sie dieselben Methoden wie für die Ereignisbehandler der Schaltflächen.

8 Sie können jetzt den Erfolg austesten. Öffnen Sie zur Laufzeit eine Textdatei, markieren Sie einen Textbereich darin. Anschließend können Sie die Wirkung der Schaltflächen und Menübefehle ausprobieren. In der Zwischenablage muss Text gespeichert sein, damit das Beispiel fehlerfrei ausgeführt werden kann.

9 Nach dem Test können Sie die Anwendung wie üblich beenden. Sie können hier auch wieder den selbst erstellten Befehl *Beenden* im Menü *Datei* benutzen.

Exkurs zum Arbeiten mit der Zwischenablage

Das eben gezeigte Beispiel zeigt nur das Prinzip der Arbeit mit der Zwischenablage. Wenn Sie beispielsweise in dieser Ablage eine Grafik abgelegt haben, können Sie die mit der vorhandenen Logik nicht einfügen. Für eine vollständig funktionsfähige Ablage ist eine etwas umfangreichere Logik erforderlich. Vielleicht helfen Ihnen die folgenden Punkte zu einem erweiterten Verständnis:

- Mit Methoden wie *SetText*, *SetImage*, *SetData*, *SetAudioStream* und *SetFileDropDownList* können Sie angeben, welchen Datentyp Sie in die Zwischenablage schreiben wollen.

- Mit den Methoden *GetText*, *GetImage*, *GetData*, *GetAudioStream* und *GetFileDropDownList* können Sie angeben, welchen Datentyp Sie aus der Zwischenablage lesen möchten.

- Mit mehreren Methoden können Sie feststellen, welche Art von Objekt sich in der Zwischenablage befindet. Verwenden Sie beispielsweise *ContainsImage*, um festzustellen, ob es sich bei den in der Zwischenablage enthaltenen Daten um ein Bild handelt.

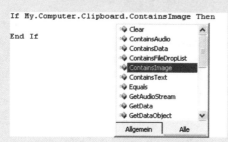

Optionen für den Oberflächenstil

Nachdem Sie eine Weile mit anderen Windows-basierten Anwendungen gearbeitet haben, haben Sie sicherlich festgestellt, dass nicht alle Benutzeroberflächen dasselbe Erscheinungsbild oder Verhalten aufweisen. Beispielsweise gibt es häufig Unterschiede bezüglich der Frage, wie eine Anwendung ihre Inhalte handhabt. Einige Programme erlauben es, gleichzeitig mehrere ähnliche Formulare geöffnet zu halten. Dies könnte beispielsweise ein Text- oder ein Bildeditor sein, in dem mehrere Dateien gleichzeitig angezeigt werden sollen. Andere ermöglichen nur die Anzeige von jeweils einer Datei. Generell gibt es dafür drei Hauptkategorien:

- Wenn jeweils nur ein einzelnes Dokument geöffnet sein kann, spricht man von einem so genannten *Single-Document Interface* – abgekürzt mit *SDI*. Ein Beispiel für die *SDI*-Oberfläche ist die in Microsoft Windows enthaltene Anwendung *WordPad*. In WordPad kann nur ein einzelnes Dokument geöffnet werden. Sie müssen ein Dokument erst schließen, bevor Sie ein anderes öffnen können. Der *SDI*-Stil ist die gebräuchlichere Layoutoption für Windows-Anwendungen.

- Können mehrere Dokumente in einer Anwendung gleichzeitig geöffnet sein, bezeichnet man das als *Multiple-Document Interface* – abgekürzt mit *MDI. Microsoft Excel* ist ein Beispiel für eine *MDI*-Oberfläche. In diesem Programm haben Sie die Möglichkeit, mehrere Dokumente gleichzeitig anzuzeigen, wobei jedes Dokument in einem eigenen Fenster erscheint. Eine *MDI*-Anwendung erkennen Sie im Allgemeinen an dem Menü *Fenster*, das Befehle zum Wechseln zwischen Fenstern oder Dokumenten enthält.

- Zusätzlich zu den beiden am häufigsten verwendeten Oberflächenstilen *SDI* und *MDI* setzt sich ein dritter Oberflächenstil immer mehr durch: die *Explorer*-Oberfläche. Die Explorer-Oberfläche besteht aus einem einzelnen Fenster, das in zwei Bereiche oder Ausschnitte unterteilt ist. Auf der linken Seite befindet sich in der Regel eine Baumstruktur oder hierarchische Übersicht und auf der rechten Seite ein Anzeigebereich, wie dies beispielsweise im *Windows-Explorer* der Fall ist. Dieser Oberflächentyp eignet sich besonders, um zu zahlreichen Dokumenten, Bildern oder Dateien zu navigieren bzw. diese zu durchsuchen.

Um zu bestimmen, welcher Oberflächenstil am besten geeignet ist, richten Sie sich nach dem Zweck der Anwendung. Für eine Anwendung zur Bearbeitung von Schriftstücken eignet sich am besten der *MDI*-Stil, da fleißige Angestellte wahrscheinlich mehr als ein Schriftstück gleichzeitig bearbeiten und Texte möglicherweise vergleichen müssen. Dagegen eignet sich für eine Kalenderanwendung am besten der *SDI*-Stil, da in der Regel nicht mehrere Kalender gleichzeitig geöffnet werden müssen. Sollte dies doch einmal der Fall sein, könnten Sie eine zweite Instanz der *SDI*-Anwendung öffnen.

Eine MDI-Anwendung erstellen

Die Techniken zum Erstellen von *SDI*-Anwendungen haben wir in den Beispielen dieses Kapitels bereits ausführlich behandelt. Wenden wir uns nun den *MDI*-Anwendungen zu. Dabei können Sie innerhalb eines Elternformulars mehrere Instanzen eines Kindformulars öffnen. Das Elternformular ist ein *MDI-Container*. Kindformulare können nicht aus dem *MDI*-Elternformular hinaus an eine andere Stelle verschoben werden. Sie finden eine solche Anwendung unter dem Namen *WindowsApplication17* auf der Begleit-CD. Darin wird eine einfache *MDI*-Anwendung erstellt, in der verschiedene Bilddateien in Kindformularen angezeigt werden.

Für die Kindformulare arbeiten Sie am besten mit mehreren Instanzen eines anderen Formulars. Dazu definieren Sie zunächst ein eigenständiges Formular als Vorlage für die Kindformulare und legen darin die gewünschten Eigenschaften fest. Um Instanzen des definierten Kindformulars innerhalb des Containers anzuzeigen, können Sie sich anschließend beispielsweise eines Befehls in einem Steuerelement vom Typ *MenuStrip* oder einer Schaltfläche in einem *ToolStrip* bedienen.

Wenn Sie die Anwendung nachbauen möchten, orientieren Sie sich an den anschließend gezeigten Schritten. Sie können damit auch gleich Ihr Wissen über die vorher in diesem Kapitel vorgestellten Techniken testen:

1 Erstellen Sie zunächst eine neue Windows-Anwendung. Das automatisch erstellte Formular soll später als Vorlage für die Kindformulare dienen und Bilder aufnehmen können.

Neues Projekt

2 Fügen Sie dem neu erstellten Formular das Steuerelement *PictureBox* hinzu und setzen Sie die Eigenschaft *Dock* im Bereich *Layout* auf den Wert `Fill`. Außerdem sollten Sie die Eigenschaft *SizeMode* im Bereich *Verhalten* auf `Zoom` setzen. Das sorgt für eine vollständige und unverzerrte Darstellung des Inhalts.

3 Wechseln Sie in die Codeansicht für dieses Formular und fügen Sie dem Formular die öffentliche Eigenschaft *Bild* hinzu. Mit dieser Eigenschaft greifen wir auf die Eigenschaft *Image* des Steuerelements *PictureBox1* zu. Hierfür könnten wir zwar auch das Steuerelement *PictureBox1* selbst `Public` machen, aber das würde weiter reichende Zugriffsmöglichkeiten auf das Steuerelement zulassen. Mit unserer Lösung kann der Code das Bild leicht lesen und verändern, aber der Code in einem anderen Formular kann keine anderen Informationen über *PictureBox* ändern. Die Vorlage für die Kindformulare ist damit schon fertig.

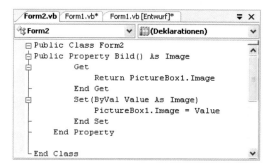

4 Fügen Sie dem Projekt ein zweites Formular hinzu. Dieses soll später als Elternformular dienen und erlauben, dass Kindformulare darin geöffnet werden können. Sie sollten es auch gleich als Startformular festlegen.

5 Setzen Sie die Eigenschaft *IsMdiContainer* im Bereich *Fensterstil* des Formulars *Form2* auf `true`. Damit fügen Sie dem Formular ein *MdiClient*-Steuerelement hinzu, das das gesamte Formular ausfüllt.

6 Dazu fügen Sie ein Steuerelement vom Typ *OpenFileDialog* hinzu.

7 Schreiben Sie gleich eine Routine, über die für das Öffnen einer Bilddatei gesorgt wird. Diese Routine soll später über einen entsprechenden Menübefehl oder eine Schaltfläche angesprochen werden können. Wenn der Anwender später eine Datei auswählt, erzeugt der Code eine neue Instanz eines Formulars mit dem Namen *Form1* und setzt dessen Eigenschaft MdiParent auf das aktuelle Formular. Anschließend setzt er die Formulareigenschaft Bild auf die Bilddatei und zeigt das neue Formular an. Abschließend rufen wir mit der Methode FromFile der Klasse Image das in einer Datei gespeicherte Bild ab.

```vb
Sub Oeffnen()
    With OpenFileDialog1
        .Filter() = "*.bmp-Grafiken|*.bmp|*.jpg-Dateien|*.jpg"
        .AddExtension = True
        .CheckFileExists = True
        .CheckPathExists = True
        .InitialDirectory = IO.Path.GetDirectoryName("Eigene Dateien")
        .FileName = ""
    End With
    If OpenFileDialog1.ShowDialog = Windows.Forms.DialogResult.OK Then
        Dim Neu As New Form1
        Neu.MdiParent = Me
        Neu.Bild = Image.FromFile(OpenFileDialog1.FileName)
        Neu.Show()
    End If
End Sub
```

8 Erstellen Sie für dieses Elternformular ein *Datei*-Menü, über das der Anwender neue Dateien öffnen und die Anwendung schließen kann.
Dazu fügen Sie ein Steuerelement vom Typ *MenuStrip* hinzu und geben die Namen für das Menü und die Befehle ein. Benutzen Sie auch gleich Steuertasten.

9 Schreiben Sie den Code für die Befehle. Dazu doppelklicken Sie auf die Befehlszeile im Entwurf und geben den Code ein.

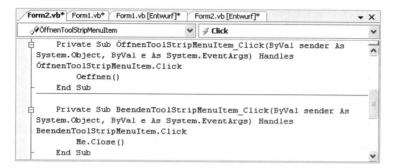

10 Fügen Sie dem Formular ein Steuerelement vom Typ *ToolStrip*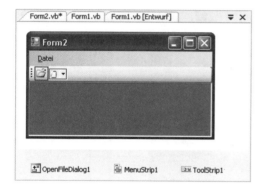
hinzu. Es wird im Komponentenfach abgelegt. Außerdem erscheint oben
im Formular ein Balken mit einer symbolischen Schaltfläche. Wählen Sie nach dem
Einfügen des Steuerelements den Befehl *Standardelemente einfügen* aus dem Kontextmenü und löschen Sie anschließend alle Schaltflächen bis auf *Öffnen*.

11 Schreiben Sie anschließend den Code für diese Schaltfläche. Sie brauchen nur
noch die entsprechende Routine aufzurufen.

12 Da Sie für die Anwendung ein recht großes Fenster brauchen werden, können
Sie dafür sorgen, dass das Fenster beim Öffnen automatisch maximiert wird. Dop-
pelklicken Sie auf das Formular im Entwurf und schreiben Sie den Code dazu im
Behandler für das Ereignis *Load*.

13 Führen Sie testweise die Anwendung aus. Zur Laufzeit könnten Sie dann durch Wahl der Ergebnisbehandlung ein oder mehrere Kindformulare im Container erstellen lassen. Diese Kinder können nicht aus dem Rahmen des Elternformulars herausgenommen werden.

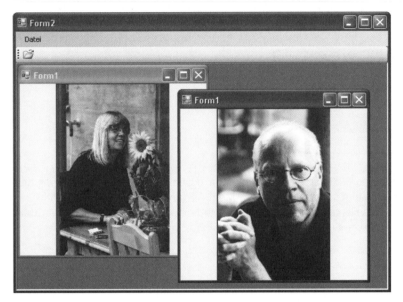

14 Nach dem Test können Sie die Anwendung wie üblich beenden. Sie können hier auch wieder den selbst erstellten Befehl *Beenden* im Menü *Datei* benutzen.

Ein Fenster-Menü

Wenn ein einzelnes Formular mehrere unterschiedliche Kindfensterformulare enthalten kann, benötigen Sie meist spezielle Menübefehle, mit denen diese Kinder angeordnet oder ausgewählt werden können. In diesem Fall würden Sie der Anwendung ein Menü *Fenster* mit entsprechenden Befehlen hinzufügen. Das Standardmenü *Fenster* – wie Sie es bei kommerziellen Windows-Anwen-

dungen finden – enthält mindestens vier Befehle – *Untereinander, Nebeneinander, Überlappend* und *Symbole anordnen*.

Diese Version wurde in unserem Beispiel *WindowsApplication18* realisiert.
Wenn Sie es nachbauen wollen, verwenden Sie die folgenden Schritte.

1 Öffnen Sie die gewünschte Windows-Anwendung oder erstellen Sie eine neue. Sie
können zum Austesten von dem eben erstellten Beispiel *WindowsApplication17* ausgehen.

2 Lassen Sie das Formular *Form2* wieder im Entwurf anzeigen und fügen Sie der
Menüleiste noch ein Menü *Bearbeiten* hinzu. Gehen Sie wie üblich vor und fügen Sie
im Menü die Befehle *Untereinander, Nebeneinander, Überlappend* und *Symbole
anordnen* ein.

3 Schreiben Sie dann die Ereignisbehandler dazu. Die Routinen zur Behandlung der
ersten vier Befehle eines typischen *Fenster*-Menüs erfordern nur wenig Code. Alle vier
Befehle des Menüs *Fenster* führen einfach die Methode *LayoutMdi* des *MDI*-Elternfor-
mulars aus, die die gewünschte Anordnung der Kindformulare setzt.

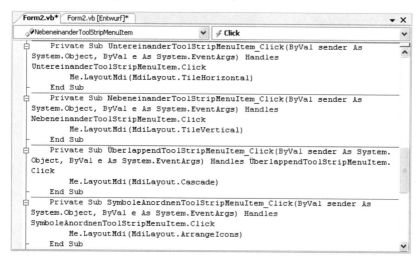

4 Testen Sie das Ergebnis aus. Zur Laufzeit könnten Sie wieder durch Wahl des Menübefehls *Öffnen* oder der Schaltfläche mehrere Kindformulare im Container erstellen und diese über die Befehle des Menüs *Fenster* anordnen lassen.

5 Nach dem Test können Sie die Anwendung wie üblich beenden. Sie können hier auch wieder den selbst erstellten Befehl *Beenden* im Menü *Datei* benutzen.

Die Explorer-Oberfläche

Wir hatten es zu Beginn dieses Abschnitts bereits erwähnt: Zusätzlich zu den beiden am häufigsten verwendeten Oberflächenstilen *SDI* und *MDI* setzt sich ein dritter Oberflächenstil immer mehr durch: die *Explorer*-Oberfläche. Die Explorer-Oberfläche besteht aus einem einzelnen Fenster, das in zwei Bereiche oder Ausschnitte unterteilt ist. Auf der linken Seite befindet sich in der Regel eine Baumstruktur oder hierarchische Übersicht und auf der rechten Seite ein Anzeigebereich, wie dies beispielsweise im Windows-Explorer der Fall ist. Dieser Oberflächentyp eignet sich besonders, um zu zahlreichen Dokumenten, Bildern oder Dateien zu navigieren bzw. diese zu durchsuchen.

Auch diese Form von Oberfläche können Sie in einer Windows-Anwendung mit Visual Basic .NET erstellen. Wir haben in der Anwendung *Windows-Application19* auf der Begleit-CD ein Beispiel dazu geliefert. Diese Anwendung beinhaltet drei Steuerelemente, über die wir bisher wenig oder überhaupt keine Worte verloren haben – *SpitContainer*, *TreeView* und *ListView*:

- Die Wirkung des Steuerelements *TreeView* sollte allen bekannt sein, die schon länger mit Windows arbeiten. Dieses Steuerelement erscheint auf der linken Seite des Explorer-Fensters sowie auch an allen anderen Stellen, an denen etwas in hierarchischer Form angezeigt wird. Mit *TreeView* können Sie dem Anwender eine Liste von Elementen und deren Beziehungen zeigen. Das Bild, das für die einzelnen Elemente in der Liste angezeigt wird, kann geändert oder ganz weggelassen werden.

- Auch das Steuerelement *ListView* kennen Sie zumindest von seiner Wirkung her als die linke Seite des Explorer-Fensters. Es hat insofern Ähnlichkeit mit dem Steuerelement *ListBox*, als es mehrere Elemente speichern kann. Es bietet jedoch mehr Funktionalität, da die Elemente auf verschiedene Art angezeigt werden können. Die Elemente in der Liste können als Liste, mit großen oder kleinen Symbolen dargestellt werden. Außerdem kann eine Liste mit zusätzlichen Einzelheiten zu den Elementen angezeigt werden.

- Das Steuerelement *SplitContainer* ist im Windows-Explorer verantwortlich dafür, die Elemente vom Typ *TreeView* und *ListView* zu einer gemeinsamen Oberfläche zusammenzufassen. Wenn Sie z. B. im Explorer die Maus über die graue Linie bewegen, die *TreeView* und *ListView* voneinander trennt, können Sie dieses Trennelement horizontal verschieben und damit die relative Größe der beiden Steuerelemente verwenden. Und dies ist auch der einzige Zweck dieses Steuerelements.

Wenn Sie diese Anwendung nachbauen und damit etwas über die Techniken der Gestaltung erfahren möchten, orientieren Sie sich an nachfolgend genannten Schritten. Die Benutzeroberfläche selbst ist spartanisch: Sie besteht lediglich aus den eben genannten Steuerelementen *TreeView*, *ListView* und *Splitcontainer*. Der notwendige Code bewegt sich aber an der Grenze dessen, was wir Ihnen in diesem Buch vorstellen können!

1 Erstellen Sie eine neue Windows-Anwendung. Vergrößern Sie das Formular *Form1* etwas. Die endgültige Größe können Sie später noch einstellen.

2 Fügen Sie dem Formular ein Steuerelement vom Typ *SplitContainer* hinzu. Setzen Sie seine Eigenschaft *Dock* im Bereich *Layout* auf Fill, um zu bewirken, dass der Container das gesamte Formular ausfüllt.

3 Setzen Sie in den linken Bereich des Containers ein Steuerelement vom Typ *Tree-View*. Wenn das Formular zum ersten Mal geladen wird, sollte dieses Steuerelement die verfügbaren Laufwerke anzeigen. Auch für dieses sollten Sie die Eigenschaft *Dock* im Bereich *Layout* auf `Fill` setzen, um zu bewirken, dass das Steuerelement diesen Bereich des Containers ausfüllt.

4 In den rechten Bereich des Containers setzen Sie ein Steuerelement vom Typ *List-View*. Wenn Sie die einzelnen Laufwerke auswählen, sollten die Verzeichnisse auf diesem Laufwerk in *TreeView* und die Dateien in den einzelnen Verzeichnissen in *ListView* angezeigt werden. Setzen Sie auch hier die Eigenschaft *Dock* im Bereich *Layout* auf `Fill`.

5 Doppelklicken Sie auf die Titelleiste des Formulars. Damit wechseln Sie zur Code-ansicht und erstellen den Rahmen für das Ereignis *Load*. Geben Sie am Anfang des gesamten Codes die Anweisung `Imports System.IO` ein. Dadurch können Sie später das *Directory*-Objekt verwenden, ohne es vollständig qualifizieren zu müssen.

6 Geben Sie dann den Code für die Behandlung des Ereignisses *Load* ein.

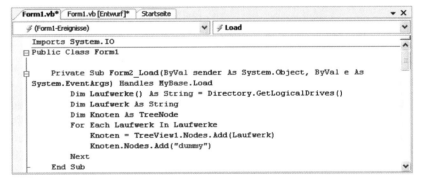

- Die Methode `GetLogicalDrives` der Klasse `Directory` ist eine gemeinsam genutzte Methode, die ein Array mit den Namen aller auf dem Rechner verfügbaren Laufwerke zurückgibt. Dazu gehören Diskettenlauf-werke, CD-ROM-Laufwerke, zugeordnete Netzwerklaufwerke und andere

> Geräte. Über den `For Each ... Next`-Block wird im `TreeView` jedem dieser Laufwerke ein Objekt vom Typ `TreeNode` hinzugefügt.
>
> - Außerdem fügen wir in diese Knoten jeweils einen Kindknoten mit dem Text *dummy* ein. Dieser Kindknoten dient zwei Zwecken: Er kennzeichnet diejenigen Knoten, die noch nicht geöffnet wurden, und stellt sicher, dass alle Knoten mit einem + versehen werden. Wenn sich in *TreeView* keine Kindknoten befinden, fügt das Steuerelement auch kein Pluszeichen hinzu. Dann ist nicht offensichtlich, dass es Kinder geben könnte. Indem wir eine einzelne Knotenattrappe hinzufügen, die wir später wieder entfernen werden, sorgen wir dafür, dass jeder Knoten so aussieht, als hätte er Kinder.

7 Es macht Sinn, das Ergebnis der bisherigen Arbeit einmal auszutesten. Zur Laufzeit werden Symbole für die erkannten Laufwerke im Steuerelement *TreeView* angezeigt. Vermeiden Sie es, darauf zu klicken, da dies zu einem Absturz führen könnte.

8 Nach dem Test können Sie die Anwendung wie üblich beenden und mit der Eingabe von Code fortfahren.

9 Wenden wir uns jetzt dem Steuerelement *TreeView* selbst zu. Es hat zwei Funktionen: Während es die einzelnen Verzeichnisse der Reihe nach auswählt, fügt es die Dateien in dem jeweiligen Verzeichnis von *ListView* hinzu. Und wenn die einzelnen Knoten in der *TreeView* aufgeklappt werden, werden die Kindverzeichnisse des ausgewählten Verzeichnisses hinzugefügt. Bei diesem Steuerelement gibt es für jede Operation, die die Knoten im Baum beeinflusst, die Ereignisse *Before* und *After*.

- Mit dem Ereignis `BeforeExpand` können Sie den Inhalt der Kinder des Knotens ändern, bevor die Liste aufgeklappt wird. Denken Sie daran, dass Sie eine Knotenattrappe eingefügt haben, die sicherstellt, dass alle Knoten mit einem Pluszeichen versehen werden, das anzeigt, dass der Knoten erweitert werden kann. Der Ereignisbehandler `BeforeExpand` ist die geeignete Stelle, diese Knotenattrappe wieder zu entfernen und die eigentlichen Knoten einzufügen. Sobald es keine Knotenattrappe mehr gibt, brauchen Sie auch keine Änderungen mehr vorzunehmen, da *TreeView* sich an die hinzugefügten Knoten erinnert. Zuerst weist die Routine den betroffenen Knoten einer temporären Variablen zu. Anschließend prüft der Code, ob die Knotenattrappe vorhanden ist. Falls es eine Knoten-attrappe gibt, wird sie gelöscht und die tatsächlichen Kinder werden mit der Subroutine `Kinder` hinzugefügt, die wir noch erstellen müssen. Wenn es keine Knotenattrappe gibt, macht der Code auch nichts, da wir *TreeView* bereits mit den richtigen Kindknoten besiedelt haben.

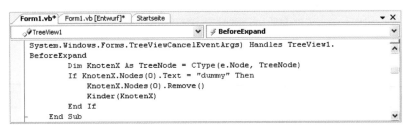

```
System.Windows.Forms.TreeViewCancelEventArgs) Handles TreeView1.
BeforeExpand
        Dim KnotenX As TreeNode = CType(e.Node, TreeNode)
        If KnotenX.Nodes(0).Text = "dummy" Then
            KnotenX.Nodes(0).Remove()
            Kinder(KnotenX)
        End If
    End Sub
```

- Der Behandler für das Ereignis `AfterSelect` ist der Ort, an dem *ListView* mit den Dateien im gewählten `TreeNode` besiedelt wird. Mit der gemein-sam genutzten Methode `GetFiles` der Klasse `Directory` werden die Namen aller Dateien abgerufen. Diese Methode gibt den vollständigen Pfad zu allen Dateien in einem angefragten Verzeichnis zurück.

```
    Private Sub TreeView1_AfterSelect(ByVal sender As Object, ByVal e As
System.Windows.Forms.TreeViewEventArgs) Handles TreeView1.AfterSelect
        Dim Dateien() As String
        Try
            Dateien = Directory.GetFiles(TreeView1.SelectedNode.FullPath)
        Catch ex As Exception
        End Try
        If Not IsNothing(Dateien) Then
            Dim Datei As String
            Dim Item As ListViewItem
            ListView1.Items.Clear()
            For Each Datei In Dateien
                Item = ListView1.Items.Add(NurName(Datei))
            Next

        End If
    End Sub
```

- Mit der selbst erstellten Prozedur `Kinder` wird ein `TreeNode` mit seinen Kindknoten besiedelt. Der hinzuzufügende Knoten wird an die Routine übergeben, damit er ihr dabei hilft, die Unterverzeichnisse zu ermitteln und den `TreeNode` zu identifizieren, zu dem der Knoten hinzugefügt wer-den soll. Der übrige Code gleicht dem, mit dem wir *TreeView* die Laufwerke hinzugefügt haben. Der Pfad wird aus dem abgerufenen Verzeichnisnamen gelöscht und eine Knotenattrappe wird hinzugefügt, damit der Knoten so aussieht, als könne er aufgeklappt werden.

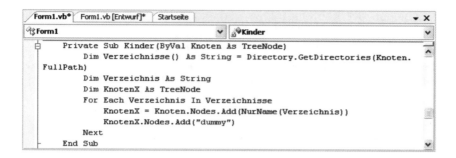

- Die Funktion StripPath wird von anderen Prozeduren dafür verwendet, den Pfad aus dem Dateinamen zu löschen, sodass nur der Name übrig bleibt. Diese Routine verwendet die Methode LastIndexOf des Zeichenkettenobjekts, um die letzte Position des abgefragten Zeichens zu holen, in diesem Fall also des Backslash-Zeichens. In diesem Pfad sollte alles, was vor dem letzten Backslash steht, der Pfad sein, während alles, was hinter dem letzten Backslash folgt, der tatsächliche Dateiname ist.

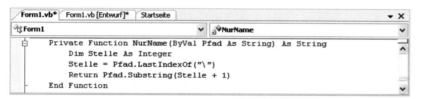

10 Es macht jetzt wieder Sinn, das Ergebnis auszutesten. Geben Sie vorher Disketten bzw. CDs in die entsprechenden Laufwerke, da die Fehlerbehandlung noch unvollständig ist. In der Fehlerliste erscheint sonst eine Warnung. Zur Laufzeit werden Symbole für die erkannten Laufwerke im Steuerelement *TreeView* angezeigt. Klicken Sie auf ein Symbol, um seine Unterebenen anzuzeigen. Nachdem Sie die unterste Ebene ausgewählt haben, werden rechts die einzelnen Dateien in diesem Bereich aufgelistet.

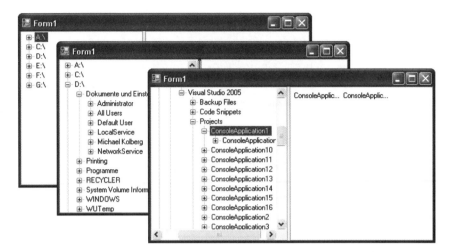

11 Nach dem Test können Sie die Anwendung wie üblich beenden. Nun haben Sie eine gute Grundlage, auf der Sie einen eigenen Datei-Explorer erstellen können.

Die letzte Erfolgskontrolle

Mit diesem Kapitel sind Sie fast am Ende dieses Buches angekommen. Anschließend finden Sie noch ein kleines Glossar mit Begriffserklärungen zum Thema Visual Basic .NET. Beantworten Sie aber noch die folgenden Fragen:

- Mit welchem Typ von Steuerelement fügen Sie eine Menüleiste Ihrem Formular hinzu?
- Wir erzeugen Sie Zugriffstasten für Menü- und Befehlsnamen?
- Wie leiten Sie das Erstellen einer Routine zur Ereignisbehandlung für einen Menübefehl ein?
- Mit welchem Typ von Steuerelement erstellen Sie ein Kontextmenü?
- Welches Steuerelement ist für die Anzeige einer Symbolleiste verantwortlich?
- Was ist eine *MDI*-Anwendung und wie erstellen Sie eine solche?

Glossar

In diesem abschließenden Kapitel finden Sie ein Glossar mit Definitionen wichtiger Begriffe in *Visual Basic* und im *.NET Framework*.

.NET Framework

Die Hauptaufgabe dieses Elements besteht darin, Ihnen vordefinierte *Klassen* zur Verfügung zu stellen, mit denen Sie arbeiten können. Dieses Framework beinhaltet mehr als 6 000 *Klassen*. Dieser Rahmen bietet zwei wichtige Dinge: die Basis-*Laufzeitumgebung* und eine große Menge von *Basisklassen*. Die *Basisklassen* bieten viel Funktionalität, indem sie Internetprotokolle, Dateisystemzugriff und andere Technologien einhüllen und abstrahieren. Einen wichtigen Punkt dazu sollten Sie sich klar machen: Es ist nun nicht mehr so wichtig wie in der Vergangenheit, welche Programmiersprache Sie verwenden. Das Framework ist die eigentliche Plattform, auf die Sie mit mehreren Sprachen gleichermaßen zugreifen können.

.NET Framework-Klassenbibliothek

Eine Bibliothek aus Klassen, Schnittstellen und anderen Dingen, die in Microsoft .NET Framework SDK enthalten sind.

Abfrage

Eine Situation im Programm, in der das Programm eine *Bedingung* prüfen muss, um zu entscheiden, ob ein Codeabschnitt überhaupt abgearbeitet werden soll oder nicht. Je nachdem, wie das Ergebnis der *Abfrage* ausfällt, wird der Codeabschnitt ausgeführt oder nicht. *Visual Basic .NET* kennt mehrere Methoden zum Durchführen einer Abfrage.

Abgeleitete Klassen

Siehe *Kindklassen*.

Andockbar

Standardmäßig ist für einige Fenster der *IDE* die Option *Andockbar* eingestellt. Das bedeutet, dass es entweder an einem Bildschirmrand angedockt oder frei bewegbar sein kann. Um das standardmäßig angedockte Fenster aus seiner Verankerung zu lösen, ziehen Sie es mit gedrückt gehaltener Maustaste über die Titelleiste an eine beliebige Position.

Andocken

Ein Verfahren, um zu bestimmen, welche Steuerelementrahmen bündig mit dem übergeordneten Steuerelement angeordnet werden und wie die Größe eines Steuerelements an die Größe des übergeordneten Elements angepasst wird. Andocken und Verankern schließen sich gegenseitig aus.

Ausführbare Datei

Eine Datei, die in den Speicher geladen und vom Ladeprogramm des Betriebssystems ausgeführt werden kann. Dabei kann es sich um eine *EXE*-Datei oder eine *DLL*-Datei handeln.

Auskommentieren

Sie sollten sich angewöhnen, den Sinn und Zweck eines Codeblocks – manchmal sogar von einzelnen Codezeilen – mit Kommentaren zu versehen. Bei komplizierten Programmen ist das von nicht zu unterschätzendem Nutzen. Es erleichtert einerseits anderen Benutzern das Verstehen Ihres Codes. Aber auch Sie selbst können davon profitieren, denn jeder Programmierer ändert seinen Stil aufgrund zusätzlicher Erfahrung im Laufe der Zeit. Wenn Sie den Code kommentieren, können Sie auch nach längerer Zeit ein Verständnis sicherstellen.

Ausnahme

Eine *Ausnahme* ist etwas Ungewöhnliches oder etwas Unerwartetes, das in Ihren Anwendungen geschehen kann. Dazu gehören auch die Fälle, die man im Allgemeinen als *Fehler* bezeichnet. Damit eine solche Ausnahme nicht zu einem vorzeitigen Programmabbruch führt, können Sie eine so genannte *Ausnahmebehandlung* benutzen. Auch dabei handelt es sich um eine Routine.

BASIC

BASIC ist eine sehr verbreitete Programmiersprache. Sie wurde in den 60er Jahren des letzten Jahrhunderts entwickelt. Der Name steht für *Beginner's Allpurpose Symbolic Instruction Code*, was so viel bedeutet wie *symbolische Allzweck-Programmiersprache für Anfänger*.

Basisklasse

Oft auch mit *Elternklasse* bezeichnet. Ein Konzept, das mit dem Begriff *Vererbung* in Verbindung steht. Dabei erbt eine Kindklasse die Funktionalität von einer Basisklasse.

Bedingung

Siehe *Abfrage*.

Boolean (Datentyp)

Dieser Datentyp dient zum Speichern von Wahrheitswerten – also Daten, die nur die beiden Werte True (wahr) oder False (falsch) annehmen können. Eine mit diesem Typ deklarierte Variable erfordert zwei Byte, da in Visual Basic traditionell die Zahlen 0 für False und -1 für True verwendet werden, denn wie bei der Integer-Variable Short sind zwei Byte zum Speichern eines negativen Werts notwendig.

Build

Eine selbständig *ausführbare Anwendung*, die während des *Debuggings* und beim *Erstellen* von der IDE erzeugt wird. Visual Basic Express kennt zwei Arten von Builds: *Debugbuild* und *Releasebuild*. Eine solche Trennung hat den Vorteil, dass Sie nach dem Fertigstellen eines Projekts im *Debugbuild* noch Verfeinerungen daran vornehmen und austesten können, ohne dabei die bereits lauffähige Version im *Releasebuild* verändern oder zerstören zu müssen.

Button (Steuerelement)

Ein Steuerelement aus der *Toolbox*. Stellt eine Standardschaltfläche zur Verfügung, auf die der Benutzer zum Ausführen von Aktionen klicken kann.

Byte (Datentyp)

Ein Datentyp zum Speichern von *Ganzzahlen*. Er unterstützt im Gegensatz zu den anderen Ganzzahlen-Datentypen keine negativen Zahlen. Ist also nützlich, wenn man kleine Zahlen verfolgt, die nur positiv sein können.

C#

Eine Programmiersprache, die zum Erstellen von in .NET Framework ausgeführten Unternehmensanwendungen entwickelt wurde. *C#* ist eine Weiterentwicklung von C und C++.

Char (Datentyp)

Ein Datentyp, der ein einzelnes Zeichen speichern kann. Demgegenüber kann *String* mehrere Zeichen speichern.

CheckBox (Steuerelement)

Ein Steuerelement aus der *Toolbox*. Gibt an, ob eine Bedingung aktiviert oder deaktiviert ist.

CheckedListBox (Steuerelement)

Ein Steuerelement aus der *Toolbox*. Zeigt eine Liste von Elementen mit einem zugehörigen Kontrollkästchen an.

Codeansicht

Eine von mehreren Formen der Ansicht eines Windows-Formulars. Im Gegensatz zur *Entwurfsansicht* wird hier der hinter den Elementen stehende Code wiedergegeben und kann editiert werden.

ColorDialog (Steuerelement)

Ein Steuerelement aus der *Toolbox*. Der Anwender kann mit dieser Komponente eine Farbe aus einer Palette auswählen und dieser Palette benutzerdefinierte Farben hinzufügen. Es ist mit dem Dialogfeld identisch, das in anderen Windows-Anwendungen zum Auswählen von Farben angezeigt wird.

ComboBox (Steuerelement)

Ein Steuerelement aus der *Toolbox*. Zeigt Daten in einem Dropdown-Kombinationsfeld an.

Compiler

In früheren Zeiten bestand die eigentliche Software einer Programmiersprache nur aus einem Compiler. Man schrieb seinen eigenen Quellcode mit einem Texteditor – vergleichbar mit einem Programm wie beispielsweise *Notepad* –, speicherte ihn in einer Datei und ließ diesen danach durch den Compiler laufen. Der Compiler erzeugte dann ein ausführbares Programm, sofern man bei der Erstellung des Quellcodes keine Fehler gemacht hatte. Anschließend konnte der Programmierer das kompilierte Ergebnis ausführen und es auf Fehler testen. Wenn Korrekturen notwendig waren, kehrte er zum Texteditor zurück, gab dort die neuen Elemente ein und kompilierte erneut.

Console

Siehe *Konsole*.

Date (Datentyp)

Dieser Datentyp ist in der Lage, die meisten Datumsangaben zu speichern, mit denen Sie es in der Praxis zu tun haben werden. Eine so deklarierte *Variable* kennt außerdem alle Regeln für das Arbeiten mit Datumsangaben – wie beispielsweise das Hinzufügen eines Tages in Schaltjahren.

DateTimePicker (Steuerelement)

Ein Steuerelement aus der *Toolbox*. Ermöglicht es Benutzern, ein einzelnes Element aus einer Liste mit Datums- und Zeitangaben auszuwählen.

Debugbuild

Eine selbständig *ausführbare Anwendung*, die während des *Debuggings* von der IDE erzeugt wird.

Debuggen-Modus

Wenn das Programm während des *Debuggings* auf einen Fehler oder sonst eine Ausnahme trifft, wechselt die IDE in den *Debuggen-Modus*. Das Programm wird zwar weiterhin ausgeführt, die Ausführung wird aber angehalten. Dieser Zustand wird auch als *Unterbrechen-Modus* bezeichnet. In diesem Fall wird in der Titelleiste die zusätzliche Bezeichnung *(Debuggen)* angezeigt.

Debugging

Darunter versteht man das Testen auf Vorhandensein von Fehlern im Projekt und das Beseitigen derselben. Der Name *Debugging* kommt übrigens wohl daher, dass einer der ersten Großrechner dadurch lahm gelegt wurde, dass sich irgendein Getier – ein *bug* – zwischen den damals verwendeten Relais verfing. Während des *Debuggings* versucht das Programm, den in den Dateien des Projekts vorhandenen Code auszuführen. Dazu wird dieser Code in die Maschinensprache übersetzt, was man auch als *Kompilieren* bezeichnet. Während dieses Prozesses durchläuft das Programm verschiedene Modi.

Deklarieren

Wichtig ist, dass *Variablen* deklariert werden müssen, bevor sie verwendet werden können. Im einfachsten Fall geben Sie dazu die Deklarationsanweisung `Dim` ein. Es ist auch wichtig, wo genau im Code eine Variable deklariert wird.

Dialogfeld

Ein bei Windows-Anwendungen auftauchendes Fenster, in dem der Anwender Eingaben vornehmen kann oder zumindest eine Form von Bestätigung vornehmen muss.

Double (Datentyp)

Ein Datentyp zum Speichern von *Gleitkommazahlen*. *Double* verfügt im Vergleich mit dem Datentyp *Single* über die doppelte Genauigkeit und kann 15 Dezimalstellen enthalten.

Eigenschaft

Ein Begriff aus der *objektorientierten Programmierung*. Eine *Eigenschaft* ist ein Wert, der Teil einer Instanz einer Klasse ist und den Sie für das Objekt abrufen oder setzen können. Eigenschaften werden aber über vollständige Eigenschaftsroutinen – auch als *Property*-Prozeduren bezeichnet – angelegt. Ansonsten besteht eine enge Verwandtschaft zum Begriff *Feld*.

Elternklasse

Siehe *Basisklasse*.

Entwurfsansicht

Eine von mehreren Formen der Ansicht eines Windows-Formulars. Im Gegensatz zur *Codeansicht* wird hier das Ergebnis auf einer grafischen Oberfläche präsentiert und kann über die Maus verändert werden.

Entwurfszeit

Wenn man selbst Programme entwickelt, muss man zwischen zwei wesentlichen Stadien unterscheiden: Während man an der Entwicklung arbeitet, spricht man von der *Entwurfszeit*; während das Programm ausgeführt wird, spricht man von der *Laufzeit*.

Ereignis

Ein Begriff aus der *objektorientierten Programmierung*. Solche Elemente ermöglichen es einem Objekt, anderen Elementen mitzuteilen, dass etwas geschehen ist. Ein *Ereignis* kann beispielsweise eine Aktion sein – beispielsweise ein Mausklick –, das Eintreten einer bestimmten Situation im Datenablauf – wie das Überschreiten eines bestimmten Schwellenwerts – oder ein anderes Vorkommnis, das von einem Objekt erkannt wird. Die Form der Verarbeitung von Ereignissen können Sie durch einen entsprechenden Code in der Klasse behandeln.

Ereignisbehandlung

Der Code, der ausgeführt wird, wenn ein bestimmtes Ereignis eintritt. Beispielsweise kann ein Mausklick auf eine bestimmte Stelle eines Formulars eine Aktion auslösen, die über die Behandlung zum Ereignis *Click* kodiert wird.

Erweiterung

Ein Konzept, das mit dem Begriff *Vererbung* in Verbindung steht. Hierbei erbt eine *Kindklasse* die Funktionalität von einer *Basisklasse*, stellt aber selbst noch zusätzliche Funktionalität zur Verfügung.

Feld

Ein Begriff aus der *objektorientierten Programmierung*. Ein *Feld* dient dazu, Informationen in einem Objekt zu speichern oder von dort aus abzurufen. Der Einsatz von *Feldern* ist aus der Sicht der Clientanwendung kaum von der Verwendung von *Eigenschaften* zu unterscheiden; über beide Techniken können Sie einen Wert, der Teil einer Instanz einer Klasse ist, abrufen oder setzen.

FlowLayoutPanel (Steuerelement)

Ein Steuerelement aus der *Toolbox*. Stellt einen Bereich dar, in dem der Inhalt dynamisch horizontal oder vertikal angeordnet werden kann.

FontDialog (Steuerelement)

Ein Steuerelement aus der *Toolbox*. Dieses Steuerelements können Sie sich bedienen, um dem Anwender zu ermöglichen, ein Schriftformat zu wählen. Damit erzeugen Sie das wohl allgemein bekannte Windows-Standarddialogfeld *Schriftart*, in dem die auf dem System installierten Schriftarten angezeigt werden.

Formular

Im Prinzip ist ein Formular das, was Sie wahrscheinlich unter dem Begriff *Fenster* von vielen anderen Windows-Anwendungen her kennen. Eine Anwendung kann mehr als ein Fenster haben, aber ein Fenster gehört immer nur zu genau einer Anwendung. Formulare kann man verschieben und man kann ihre Größe ändern – bis hin zur Maximierung und Minimierung.

Function

Wenn eine *Routine* einen oder mehrere Werte zurückgeben soll, spricht man von einer *Function*. Im Allgemeinen wird dieser Rückgabewert aus Werten berechnet, die der *Function* beim Aufruf übergeben werden. Wenn Sie eine *Function* in den Code einfügen wollen, müssen Sie an zwei Stellen Eingaben oder Änderungen durchführen: Sie müssen die *Function* definieren und Sie müssen Sie aufrufen.

Ganzzahl

Die so genannten *Ganzzahlen*-Variablen dienen zum Speichern von Zahlen ohne Dezimalstellen. Ein großer Teil der Datenverarbeitung im Allgemeinen erfolgt mit solchen Typen von Zahlenwerten. *Visual Basic .NET* benutzt vier unterschiedliche Typen von Ganzzahlen-Variablen, die unterschiedlich große Zahlen speichern können und damit unterschiedlich viel Speicher belegen.

Gleitkommazahl

Ein Zahlenwert, in dem auch Zahlenwerte hinter dem Komma gespeichert werden können. Das ist beispielsweise für Berechnungen im wissenschaftlichen oder technischen Bereich notwendig. *Visual Basic .NET* kennt mit *Single* und *Double* zwei wesentliche Datentypen zum Speichern solcher Werte.

GroupBox (Steuerelement)

Ein Steuerelement aus der *Toolbox*. Stellt einen Rahmen als erkennbare Gruppierung für andere Steuerelemente zur Verfügung.

Gültigkeit

Der *Gültigkeitsbereich* einer Variablen beschreibt den Codebereich, in dem die Variable benutzt werden kann. Dabei stehen zwei Fragen im Mittelpunkt: einerseits das bei der Deklaration benutzte Schlüsselwort, andererseits die Stelle im Programm, an der die Variable deklariert wurde.

Haltepunkt

Sie können bewusst die Programmausführung an einer bestimmten Stelle unterbrechen, indem Sie in der Zeile, in der das Programm anhalten soll, einen *Haltepunkt* platzieren.

IDE

Steht für *Integrated Development Environment* – also integrierte Entwicklungsumgebung. Der Zweck einer IDE ist es, die Arbeitsschritte der Quellcodeerstellung, der Fehlerbehebung und des Kompilierens in der Softwareentwicklung in einer einzigen Schnittstelle zusammenzufassen. Das betrifft aber eigentlich nur das Erscheinungsbild auf dem Bildschirm: Die einzelnen notwendigen Schritte, einen Code zu erstellen und zu kompilieren, müssen nicht mehr über separate Programme mit individuellen Oberflächen abgewickelt werden. Ungeachtet dieser Optik ist die eigentliche Technologie des Entwicklungsprozesses aber immer noch sehr ähnlich: Der Code wird immer noch kompiliert und der Programmierer schreibt nach wie vor eigentlich nur Textdateien. Allerdings ist die Arbeitsoberfläche viel benutzerfreundlicher und auch bunter geworden.

Instanz

Ein Begriff aus der *objektorientierten Programmierung*. Bei der Bildung von *Objekten* aus *Klassen* werden die Objekte als identische Kopien ihrer Klassen – als so genannte *Instanzen* – erstellt. Die einzelnen Instanzen verfügen über eine gemeinsame Gruppe von Merkmalen und Fähigkeiten, die durch die Klasse definiert wurde. Anhand eines einzigen Bauplans können viele Häuser errichtet werden und genauso können anhand einer einzigen Klasse viele Objekte erzeugt werden.

Integer (Datentyp)

Ein Datentyp zum Speichern von *Ganzzahlen*. *Integer* ist die Standard-Ganzzahlen-Variable und meist ist der schnellste Typ für diesen Zweck, da er dem Computer am wenigsten Arbeit macht.

Kindklasse

Ein Konzept, das mit dem Begriff *Vererbung* in Verbindung steht. Eine *Kindklasse* erbt die Funktionalität einer *Basisklasse*. Sie erbt alle in der Basisklasse definierten Felder, Eigenschaften, Methoden und Ereignisse. *Kindklassen* werden als *abgeleitete Klassen* bezeichnet. Zusätzlich kann die Funktionalität einer Kindklasse auch durch *Erweiterung* oder *Überschreiben* geändert oder erweitert werden.

Klasse

Ein Begriff aus der *objektorientierten Programmierung*. *Klassen* sind symbolische Darstellungen von *Objekten*. Sie beschreiben die Eigenschaften, Felder, Methoden und Ereignisse, die Objekte bilden, auf dieselbe Weise, wie Baupläne die Elemente eines Gebäudes beschreiben. So, wie ein Bauplan zum Errichten mehrerer Gebäude verwendet werden kann, ist es auch möglich, eine einzelne Klasse zur Erstellung einer beliebigen Anzahl von Objekten zu verwenden. Eine *Klasse* ist also eine Schablone für ein *Objekt*.

Kommentar

Siehe *Auskommentieren*.

Kompilieren

Siehe *Debugging*.

Konsole

Hier bezeichnet dieser Begriff Programme, die ohne die fast schon unentbehrlich gewordenen Fenster mit Textfeldern, Optionskästchen und Schaltflächen auskommen und bei denen Ein- und Ausgaben über einen langweilig erscheinenden – meist schwarzen – Hintergrund abgewickelt werden.

Label (Steuerelement)

Ein Steuerelement aus der *Toolbox*. Zeigt für Benutzer nicht zu bearbeitenden Text an.

Laufzeit

Wenn man selbst Programme entwickelt, muss man zwischen zwei wesentlichen Stadien unterscheiden: Während man an der Entwicklung arbeitet, spricht man von der *Entwurfszeit*; während das Programm ausgeführt wird, spricht man von der *Laufzeit*.

Laufzeitfehler

Viele Fehler werden bereits zur *Entwurfszeit* angezeigt. Aber auch wenn im Entwurfsmodus keine Fehler mehr angezeigt werden, heißt das nicht, dass auch keine vorhanden sind. Bestimmte Fehler können beispielsweise auch durch eine falsche Logik oder durch eine Eingabe des Benutzers verursacht werden. Solche Fehler zeigen sich erst während der *Laufzeit*.

Laufzeitumgebung

Die *Laufzeitumgebung* ähnelt dem Betriebssystem insofern, als sie eine Schicht zwischen Ihrem Programm und dem komplexen Rest des Systems bildet, Dienste für Ihre Anwendung ausführt und den Zugriff auf die unteren Schichten vereinfacht.

Lebensdauer

Als *Lebensdauer* einer Variablen wird die Zeitspanne bezeichnet, innerhalb der die Variable einen zugewiesenen Wert behält. Der Wert kann sich innerhalb der Lebensdauer ändern, aber ein Wert ist immer vorhanden. Diese Lebensdauer unterscheidet sich je nach Typ und dem verwendeten Schlüsselwort. Es ist eine Zeitspanne, die beginnt, wenn ein Objekt im Speicher zugeordnet wird, und endet, wenn der *Garbage Collector* das Objekt aus dem Speicher löscht.

Lesezeichen

Mit Hilfe von *Lesezeichen* können Sie bestimmte Zeilen im Code markieren. Das empfiehlt sich beispielsweise dann, wenn Sie schnell zwischen mehreren Stellen in einem längeren Code wechseln wollen.

LinkLabel (Steuerelement)

Ein Steuerelement aus der *Toolbox*. Ermöglicht das Hinzufügen von Hyperlinks zu Windows-Anwendungen.

ListBox (Steuerelement)

Ein Steuerelement aus der *Toolbox*. Ermöglicht den Benutzern, ein oder mehrere Elemente aus einer vordefinierten Liste auszuwählen.

ListView(Steuerelement)

Ein Steuerelement aus der *Toolbox*. Erstellt eine Liste von Elementen mit Symbolen. Damit wird eine Benutzeroberfläche angezeigt werden, die dem rechten Bereich des Windows Explorer ähnelt.

MaskedTextBox (Steuerelement)

Ein Steuerelement aus der *Toolbox*. Es ist ein erweitertes *TextBox*-Steuerelement, das eine bestimmte Syntax zum Akzeptieren oder Ablehnen von Benutzereingaben unterstützt.

Member

Ein *Bestandteil* der Gruppe von Merkmalen und Fähigkeiten, die durch eine *Klasse* definiert wird. Dazu gehören beispielsweise *Eigenschaften*, *Felder*, Methoden und *Ereignisse*.

Methode

Ein Begriff aus der *objektorientierten Programmierung*. Methoden beschreiben Verhaltensweisen oder Aktionen von Klassen und Objekten und ermöglichen es, eine bestimmte Logik zu speichern. *Methoden* enthalten die ausführbaren Anweisungen eines Programms, sind also Prozeduren – Subroutinen oder Funktionen – und unterscheiden sich im Prinzip nicht von den oben beschriebenen Prozeduren im üblichen Code: Sie können Parameter entgegennehmen, wenn Sie sie aufrufen, und auch Ergebniswerte – wenn es sich um Funktionen handelt – zurückgeben. Methoden können auch die Werte von Eigenschaften beeinflussen.

Microsoft (Klasse)

Ein Namensraum des *.NET Framework*, der diverse Klassen enthält. Die *Microsoft*-Klassen sind im Allgemeinen spezifisch für *bestimmte* Sprachen. Es gibt beispielsweise den Namensraum *Microsoft.VisualBasic*, der viele der Funktionen enthält, die in Visual Basic vor dieser Version existierten.

MonthCalendar (Steuerelement)

Ein Steuerelement aus der *Toolbox*. Bietet eine intuitive grafische Oberfläche, mit der Benutzer Datumsinformationen anzeigen und festlegen können.

Namensraum

Die einzelnen Klassen des Framework sind in *Namensräumen* organisiert. Unter diesem Begriff versteht man ein abstraktes Konzept, das verwendet wird, um eine Reihe von Klassen oder Modulen zusammenzufassen. Jeder dieser Namensräume enthält mehrere Klassen, die irgendwie miteinander verwandt sind oder es zumindest sein sollten. Der Name jedes Namensraums setzt sich aus mehreren Teilen zusammen, dabei wird jeder Teil von den anderen durch einen Punkt abgetrennt. Der erste Teil des vollständigen Namens – bis zum letzten Punkt – gibt den Namen des Namensraums wieder. Der letzte Teil ist meist der Name des Klasse. Niedrigere Namensräume sind nicht in höheren Namensräumen enthalten, aber damit verwandt. Sie kennen das bereits von der Anweisung `Imports` her. Zum Beispiel ist der Namensraum *System.Console* mit *System* verwandt, aber nicht darin enthalten.

Navigationsleiste

Eine Symbolleiste, mit deren Hilfe Sie beispielsweise in Datenbanken zwischen einzelnen Datensätzen navigieren können.

NotifyIcon (Steuerelement)

Ein Steuerelement aus der *Toolbox*. Zeigt in der Taskleiste Symbole für Prozesse an, die im Hintergrund ausgeführt werden und über keine andere Benutzeroberfläche verfügen.

NumenicUpDown (Steuerelement)

Ein Steuerelement aus der *Toolbox*. Sieht wie eine Kombination aus einem Textfeld und einem Paar Pfeilen aus, auf die der Benutzer klicken kann, um einen Wert anzupassen. Das Steuerelement zeigt einen einzelnen numerischen Wert aus einer Liste mit Auswahlmöglichkeiten an und legt ihn fest.

Objekt

Ein Begriff aus der *objektorientierten Programmierung*. Mit *Objekten* beschreibt man normalerweise Einheiten, die real – wie ein Haus – oder abstrakt – wie eine bei einer Fluggesellschaft gebuchte Flugreise – sein können. *Objekte* werden als identische Kopien ihrer Klassen – als so genannte *Instanzen* – erstellt. Diese Einheiten haben *Eigenschaften* wie beispielsweise die Farbe des Hauses oder das Abflugdatum des Flugzeugs. Solche Eigenschaften, die das Objekt beschreiben, können Sie setzen und später abrufen. Außerdem verfügen die Einheiten über bestimmte *Methoden*, die mit ihnen durchgeführt werden können, beispielsweise der Verkauf eines Hauses oder das Stornieren einer Flugreise. Auch diese Methoden können Sie programmieren.

Objektbrowser

Ein Fenster in der *Visual Basic Express Edition*. Es hilft Ihnen bei der Arbeit mit Objekten dadurch, dass Sie einen Katalog verfügbarer Objekte durchblättern oder durchsuchen können. Dieses Fenster ist besonders als eine Art der Dokumentation oder Referenz nützlich, in der Sie Klassen innerhalb des .NET-Framework oder andere Klassenbibliotheken finden und die Einzelheiten dieser Klassen, wie z. B. ihre Eigenschaften und Methoden, betrachten können.

OpenFileDialog (Steuerelement)

Ein Steuerelement aus der *Toolbox*. Durch die Verwendung dieser Komponente können Sie den Prozess des Öffnens einer Datei leicht in Ihre Anwendung integrieren. Der Aufruf zeigt das bekannte Dialogfeld *Öffnen* in der durch das Betriebssystem eingestellten Sprache.

PageSetupDialog (Steuerelement)

Ein Steuerelement aus der *Toolbox*. Über diese Komponente können die Seiten für das Drucken unter Windows-Anwendungen eingerichtet werden. Auch dabei handelt es sich um ein vorkonfiguriertes Dialogfeld, mit dem der Benutzer Seiten einrichten kann – also Rahmen und Ränder sowie Kopf- und Fußzeilen festlegen und zwischen Hoch- und Querformat auswählen.

Panel (Steuerelement)

Ein Steuerelement aus der *Toolbox*. Fasst andere Steuerelemente zu Gruppen zusammen. Normalerweise werden damit Auswahlbereiche definiert, um ein Formular nach Funktionsbereichen zu unterteilen.

PictureBox (Steuerelement)

Ein Steuerelement aus der *Toolbox*. Zeigt Grafiken im Bitmap-, GIF-, JPEG-, Metafile- oder Symbol-Format an.

PrintDocument (Steuerelement)

Ein Steuerelement aus der *Toolbox*. Die Komponente wird verwendet, um die Eigenschaften der zu druckenden Elemente einzustellen und das Dokument damit anschließend innerhalb von Windows-Anwendungen drucken zu können. Nach dem Hinzufügen dieser Komponente müssen Sie Code für Ihre eigene Drucklogik erstellen, in dem Sie angeben, was gedruckt werden soll und wie der Druck zu erfolgen hat.

PrintDocument (Steuerelement)

Ein Steuerelement aus der *Toolbox*. Der Anwender kann damit einen Drucker und die zu druckenden Seiten über ein vorgefertigtes Dialogfeld auswählen. Die Schaltflächen darin – wie *Einstellungen*, *Drucker suchen* usw. – sind bereits voll funktionsfähig.

PrintPreviewDialog (Steuerelement)

Ein Steuerelement aus der *Toolbox*. Darüber können Sie ein Dialogfeld anzeigen lassen, in dem ein Dokument so anzeigt wird, wie es gedruckt wird.

ProgressBar (Steuerelement)

Ein Steuerelement aus der *Toolbox*. Gibt den Fortschritt einer Aktion an. Er wird durch eine entsprechende Anzahl von Rechtecken auf einer horizontalen Leiste angezeigt. Wenn die Aktion beendet ist, ist die Leiste vollständig mit Rechtecken gefüllt.

Projekt

Der Begriff *Projekt* ist ein Oberbegriff für Dateien und Dateigruppen, die Sie in *Visual Basic .NET* bearbeiten können. Innerhalb eines solchen Projekts finden Sie im Allgemeinen mehrere Dateien, in denen der für die Ausführung der Anwendung verantwortliche Code abgelegt ist. Fast immer wenn Sie mit der Entwicklung einer neuen Anwendung beginnen, besteht der erste Schritt darin, ein Projekt dafür zu erzeugen.

Projektmappen-Explorer

Ein Fenster der *IDE*. Darin werden alle zur aktuellen Projektmappe gehörenden Elemente in einer Hierarchie dargestellt. Allgemein gesehen setzen sich Projektmappen aus einem oder mehreren Projekten zusammen, Projekte wiederum setzen sich aus Dateien zusammen.

Property-Prozedur

Diese Prozeduren werden immer erst beim Festlegen oder Abrufen des Eigenschaftswerts ausgeführt. Dabei wird die Eigenschaft nicht mit einer einzelnen Deklarationsanweisung, sondern mit ausführbarem Code implementiert. Dadurch können Klassen benutzerdefinierte Aktionen ausführen und ermöglichen eine bessere Kontrolle über die Eigenschaft.

RadioButton (Steuerelement)

Ein Steuerelement aus der *Toolbox*. Sie bieten den Benutzern zwei oder mehr Optionen, die sich gegenseitig ausschließen.

Releasebuild

Eine selbständig *ausführbare Anwendung*, die beim *Erstellen* von der IDE erzeugt wird. Im Gegensatz zu einem *Debugbuild* werden bei einem *Releasebuild* auch meist verschiedene Optimierungen verwendet: So optimierte Builds sind kleiner im Umfang und können schneller ausgeführt werden als nicht optimierte *Builds*.

RichTextBox (Steuerelement)

Ein Steuerelement aus der *Toolbox*. Ermöglicht den Benutzern die Eingabe, Anzeige und Bearbeitung von formatiertem Text.

Routine

Wenn Sie Codeabschnitte innerhalb eines Programms mehr als einmal ausführen wollen, ist es immer besser, sie in einer eigenen *Routine* zu schreiben. Eine Routine können Sie sich als einen separaten Codeabschnitt innerhalb eines Programms vorstellen, in dem die gesamte Berechnungsvorschrift isoliert vorhanden ist. Wenn Sie die Vorschrift benutzen wollen, verweisen Sie einfach an der entsprechenden Stelle im Hauptbereich des Codes auf den Namen der Routine. Auf diese Weise müssen Sie die Anweisung im Code nicht dauernd wiederholen, wenn Sie sie benötigen. Die wichtigsten Routinen in *Visual Basic .NET* sind die *Subroutine* und die *Function*.

SaveFileDialog (Steuerelement)

Wenn der Anwender eine Datei unter einem bestimmten Zieldateinamen speichern muss, können Sie das Steuerelement *SaveFileDialog* verwenden. Dieses ist Teil des Betriebssystems.

Schleife

Damit bezeichnet man Fälle, in denen ein Programm einen bestimmten Abschnitt des Codes mehrfach durchlaufen soll – beispielsweise um einen Näherungswert schrittweise zu berechnen. *Visual Basic .NET* kennt mehrere Methoden zur Steuerung von *Schleifen*.

Single (Datentyp)

Ein Datentyp zum Speichern von *Gleitkommazahlen*. Er verfügt über eine – im Vergleich mit dem Typ *Double* – geringere Genauigkeit.

SplitContainer (Steuerelement)

Ein Steuerelement aus der *Toolbox*. Teilt einen Bereich in zwei oder mehrere Bereiche auf, deren Größe vom Benutzer geändert werden kann. Die Möglichkeit der Größenänderung ist beim Ausführen der Anwendung automatisch verfügbar.

Starter Kit

Starter Kits sind bereits fertige Programme und eigentlich dazu gedacht, die Leistungsvielfalt von *Visual Basic .NET* zu demonstrieren. Die *Express Edition* beinhaltet zwei von diesen vorgefertigten Anwendungen – einen Bildschirmschoner und ein Verwaltungsprogramm für Ihre Videosammlung.

Startseite (Fenster)

Dieses Fenster in der *IDE* liefert einerseits den Zugang zu diversen Möglichkeiten, mit der Arbeit zu beginnen. Später – nachdem Sie bereits Projekte erstellt haben – werden in diesem Fenster beispielsweise im Bereich *Zuletzt geöffnete Projekte* Links zum erneuten Öffnen dieser Projekte eingeblendet.

Steuerelement

Elemente aus dem Fenster *Toolbox*, die in Windows-Anwendungen dazu verwendet werden, unterschiedliche Aufgaben abzuwickeln. In weitesten Sinne können Sie auch ein Formular selbst als Steuerelement bezeichnen.

Stream

Ein Datenfluss von einer Quelle zu einem einzelnen Empfänger über einen Kanal, im Gegensatz zu Paketen, die eigenständig adressiert und weitergeleitet werden können. Ein *Stream* ist ein Informationsfluss, der sequenziell verläuft, nachdem Sie eine Datei geöffnet haben und aus ihr lesen oder in sie schreiben. Wenn Sie sich die Dateien abstrakt als einen *Stream* vorstellen, wird es einfacher, mit Dateien und den darin vorhandenen Daten zu arbeiten, da Sie alle Dateien auf dieselbe Art behandeln, ob sie nun binär sind oder Text enthalten. Zwischen einer Datei und einem *Stream* bestehen aber einige Unterschiede: Eine Datei ist eine geordnete, mit einem Namen versehene Sammlung einer bestimmten Sequenz von dauerhaft gespeicherten Bytes. Daher sind mit einer Datei immer Begriffe wie Verzeichnispfad, Datenträger oder Datei- und Verzeichnisnamen verbunden. Im Gegensatz dazu können mit *Streams* Bytes in einen Sicherungsspeicher übertragen oder von dort gelesen werden, wobei verschiedene Arten von Speichermedien in Frage kommen.

String (Datentyp)

Ein Datentyp, der längere Zeichenketten speichern kann. Demgegenüber kann *Char* nur ein einzelnes Zeichen speichern.

Subroutine

Eine *Subroutine* – auch oft einfach mit *Sub*-Prozedur bezeichnet – ist eine *Routine*, die eine oder mehrere Aufgabe(n) ausführt, jedoch keinen Wert zurückgibt. Solche Subroutinen können Argumente wie Konstanten, Variablen oder Ausdrücke aufnehmen, die durch den Aufrufcode an sie übergeben werden. Wenn Sie eine *Subroutine* in den Code einfügen wollen, müssen Sie an zwei Stellen Eingaben oder Änderungen vornehmen: Sie müssen die *Subroutine* definieren und Sie müssen Sie aufrufen.

System (Namensraum)

Ein Namensraum im *.NET Framework*. Die *Klassen* darin stehen den Benutzern von Visual Basic .NET ebenso wie den Benutzern der anderen Sprachen zur Verfügung. Der Namensraum *System* enthält grundlegende Klassen und Basisklassen, mit denen häufig verwendete Wert- und Verweisdatentypen, Ereignisse und Ereignisbehandler, Schnittstellen, Attribute und Ausnahmen bei der Verarbeitung definiert werden. Neben den Basisdatentypen umfasst dieser Namensraum ungefähr 100 Klassen, die von Klassen für die Behandlung von Ausnahmen bis hin zu solchen reichen, die für wesentliche Konzepte der Laufzeit vorgesehen sind. Er beinhaltet darüber hinaus zahlreiche Namensräume einer zweiten Ebene.

TabControl (Steuerelement)

Ein Steuerelement aus der *Toolbox*. Zeigt auf dem Formular mehrere Registerkarten an, die *Abbildungen* oder andere Registerkarten enthalten können.

TableLayotPanel (Steuerelement)

Ein Steuerelement aus der *Toolbox*. Ordnet seinen Inhalt in einem Raster an. Da das Layout sowohl zur Entwurfszeit als auch zur Laufzeit ausgeführt wird, kann es sich dynamisch ändern, wenn sich die Umgebung ändert.

TextBox (Steuerelement)

Ein Steuerelement aus der *Toolbox*. Ermöglicht eine editierbare, ein- oder mehrzeilige Eingabe durch die Benutzer.

Toolbox

Ein Fenster der Oberfläche von Microsoft *Visual Express*, über das Sie den Zugriff auf diverse Steuerelemente für verschiedene Aufgaben – wie die Anzeige von Daten, die Auswahl von Optionen, kombinierte Werkzeuge oder Elemente für andere Funktionen – erhalten.

ToolTip (Steuerelement)

Ein Steuerelement aus der *Toolbox*. Stellt ein kleines rechteckiges Popup-Fenster dar, das eine kurze Beschreibung des Zwecks eines Steuerelements anzeigt, wenn sich der Zeiger auf dem Steuerelement befindet.

TreeView (Steuerelement)

Ein Steuerelement aus der *Toolbox*. Erstellt eine Hierarchie von Knoten, vergleichbar mit den Dateien und Ordnern im linken Bereich des Windows-Explorers.

Überschreiben

Ein Konzept, das mit dem Begriff *Vererbung* in Verbindung steht. Hierbei wird in einer *Kindklasse* eine von einer Basisklasse gerbte Funktionalität überschrieben – also ersetzt. In solch einem Fall wird der Code der Kindklasse anstelle des Codes der Elternklasse ausgeführt.

Unterbrechen-Modus

Siehe *Debuggen-Modus*.

Verankern

Darunter versteht man ein Verfahren zum Bestimmen der Ränder eines *übergeordneten* Steuerelements, an das ein Steuerelement gebunden ist, und zum Anpassen der Größe eines Steuerelements an das übergeordnete Steuerelement. Verankern und Andocken schließen sich gegenseitig aus.

Vererbung

Ist eines der mächtigsten Merkmale der objektorientierten Programmierung. Es beschreibt die Fähigkeit, ein Objekt so zu behandeln, als sei es eine Instanz einer anderen Klasse. Dabei werden *Kindklassen* aus *Basisklassen* erzeugt, die alle in der Basisklasse definierten Felder, Eigenschaften, Methoden und Ereignisse übernehmen.

Visual Basic

Visual Basic – oft mit *vb* abgekürzt – ist ein Sammelbegriff für verschiedene Programmierumgebungen der Firma Microsoft, die auf der Programmiersprache *BASIC* basieren. Die mit *vb* erstellten Anwendungen laufen vornehmlich auf Microsoft-Plattformen.

WebBrowser (Steuerelement)

Ein Steuerelement aus der *Toolbox*. Hier handelt es sich um ein ActiveX-Steuerelement, mit dem Sie den Internet Explorer innerhalb Ihrer Anwendung einfügen können.

Liebe Leserin, lieber Leser,

herzlichen Glückwunsch, Sie haben es geschafft. Visual Basic 2005 ist Ihnen nun vertraut. Ist es Ihnen nicht viel leichter gefallen, als Sie am Anfang dachten? Genau das ist das Ziel unserer Bücher aus der easy-Reihe. Sie sollen helfen, erfolgreich die ersten Schritte zu gehen, und den Leser auf keinen Fall mit unverständlichem Fachchinesisch überhäufen.

Als Lektor hoffe ich, dass Sie durch das Buch die richtige Unterstützung bekommen haben. Denn für Ihre Zufriedenheit stehen alle Beteiligten mit ihrem Namen: der Verlag, die Autoren, die Druckerei.

Aber niemand ist perfekt. Wenn Sie Anregungen zum Buch und zum Konzept haben: Schreiben Sie uns. Und wenn Sie uns kritisieren wollen: Kritisieren Sie uns.

Ich verspreche Ihnen, dass Sie Antwort erhalten.

Denn nur durch Sie werden wir noch besser.

Ich freue mich auf Ihr Schreiben!

Jürgen Bergmoser
Lektor Markt + Technik
Pearson Education Deutschland GmbH
Martin-Kollar-Str. 10-12
81829 München

E-Mail: *jbergmoser@pearson.de*
Internet: *http://www.mut.de*

Stichwortverzeichnis

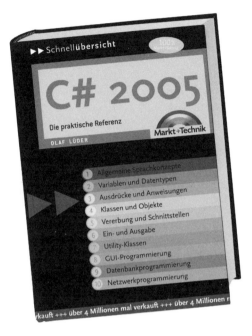

15 Jahre Visual Basic-Kompendium

Das Handbuch zur neuen Visual Basic-Version 2005!

Vom VB-Autor der ersten Stunde Peter Monadjemi. Seit den 80ern gehört er zu den Topleuten in Sachen Visual Basic.
Mit seinem Standardwerk - dem Kompendium - hat er seit der Version 1.0 im Jahre 1991 Tausende von Lesern in die Grundlagen der VB-Programmierung eingeführt.
Sein Erfolgsrezept: sein motivierender, didaktischer und unterhaltsamer Stil.

Peter Monadjemi
3-8272-4024-7
49.95 EUR [D]

Kompetent und unterhaltsam

ASP.NET 2.0 schafft den Spagat zwischen einfacher Anwendbarkeit und mächtigen Anpassungsmöglichkeiten. Dieses Buch eignet sich hervorragend sowohl für Ein- und Umsteiger als auch für fortgeschrittene ASP.NET-Programmierer. Die Autoren begleiten ASP- und ASP.NET-Programmierer bereits seit mehreren Jahren mit erfolgreichen Titeln. Sie erfahren hier alles Wesentliche über das .NET Framework 2.0 und Visual Basic 2005 sowie erhalten alle Tricks und Kniffe, die Sie für den erfolgreichen und professionellen Einsatz von ASP.NET benötigen.

Tobias Hauser; Karsten Samaschke; Andreas Kordwig; Christian Trennhaus; Christian Wenz
3-8272-6971-7
49.95 EUR [D]

Sie suchen ein professionelles Handbuch zu wichtigen Programmen oder Sprachen? Das Kompendium ist Einführung, Arbeitsbuch und Nachschlagewerk in einem. Ausführlich und praxisorientiert.
Mehr auf www.mut.de